中国能源发展报告2021

林伯强 编著

科 学 出 版 社
北 京

内 容 简 介

本书共分为 6 章，紧紧围绕碳中和这一重大命题，报告从宏观经济层面深入到能源领域的各个方面，以碳中和的路径、机遇与挑战这一热点问题作为开篇，进一步讨论了碳达峰碳中和目标下相关工业行业的发展，同时针对新能源行业发展的关键问题、重大机遇和挑战进行探究，论述消费侧推动碳中和目标实现的必要性及其路径，并针对能源金融的作用展开分析。

本书能为能源领域相关专业的教师、学生和政府、研究机构的研究人员，以及社会各界对能源问题和政策感兴趣的广大读者提供参考。

图书在版编目(CIP)数据

中国能源发展报告2021／林伯强编著.—北京：科学出版社，2022.1
ISBN 978-7-03-070391-0

Ⅰ.①中… Ⅱ.①林… Ⅲ.①能源发展-研究报告-中国-2021
Ⅳ.①F426.2

中国版本图书馆CIP数据核字(2021)第219637号

责任编辑：范运年／责任校对：任苗苗
责任印制：吴兆东／封面设计：蓝正设计

科学出版社 出版
北京东黄城根北街 16 号
邮政编码：100717
http://www.sciencep.com

北京九州迅驰传媒文化有限公司 印刷
科学出版社发行 各地新华书店经销

*

2022 年 1 月第 一 版　开本：720×1000 1/16
2022 年 10 月第二次印刷　印张：11
字数：221 000

定价：118.00 元
(如有印装质量问题，我社负责调换)

前　言

在第七十五届联合国大会一般性辩论上，中国明确了实现碳中和的时间点，即二氧化碳排放力争于 2030 年前达到峰值，努力争取 2060 年前实现碳中和。随着碳达峰碳中和目标逐渐落地，中国由上至下、从中央到地方都密集出台了一系列具体实施的路线图，从减排和固碳两个方面共同发力，稳步推进碳中和进程。碳中和目标的提出将加速中国能源系统的转型。而从现实情况来看，在资源禀赋的约束下，中国的能源结构仍然以化石能源为主。因此，碳中和目标的提出对中国的经济发展和能源结构转型提出了巨大的挑战。

本书围绕碳中和问题，分析中国能源领域在过去一段时间内发生的主要变化，并提出相应的政策建议，以期为能源主管部门、能源企业提供有帮助的信息，为科学决策提供依据。报告共分为 6 章，内容从宏观经济层面深入到能源领域的各个方面，重点围绕碳中和的路径、机遇与挑战、相关工业行业的发展、新能源行业的发展、从消费侧推动碳中和目标的实现、能源金融的作用等几个专题展开分析。全书的具体内容如下：

第 1 章对碳中和的路径、机遇与挑战进行描述与总结。内容包括整体碳中和路径、能源安全、循环经济、天然气价格改革、绿色经济新动能和低碳技术。通过本章的内容，读者可以对宏观背景有较为全面的认识。

第 2 章围绕碳中和目标下相关工业行业的发展展开分析。目前，中国能源转型的焦点体现在传统工业行业上，即为更好服务碳中和和"双循环"发展战略，在相关工业行业，未来清洁利用技术应得到更多重视，相应的监管政策和激励政策也应得到完善。本章主要对中国煤炭产业、钢铁产业、火电产业以及采矿产业的发展状况进行讨论。另外，本章还讨论碳税定价对工业碳减排的影响。

第 3 章聚焦于碳中和目标下新能源行业的发展。城市能源系统转型是支撑城市绿色发展的重要基础，对于中国碳中和目标的实现具有很强的现实意义。本章主要从新能源产业的发展、风电光伏平价上网、可再生能源消纳以及新能源汽车补贴相关问题展开讨论。

第 4 章主要关注碳中和目标下 CCUS 及储能的发展。在未来碳排放约束进一步收紧的状况下，CCUS、储能、碳汇的发展不仅提供了一条清晰且可能的碳中和路径，也是中国实现低碳发展的重要手段。本章对中国 CCUS、储能、碳汇的发展现状进行讨论，并对碳中和路径进行分析。

第 5 章探究如何从消费侧推动碳中和目标的实现。受技术条件限制，生产侧的减排空间越来越小。当前中国碳交易覆盖范围仅包括电力、水泥、建筑等少数工业生产领域,而家庭住宅、交通旅行等消费侧碳排放具有逐年上升的趋势。因此,在日益严格的减排背景下,从消费侧设计减排政策势在必行。该本章主要围绕消费侧减排、居民低碳行为、电价补贴、碳标签、农村能源改革和环境保护税等热点进行分析。

第 6 章为能源金融在碳中和目标实现中的作用专题。基于碳中和背景下的绿色金融:现状、路径与政策的讨论后,进一步探究碳市场试点、绿色信贷激励、绿色债券和防范、应对气候风险等关键问题。

"中国能源发展报告"系列于 2010 年起获得"教育部哲学社会科学发展报告"基金资助,本书还得到福建省能源材料科学与技术创新实验室科技项目计划(项目编号:RD2020060101)在数据采集、分析处理、模型建立等方面提供的大力支持。

本书是团队合作的结果,厦门大学管理学院中国能源政策研究院、福建省能源材料科学与技术创新实验室(IKKEM)、能源经济与能源政策协同创新中心及厦门大学中国能源经济研究中心的白锐、陈星、陈语、陈宇芳、方亚豪、关春旭、葛佳敏、贾寰宇、贾智杰、邝运明、李峥、李振声、刘智威、栾冉冉、马瑞阳、乔峤、时磊、苏彤、檀之舟、王崇好、王苗、王霞、王瑶、魏锴、仵荣鑫、吴楠、徐萌萌、张冲冲、朱润清、朱俊鹏、赵恒松、朱朋虎、周一成等博士研究生、硕士研究生参与了编写。厦门大学中国能源政策研究院及中国能源经济研究中心的所有教师、科研人员、行政人员、研究生为本书编写提供了诸多的帮助。特别感谢我的学生白锐、陈星和朱俊鹏所做的大量组织和出版协调工作,以及魏锴、潘婷、谢嘉雯、杨梦琦等在内容校对与整理上做出的贡献。我们深知所做的努力总是不够,不足之处,望读者指正。

林伯强
2021 年 4 月于厦门

目　录

前言

第1章　碳中和的路径、机遇和挑战 1
- 1.1　2060碳中和的路径、机遇和挑战 1
  - 1.1.1　2060碳中和路径 1
  - 1.1.2　2060年能源供给体系与技术 5
  - 1.1.3　2060碳中和对中国的机遇与挑战 8
- 1.2　在保障能源安全的前提下实现碳中和目标 9
  - 1.2.1　中国的能源安全现状 9
  - 1.2.2　中国的能源消费和碳排放现状 12
  - 1.2.3　存在的问题和保障措施 14
- 1.3　发展循环经济，助力碳中和 16
  - 1.3.1　碳中和目标的提出 16
  - 1.3.2　循环经济的重要性与碳中和 16
  - 1.3.3　循环经济模式的应用领域 17
  - 1.3.4　循环经济助力碳中和 20
- 1.4　迈向碳中和：中国天然气的机遇、挑战及用武之地 20
  - 1.4.1　2060碳中和是一条艰辛的"取经路" 21
  - 1.4.2　实现碳中和，中国天然气的用武之地 21
  - 1.4.3　面向碳中和，中国天然气发展机遇何在 23
  - 1.4.4　碳中和目标下天然气发展面临的挑战 25
- 1.5　中国天然气价格改革成效、动向及未来展望 26
  - 1.5.1　中国天然气价格改革背景 26
  - 1.5.2　价格改革梳理及成效 27
  - 1.5.3　现行价格机制面临的挑战及价格改革未来方向 29
  - 1.5.4　碳中和背景下，改革面临的挑战 30
- 1.6　碳中和背景下如何培育绿色经济发展新动能 32
  - 1.6.1　绿色经济发展的内涵特征 32
  - 1.6.2　碳中和背景下中国绿色经济发展面临的主要问题 34
  - 1.6.3　碳中和背景下中国绿色经济发展的相关建议 36
- 1.7　碳中和背景下中国低碳技术引进的困境及对策 37
  - 1.7.1　中国低碳技术引进的困境 39

1.7.2 发展低碳技术的对策⋯⋯⋯⋯⋯⋯⋯⋯⋯⋯⋯⋯⋯⋯⋯⋯⋯⋯⋯⋯40

参考文献⋯⋯⋯⋯⋯⋯⋯⋯⋯⋯⋯⋯⋯⋯⋯⋯⋯⋯⋯⋯⋯⋯⋯⋯⋯⋯⋯⋯⋯⋯⋯41

第2章 碳中和目标下相关工业行业的发展⋯⋯⋯⋯⋯⋯⋯⋯⋯⋯⋯⋯⋯⋯⋯43

2.1 碳中和和"双循环"背景下煤炭产业中长期发展的挑战与展望⋯⋯⋯43
  2.1.1 碳中和目标对煤炭产业发展提出更高环境约束⋯⋯⋯⋯⋯⋯⋯⋯43
  2.1.2 煤炭对于打造"双循环"发展格局的重要性⋯⋯⋯⋯⋯⋯⋯⋯⋯44
  2.1.3 碳中和和"双循环"背景下煤炭产业面临的挑战⋯⋯⋯⋯⋯⋯⋯45
  2.1.4 碳中和和"双循环"背景下煤炭产业未来发展展望⋯⋯⋯⋯⋯⋯47
2.2 碳中和目标约束下中国钢铁行业低碳发展政策研究⋯⋯⋯⋯⋯⋯⋯⋯49
  2.2.1 新形势下钢铁行业低碳转型的重要性⋯⋯⋯⋯⋯⋯⋯⋯⋯⋯⋯⋯50
  2.2.2 新形势下钢铁行业低碳发展面临的机遇与挑战⋯⋯⋯⋯⋯⋯⋯⋯52
  2.2.3 钢铁行业低碳发展的政策建议⋯⋯⋯⋯⋯⋯⋯⋯⋯⋯⋯⋯⋯⋯⋯53
2.3 碳中和目标下火电企业如何实现高质量发展⋯⋯⋯⋯⋯⋯⋯⋯⋯⋯⋯55
  2.3.1 碳中和目标对火电企业发展的影响⋯⋯⋯⋯⋯⋯⋯⋯⋯⋯⋯⋯⋯55
  2.3.2 碳中和下火电企业高质量发展内涵⋯⋯⋯⋯⋯⋯⋯⋯⋯⋯⋯⋯⋯57
  2.3.3 关于火电企业高质量发展的几点建议⋯⋯⋯⋯⋯⋯⋯⋯⋯⋯⋯⋯59
2.4 碳中和目标下中国采矿业绿色发展政策研究⋯⋯⋯⋯⋯⋯⋯⋯⋯⋯⋯62
  2.4.1 发展绿色矿业对于实现碳中和的意义⋯⋯⋯⋯⋯⋯⋯⋯⋯⋯⋯⋯62
  2.4.2 发展绿色矿业所面临的机遇与挑战⋯⋯⋯⋯⋯⋯⋯⋯⋯⋯⋯⋯⋯63
  2.4.3 碳中和目标下中国绿色矿业未来展望⋯⋯⋯⋯⋯⋯⋯⋯⋯⋯⋯⋯65
2.5 碳税定价对工业碳减排的影响⋯⋯⋯⋯⋯⋯⋯⋯⋯⋯⋯⋯⋯⋯⋯⋯⋯67
  2.5.1 碳税政策⋯⋯⋯⋯⋯⋯⋯⋯⋯⋯⋯⋯⋯⋯⋯⋯⋯⋯⋯⋯⋯⋯⋯⋯67
  2.5.2 碳税政策对工业碳减排的作用⋯⋯⋯⋯⋯⋯⋯⋯⋯⋯⋯⋯⋯⋯⋯69
  2.5.3 碳税制定的建议⋯⋯⋯⋯⋯⋯⋯⋯⋯⋯⋯⋯⋯⋯⋯⋯⋯⋯⋯⋯⋯70

参考文献⋯⋯⋯⋯⋯⋯⋯⋯⋯⋯⋯⋯⋯⋯⋯⋯⋯⋯⋯⋯⋯⋯⋯⋯⋯⋯⋯⋯⋯⋯⋯71

第3章 碳中和目标下新能源行业的发展⋯⋯⋯⋯⋯⋯⋯⋯⋯⋯⋯⋯⋯⋯⋯⋯73

3.1 碳中和目标下中国新能源产业的机遇与挑战⋯⋯⋯⋯⋯⋯⋯⋯⋯⋯⋯73
  3.1.1 碳中和目标下中国发展新能源产业的重要性⋯⋯⋯⋯⋯⋯⋯⋯⋯73
  3.1.2 碳中和目标下中国新能源产业面临的机遇与挑战⋯⋯⋯⋯⋯⋯⋯75
  3.1.3 碳中和目标下中国新能源产业的发展建议⋯⋯⋯⋯⋯⋯⋯⋯⋯⋯76
3.2 平价上网时代下风电光伏产业的发展⋯⋯⋯⋯⋯⋯⋯⋯⋯⋯⋯⋯⋯⋯78
  3.2.1 基本情况⋯⋯⋯⋯⋯⋯⋯⋯⋯⋯⋯⋯⋯⋯⋯⋯⋯⋯⋯⋯⋯⋯⋯⋯78
  3.2.2 存在的问题⋯⋯⋯⋯⋯⋯⋯⋯⋯⋯⋯⋯⋯⋯⋯⋯⋯⋯⋯⋯⋯⋯⋯80
  3.2.3 有关建议⋯⋯⋯⋯⋯⋯⋯⋯⋯⋯⋯⋯⋯⋯⋯⋯⋯⋯⋯⋯⋯⋯⋯⋯82
3.3 碳中和背景下的可再生能源消纳问题研究⋯⋯⋯⋯⋯⋯⋯⋯⋯⋯⋯⋯84
  3.3.1 可再生能源发电消纳问题的背景⋯⋯⋯⋯⋯⋯⋯⋯⋯⋯⋯⋯⋯⋯84

3.3.2　绿色电力消纳面临的问题 85
　　　3.3.3　碳中和背景下绿色电力市场的复兴 87
　　　3.3.4　促进中国绿色电力市场的布局和发展的政策建议 88
　参考文献 89

第4章　碳中和目标下CCUS及储能的发展 90
4.1　储能行业在能源转型趋势下的机遇与挑战 90
　　　4.1.1　储能技术简介 91
　　　4.1.2　储能行业国内外发展现状 91
　　　4.1.3　储能行业未来具有很大发展空间 93
　　　4.1.4　当前储能行业存在的问题 95
　　　4.1.5　政策建议 97
4.2　现代煤化工产业与CCUS技术低碳耦合发展路径 97
　　　4.2.1　发展现代煤化工产业的重要性 98
　　　4.2.2　碳中和目标下产业结合CCUS技术发展的必要性与挑战 99
　　　4.2.3　现代煤化工产业与CCUS技术耦合发展策略 101

第5章　如何从消费侧推动碳中和目标的实现 103
5.1　碳中和背景下消费侧的减排政策选择 103
　　　5.1.1　碳中和背景下消费侧减排的必要性 103
　　　5.1.2　消费侧减排政策的对比分析 105
　　　5.1.3　中国消费侧减排的政策选择 107
5.2　居民低碳出行是实现碳中和的重要组成部分 109
　　　5.2.1　碳中和概念 109
　　　5.2.2　交通运输部门与碳排放 110
　　　5.2.3　居民低碳出行现状 115
　　　5.2.4　居民低碳出行是实现碳中和的重要组成部分 116
5.3　合理的电价是提高交叉补贴效率和促进居民碳减排的关键 116
　　　5.3.1　过高的交叉补贴不利于实现居民碳减排 117
　　　5.3.2　提高补贴效率和促进居民碳减排的建议 119
5.4　碳中和目标下中国碳标签的机遇与发展 122
　　　5.4.1　中国碳标签的发展 122
　　　5.4.2　中国碳标签发展的机遇 123
　　　5.4.3　中国碳标签制度存在的问题 124
　　　5.4.4　中国碳标签的发展前景：基于消费者角度 124
　　　5.4.5　中国碳标签的发展策略 125
5.5　推动农村能源革命，赋能绿色低碳农业 126
　　　5.5.1　农村能源利用和低碳农业发展现状 126

  5.5.2 农村能源转型与低碳农业发展中存在的问题 ·················· 128
  5.5.3 农村能源转型与低碳农业发展的对策 ······················ 129
 5.6 环境保护税在碳中和过程中的作用和实施 ························ 131
  5.6.1 征收背景和意义 ······································ 131
  5.6.2 作用方向及路径 ······································ 132
  5.6.3 实施现状与困境 ······································ 132
  5.6.4 进一步完善环境保护税的政策建议 ························ 138
 参考文献 ·· 139

第6章 能源金融在碳中和目标实现中的作用 ························ 141
 6.1 碳中和背景下的绿色金融：现状、路径与政策 ···················· 141
  6.1.1 中国绿色金融发展现状 ································ 141
  6.1.2 绿色金融助力碳中和进程 ······························ 145
  6.1.3 绿色金融政策框架和激励机制 ·························· 146
 6.2 碳中和背景下气候风险对中国金融稳定目标实现的影响 ············ 147
  6.2.1 气候问题影响中国金融环境的渠道 ························ 147
  6.2.2 防范和应对气候风险对中国金融稳定影响的具体策略 ·········· 151
 参考文献 ·· 152

附录 中国能源经济运行数据 ···································· 154

第1章 碳中和的路径、机遇和挑战

1.1 2060碳中和的路径、机遇和挑战

2020年9月22日,在七十五届联合国大会一般性辩论上,中国明确了在2060年前实现碳中和的目标。目前中国年二氧化碳排放量约为100亿t,简而言之,就是从2020年到2060年这短短的40年,中国年二氧化碳净排放要从100亿t变为0亿t。我们通过何种路径才能完成碳中和的目标,这一雄心勃勃的计划会对中国带来怎样的机遇与挑战呢?

碳中和意味着社会活动引起的二氧化碳排放和商业碳汇等活动产生与从空气中吸收的二氧化碳的量相等。实际生产生活中,人类不可能不排放二氧化碳,即使电力行业实现了全额可再生能源,其他行业也很难做到生产过程的零排放,例如水泥制备过程中的导致碳排放等。而碳中和的概念提供了新的思路:通过拥有等量碳汇或者国外的碳减排信用抵消自身的碳排放。

2060年达到碳中和的目标,与之前的气候变化大会所提到的2020年碳强度目标(2020年实现单位GDP二氧化碳排放相对于2005年降低40%~45%的目标),2030年的"双控"目标(2030年二氧化碳排放相对于2005年降低60%~65%并争取实现达峰的目标)要高出很多。新的目标不仅要求碳排放下降(因为在大体量的碳排放下,达到等量的碳汇或碳信用是几乎不可能的),同时还考虑了负碳排放技术相关的商业活动等,做到整个国家的经济活动不再对外界贡献碳排放。

碳中和,用更通俗的话说,就是"净零排放",可以理解为二氧化碳的净零排放,也就是中国排放的二氧化碳要和固定的二氧化碳总量相等。实现碳中和,从排放端必须考虑工业和电力的能源效率、可再生能源的使用,但受资源、技术局限或安全、经济等因素,少部分排放并不能完全避免。不可避免的排放一方面可以通过森林、海洋等碳汇进行自然吸收,一方面需要一定量的人工碳汇,比如碳捕获、利用和封存技术(carbon capture, utilization and storage,CCUS)等。

1.1.1 2060碳中和路径

1. 温室气体减排成本曲线

根据碳中和的基本公式:商业活动导致的碳排放=碳汇总量+碳信用总量,需

要考虑的技术不仅仅是节能减排技术，同时还要考虑负碳排放技术。

根据麦肯锡供给推出的"温室气体减排成本曲线"[1]，可以对各类技术和商业手段的减排成本有一个大致了解，其曲线见图1.1。在该减排报告中，在80欧元每吨二氧化碳的排放成本压力下，大多数效率提升及节能技术被认为成具有负的减排成本，即如果全社会实行了该项减排方式，对社会经济具有正向的收益。例如，在居民端将所有的白炽灯换为LED灯；提高电动机系统的效率、第1、2代生物燃料、不插电混动汽车与插电混动汽车、废物回收、粉煤灰替代熟料、隔热改装等。这些技术与方法大多是目前有条件且有能力做，但是不容易被重视的一端。另外，研究发现，具有负减排成本的技术和手段大多存在于居民侧，而居民侧的改革范围广、成本管理困难，导致不易推行。

由图1.1可知，风能、太阳能、核能、碳捕集与封存(carbon capture and storage，CCS)等减排手段的减排成本较高，且这些技术受到的关注度普遍更高，主要原因是这些减排方案和技术更容易推广且效果易于核算。另外一些减排成本较低的技术主要集中在第一产业，如退化森林与土地的恢复、有机土壤恢复、降低牧场转移率等技术。

2. 2060碳中和路径分析

根据麦肯锡减排成本曲线，对各类减排技术与手段的先后顺序进行相应排序。每个阶段都有很多减排途径，这个顺序应是综合考虑各类减排措施的成本效益与实施难易度来决定的。本书将碳中和路径分为三个阶段，具体如图1.2所示。

(1) 阶段Ⅰ(2020~2030年)，主要目标为碳排放达峰。在2030年达峰目标的基本任务下，主要任务是降低能源消费强度，降低碳排放强度，继续推进电动汽车对传统燃油汽车的替代，方式是以节能为主(提高工业和居民的能源使用效率)、新能源为辅。

(2) 阶段Ⅱ(2030~2040年)，主要目标为快速降低碳排放。达峰后的主要减排途径变为可再生能源为主，大面积完成电动汽车对传统燃油汽车的替代，同时完成第一产业的减排改造，以CCS等技术为辅的过程。

(3) 在阶段Ⅲ(2040~2060年)，主要目标为深度脱碳，参与碳汇，完成碳中和目标。深度脱碳到完成碳中和目标的期间，工业、发电端、交通和居民侧的高效、清洁利用潜力基本开发完毕，此时应当考虑碳汇技术，以CCUS、生物质能碳捕集与封存(bioenergy with carbon capture and storage，BECCS)等兼顾经济发展与环境问题的负排放技术为主。

第 1 章 碳中和的路径、机遇和挑战

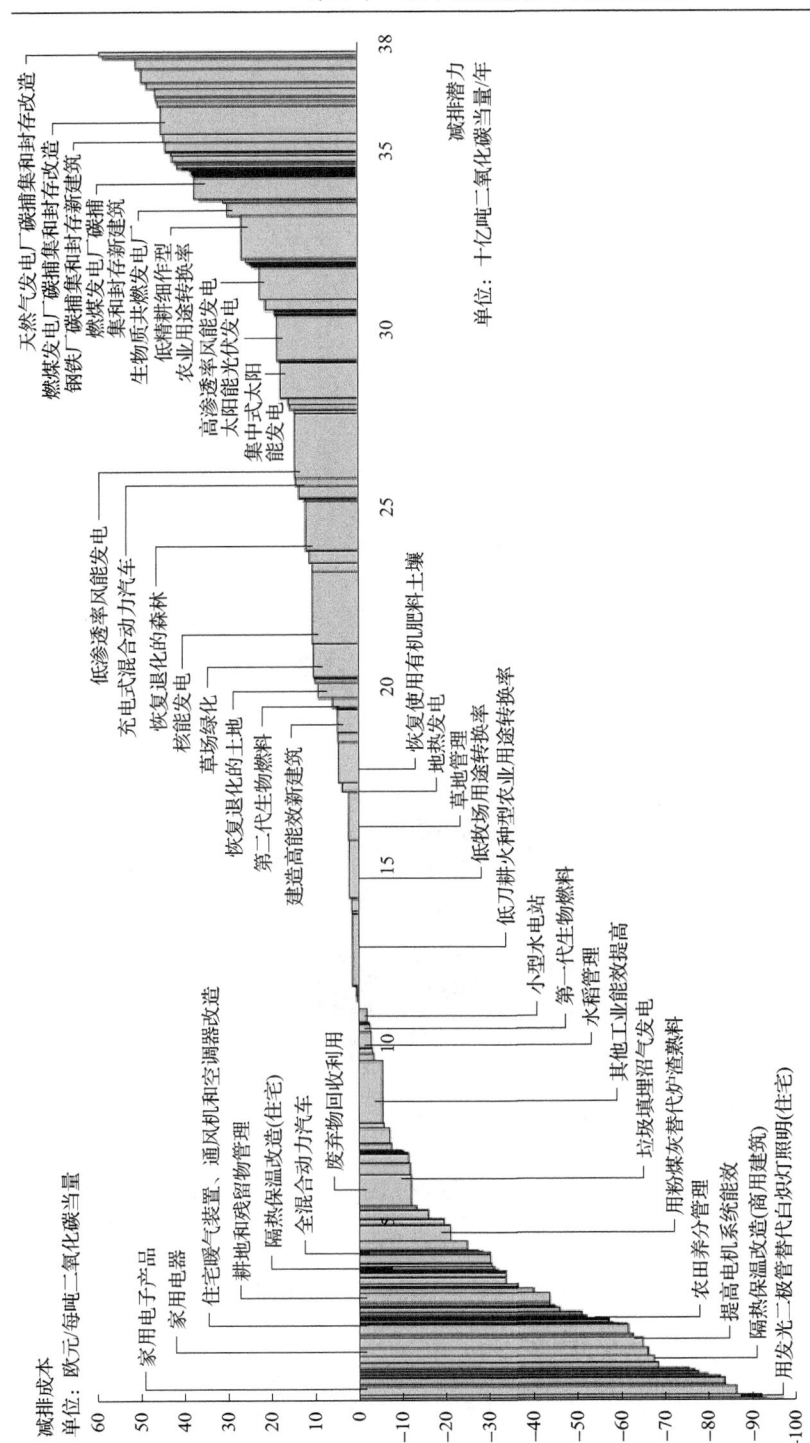

图1.1 全球温室气体减排成本曲线(2.0版)

说明：本曲线给出的是成本低于每吨二氧化碳当量60欧元的所有技术性温室气体减排措施的最大潜力估计值（如果每种措施都被积极实施的话）。它并不是对不同的减排措施和技术将发挥何种作用的一种预测。

资料来源：全球温室气体减排成本曲线2.0版

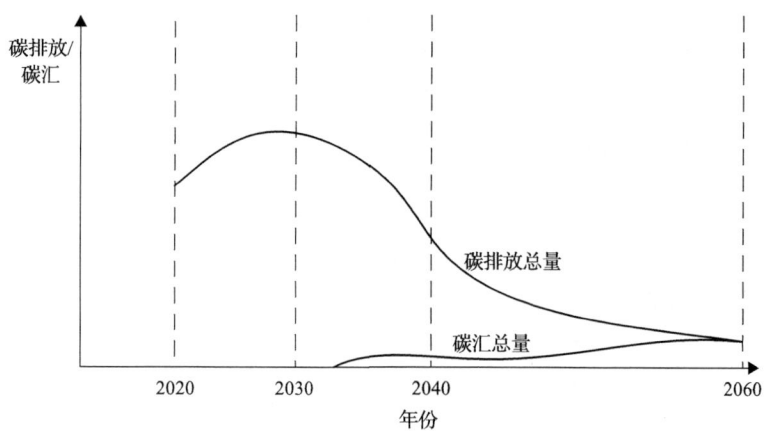

图 1.2 中国完成碳中和路径的三个阶段

为何会进行如上的排序？首先需要了解中国的碳排放产业分布(图1.3)。可以看到，中国是一个工业化的国家，中国的碳排放大部分是来自发电和工业端，交通行业也占有一定的份额，而农业、商业与居民排放占比较小[2]。因此，在这巨大的体量上，应当优先对占有83%的碳排放量的第二产业入手，由简入繁。

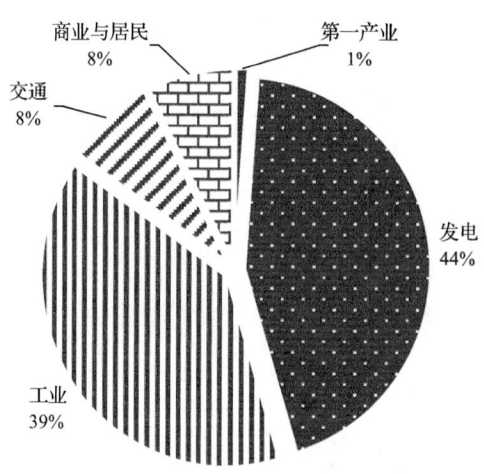

图 1.3 中国 2017 年碳排放的产业分布图

数据来源：CEADs 数据库

一个有效的减排路径一定是从减排成本最低的方向、最容易操作的地方开始。目前中国的能源使用效率仍然比较低，经济发展模式仍比较粗放，大部分工厂的节能项目的投资回收期较短，相比于工厂设备的寿命，不少节能项目本身就有经济收益，唯一需要考虑的是降低信息不对称，规范好节能市场；而新能源板块，无论是新能源发电还是电动、混动汽车，其成本发电成本与全寿命周期成本快速下降，逐渐能够做到具有市场竞争力，在市场中自发替代火电厂或者传统汽车或许在十年内就能逐步开始，届时，新能源行业或将快速发展。因此，近二十年的新能源项目或许将呈现指数型增长。

当中国的碳排放达峰并开始下降以后，具有经济效益的节能减排项目的节能空间被充分利用，而此时正好是新能源与传统能源的替代过程，因此，在碳排放从达峰到逐渐下降的过程中，新能源成为了减排主力，相应地，对传统一次化石能源的替代技术成为了主要减排技术。由于火电厂一般都具有50年以上的寿命周期，即使不再新建火电厂，这批之前建成的火电厂也将继续发挥着供能的作用，甚至起着调峰的重要作用。届时，中国的大部分排放仍来自燃煤电厂，同时也有部分工业/民用天然气和水泥等工厂的排放。

在深度脱碳的过程中，需要大量投资与政府补贴等额外资本的加入。为了保证碳中和，必须要解决发电端的碳排放，辅以CCS技术大量上马。考虑到深度脱碳过程应当在2040～2050年左右开始，基于前期的技术积累，CCS的单位减排成本预计会大幅降低。

另外，中国还可以通过林业碳汇、海洋碳汇等方式，在恢复自然生态的同时获得碳信用，达到碳中和的目的。在所有的减排途径中，林业碳汇是属于自然解决办法，附带大量环境协同效应，也是最好碳资产，本应大力发展。但考虑到目前人类大量的排放与有限的土地资源的矛盾，认为林业碳汇和海洋碳汇无法占有重要比重，只能作为辅助手段之一参与碳减排的进程，因此，碳汇项目无法成为中国实现碳中和的主要途径。

3. 2060年中国的温室气体排放与碳汇构成

根据以上分析，2060年即使我们成功替代了几乎所有的火力发电、工业能源消费、燃油汽车、并且完成了建筑零排放，仍有部分能源消费及碳排放是无法替代的，例如航空排放、航海排放等。因此，我们大胆预测2060年中国的碳中和目标下的碳排放来源与碳汇项目(图1.4)。2060年的碳排放包含无法用其他能源替代的能源消费，例如航空和航海过程中的碳排放、作为工业原料的能源导致的碳排放、少量畜牧业带来的碳排放，而碳汇包含基于自然的碳汇(植树造林、退耕还林等)以及碳捕获与封存。

1.1.2 2060年能源供给体系与技术

1. "可再生能源+储能"的能源供给体系

随着电力技术的发展、电网设施的完善和电动汽车的普及，2060年人类大部分的能源消耗都来自可再生发电，而非化石能源。煤炭、石油、天然气等矿产的主要去向从燃烧提供电力和动力变为了原材料，提供给橡胶、塑料等化工品，而这一部分的能源使用在较长时间范围内不会造成碳排放。

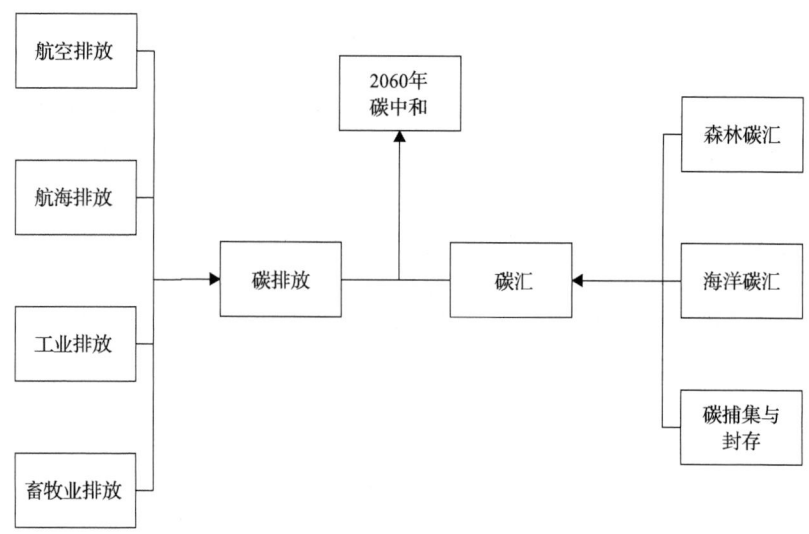

图 1.4 碳中和目标下中国 2060 年碳排放来源与碳汇项目

由于未来的能源供给体系是以电力为主,所以,电源结构的清洁与否变得至关重要。笔者认为,储能技术与可再生能源发电的结合应用,可能是实现未来可再生能源大规模应用的重要手段。将储能技术与可再生能源发电技术相结合,可以使储能和可再生能源成为一个联合系统,从而减少波动,增强电力系统的灵活性,使其输出可控。

由于风电、光伏出力的不可控性,当可再生能源大规模并网以后,对电网的调度会有较大的影响,可能造成电网电压、电流和频率的波动,直接影响电网的电能质量,导致用电设施寿命折损等问题。此时,能够对电力需求峰谷进行适时调节的设备尤为重要,储能设施首当其冲。

因此,2060 年的能源供给体系或许会以"可再生能源+储能"的方式存在,这套供给体系既能有效降低碳排放,达到中国碳中和目标,又能提供安全稳定的电力能源。

2. 清洁能源技术

根据中国的《能源生产和消费革命战略(2016—2030)》,到 2030 年和 2050 年,非化石能源占能源消费总量的比例分别要达到 20%和 50%,因此,在完成碳中和目标的过程中,必须关注清洁能源技术的发展与变革、优势与劣势。对于非化石能源而言,光伏和风能无疑是两个新能源中的翘楚,核能一定程度上受到了安全性的影响,无法大规模利用,而氢能作为一个储备技术,也受到了一定的关注。

随着光伏发电在商、民两用的领域内成本持续下降,其大规模应用的前景一片光明。近年来，中国不仅成为了最大的太阳能光伏发电系统的主要供给国家，同时也是光伏装机最大的市场。相关研究表明，中国城市的工商业太阳能供电系统已经比国家电网的售电价格便宜，代表着光伏发电一定程度上达到了平价上网，其蕴含的经济刺激不言而喻，或许在不久的将来，大量的工商业太阳能供电系统的项目便会上马。

氢能也是备受期待的一种清洁能源，只是目前远没有达到应用级别。中国首部《中国氢能源及燃料电池产业白皮书》指出，氢能将成为中国能源体系的一个重要组成部分，预计到 2050 年，氢能占中国总能源供给体系的 10%。然而，氢能面临了一系列的挑战，归根结底还是其经济性的问题。就目前的技术而言，氢能的高成本还无法形成强有力的竞争力，但根据达沃斯氢能理事会发布的报告《氢能竞争力之路：来自成本的视角》，通过大规模扩张氢能及其周边设备的产能，预计到 2030 年，氢能的综合成本将降低 50%，届时或许能够成为具有竞争力的替代能源之一。

3. 新型电池技术

无论是储能、光伏发电、电动汽车，还是智能手机等都对电池寿命及电池生产的环保型与高效性提出了更高的要求。如果新能源发电项目与储能项目在全寿命周期上仍然存在较高的碳排放或环境问题，那未来的"可再生能源+储能"的供给体系将不是真正的环境友好的能源供给体系。因此，新型的电池技术可能是未来能源供给体系的一个瓶颈，需要突破。

目前，各类电子产品的电源大都依靠锂电池提供持续的电力，而锂是一种比较昂贵的金属物质，在自然界中的储量有限，如果大规模使用锂电池供给平时的生产生活，可能会导致锂资源数量急剧减少，价格飙升。因此，高效、安全、可充电电池的大规模应用需要考虑那些储量丰富、价格低廉的材料，用以替代目前常用的锂电池。

(1) 钠电池与镁基双离子电池。俄罗斯和德国的研究院发现，如果用一种特殊的方式将钠原子包裹起来，就可以大大提高钠电池的电容量。钠元素储量丰富，价格低廉，或许比锂电池更具有商业优势，或许可以替代锂电池，成为新一代电池。另外，中国科学家研发了一种新型镁基双离子电池，或许也能为发展高性能、低成本的储能器件提供新的思路。

(2) 石墨烯电池。石墨烯电池由美国俄亥俄州的 Nanotek 仪器公司利用锂离子在石墨烯表面和电极之间快速大量穿梭运动的特性开发而来。这种特殊的材料是由排列成六边形的单层碳原子组成，利用石墨烯，可以制造出体积小、充电速度非常快的新型电池。

(3) 生物光电化学电池。2020 年 7 月，以色列理工学院和德国波鸿大学的两个研究小组表示，他们正在研究将光合聚光复合物的光吸收能力与光系统Ⅱ(PSⅡcomplex，植物等放氧光合生物类囊体膜中的一种光合作用单位)的电化学能力相结合，以此获取可再生清洁能源，即利用光合作用为未来开发可再生清洁能源。该项发现或许能够成为人类在制造太阳能生物光电化学电池方面的重要进步，成为未来的主要清洁能源之一。有的科学家甚至认为，这项技术有望与硅基太阳能板相媲美。

1.1.3 2060碳中和对中国的机遇与挑战

基于以上分析不难发现，中国在实现碳中和目标的过程中，会带来就业、可持续发展等方面巨大的机遇，同时也将迎来巨大的挑战。

1. 相关行业的快速扩张

随着中国的碳中和目标的设定，在阶段Ⅰ和阶段Ⅱ时期内，大部分新能源能源行业、储能行业与节能行业将会迎来发展时期。对这些行业进行投资或许都将有长期收益，包括节能技术、节能设备、新能源车产业链、光伏/风电产业链等。

2019年，全国非化石能源(水电+可再生能源)装机量占比达到42.0%，发电量占比达到32.7%。2019年相关能源的装机容量增长率分别为水电1.5%、火电4.%、核电9.1%、风电13.5%、太阳能17.1%。这些数据是在碳中和目标提出之前的数据。在该目标提出之后，新能源的发展速度可能能够继续保持，总装机与发展占比短期内可能呈现指数型增长。

阶段Ⅲ期间，届时正在进行深度脱碳的过程，各类负排放技术才正式大量启用，因此，CCUS产业链可能要到20年后才能迎来增长的爆发期，但是依旧会带来充足的就业及周边产业链，其他如造林，农林废弃物利用、垃圾资源化利用行业也迎来增长。

2. 带来的国际意义

目前，如法国、德国、英国、加拿大等部分发达国家已经通过立法和政策的形式提出了碳中和目标，而中国作为四个最大排放国家中第一个提出碳中和目标的国家，无疑会对其他碳排放大国带来压力，进而加快全球的减排进程。在不断向碳中和目标迈进的过程中，中国有机会增进与欧洲国家的交流与对话，进一步提升国际影响力；另外，在中国领先的减排领域与其他发展中国家展开经济技术合作，还能实现互惠互利、合作共赢。

3. 亟须相关政策与法律的跟进

如果要实现2060年的碳中和目标，相应的政策与法律法规的出台与执行是保证碳中和目标达成的必要条件,将碳中和目标列入未来四十年发展目标中,使中国碳中和的承诺有法可依,有据可循;在中国未来四十年的各个五年规划中提出阶段性的减排目标,并配以相应的减排政策支持。

4. 对经济的负面影响

经济学家们普遍认为,碳减排不可避免地会导致经济发展速度降低[3,4],而碳中和可能进一步对经济产生负面影响。尽管受到中美贸易战、新型冠状肺炎疫情等因素的影响,中国总体发展态势并没有受到影响。由于我国新能源起步较晚,存在一定的后发优势,可以少走很多新能源发展道路上的弯路,但是随着深度减排的到来,不少领域中国会走在世界的前列,届时应当更加注意碳中和给带来的挑战。

1.2 在保障能源安全的前提下实现碳中和目标

碳中和目标的提出将加速中国能源系统的转型。从现实情况来看,在资源禀赋的约束下,中国的能源结构仍然以化石能源为主。根据《中华人民共和国2020年国民经济与社会发展统计公报》的数据估算,2020年,中国煤炭消费占比56.8%,石油消费占比19.1%,天然气消费占比8.5%,总化石能源消费占比接近85%。不断增加的能源消费总量以及以化石能源消费为主的能源消费结构导致中国二氧化碳排放居高不下,目前中国是全球最大的碳排放国,2019年碳排放总量接近100亿t,为了实现2060年碳中和目标,中国面临极大的减排压力。

除了减排压力之外,中国还面临着能源安全问题。自1992年中国能源消费超过能源生产,中国的能源供需缺口不断加大,能源进口量和对外依存度持续走高。2019年,中国的能源供需缺口达到8.9亿t标准煤,能源对外依存度已经超过20%。而除了总量问题突出外,中国的能源安全主要软肋更是体现在能源结构上,即天然气和石油的安全供应问题。目前,国际能源供应格局已经发生深刻变化,全球宗教、政治、文化冲突日益严重,部分国家民粹主义兴起、贸易紧张和贸易壁垒加剧,以美国主导的"反全球化"浪潮不断升级,中国能源安全隐患逐渐凸显。

总的来说,短中期内,中国面临着实现碳中和目标和保障能源安全的双重压力。在保障能源安全的前提下实现碳中和目标,对于中国经济的高质量发展及两个"百年目标"的实现具有重要意义。

1.2.1 中国的能源安全现状

1. 石油和天然气对外依存度近年来持续走高

2014年,中国成为全球第二大的石油消费国,并在同年第一季度成为全球最大的能源进口国,此后,中国的石油进口量持续增长。从目前的能源进口情况来看,在新型冠状肺炎疫情得到控制之后,中国经济逐渐复苏及国际油价的持续低迷使中国加大了石油的进口。中国海关总署的数据显示,2019 年,中国的原油进口总量首次突破 5 亿 t,对外依存度高达 72.55%。如图 1.5 所示,中国原油依存度从 2010 年的 53.61%上升到 72.55%。2020 年,中国原油进口总量达到 5.42 亿 t,同比上涨 7.3%。从短期内来看,在能源技术没有发生突破性变革的前提下,随着工业化、城镇化的纵深推进及居民生活水平不断提高,中国对石油的需求将持续增长,而由于资源禀赋的限制,中国的石油产量在近年来却呈现出稳中微降的态势,所以,短期内,中国的石油对外依存度有望持续走高。

天然气方面,随着中国环境治理力度加大,在"降煤增气"的主基调下,中国天然气需求呈现跨越式增长。2019 年,天然气表观消费量为 3064 亿 m³,同比增长 8.6%。从生产侧来看,2019 年天然气生产总量为 1601.59 亿 m³。供需之间的巨大差额导致中国需要大量依赖于天然气进口。如图 1.5 所示,2019 年,中国天然气进口量达 9656 万 t(约合 1352 亿 m³),天然气对外依存度高达 42.56%。从 2020 年的数据来看,中国天然气进口总量为 10166 万 t(约合 1452 亿 m³),天然气进口总量超过 1 亿 t,同比增长 5.3%。从天然气生产来看,2020 年天然气产量为 1925 亿 m³,同比增长 9.8%。

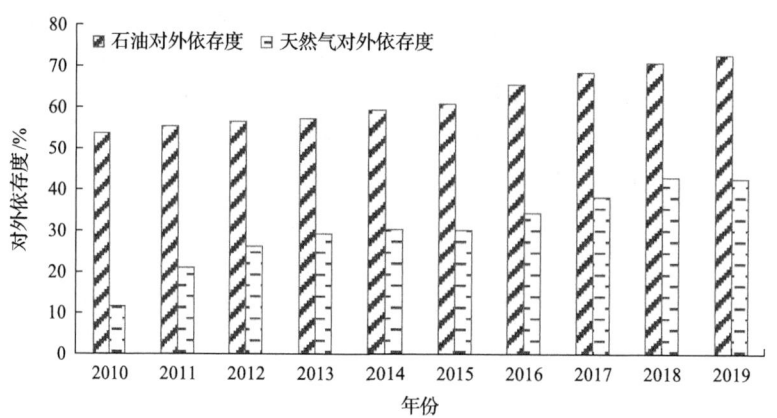

图 1.5 近年来中国石油和天然气对外依存度

数据来源:国家统计局,作者整理

2. 能源进口来源地较为单一

除了进口量大、对外依存度高之外,中国的石油和天然气还存在进口来源较为单一的问题。从石油进口来看,中国的石油进口主要来源包括中东国家、非洲国家、俄罗斯及中南美洲,石油进口占比均超过 10%。尤其是中东国家,石油进口占比超过 40%,达到 44.42%。目前来看,中东地区和非洲国家普遍存在政治不稳定,因此,中东地区和非洲国家的地缘政治很大程度上构成了中国石油进口的地缘政治风险。从中东地区来看,作为全球地缘政治矛盾最激烈、最微妙的地区,中东地区常年处于战乱状态,地区格局在过去几十年的时间内发生了剧烈的变化。目前,中东地区整体性危机有愈演愈烈之势,存在着巨大的变数,因此,中东地区的地缘政治将对中国的石油进口形成潜在的巨大威胁。从非洲国家来看,2019年中国从非洲进口了超过18%的石油,目前从非洲国家进口石油主要存在以下几方面的问题:一方面是进口来源国较为集中,有超过一半进口来自安哥拉;另一方面,除南非以外,非洲其余进口来源国普遍存在政治不稳定,风险级别较高。总结来说,中东地区和非洲国家的政治动荡将影响中国的石油安全。

从天然气进口来看,近年来中国天然气进口来源逐渐多元化,但主要进口国仍较为集中。中国进口的天然气进口主要包括液化天然气和管道气,占比分别为64%和36%。2019年,中国进口的天然气主要包括澳大利亚的液化天然气(30.05%)、土库曼斯坦的管道天然气(23.87%)、卡塔尔液化天然气(8.63%)及马来西亚的液化天然气(7.52%)。液化天然气主要进口来源呈现出以大洋洲为核心、东南亚和中东地区为关键的整体态势;管道天然气的主要进口来源为中国的陆上邻国,整体来看,中国天然气进口来源地的地缘政治风险较小。

3. 能源进口来源通道安全隐患突出

中国能源进口还存在来源通道安全隐患较大的特征,石油进口来源通道分为海上运输通道和陆上运输通道,其中陆上运输通道包括铁路运输和管道运输,所占份额较少。海上运输是中国石油进口的主要运输方式,主要包括中东航线、非洲航线、拉丁美洲航线及东南亚航线等。经过的关键地理单元包括霍尔木兹海峡、马六甲海峡、莫桑比亚海峡、巴拿马运河以及太平洋等,其中前两个地理单元是中国海上运输通道的重要风险来源。霍尔木兹海峡被誉为"世界石油生命线接点",中国几乎所有的从中东国家进口的石油都要经过该海峡运输,但该海峡与中东地区的地缘政治紧密相关,历史上曾出现因中东地区地缘政治冲突导致霍尔木兹海峡被封锁的情况。另外,中国海上石油运输的一个关键地理单元是马六甲海峡,马六甲海峡是中东地区以及非洲地区海上运输至亚洲的最短航线,目前中国有接近70%的石油进口需要经过该海峡。作为距离中国最近的海上运输通道,马六甲海峡对于中国而言具有重要的地位,但该海峡目前也是主要大国的必争之地,目前美国、日本等国家不断加强在该地区的政治影响力。其他海上运输航线均为远洋航线,由于距离中国较远,目前中国对这些地方的影响力较小,也具有一定的地缘政治风险,但由于这些航线上的石油进口占比较低,风险相对可控。

1.2.2 中国的能源消费和碳排放现状

改革开放以来，中国经济的快速增长极大地带动了能源消费和碳排放的增加。从中国目前的能源消费和碳排放现状来看，主要存在以下几个典型特征。

（1）能源消费和碳排放屡破新高，化石能源仍主导能源消费结构。尽管近年来中国持续推进能源清洁化转型，清洁能源取得跨越式发展，但由于能源消费总量巨大，清洁能源占比依旧较低，如图 1.6 所示，化石能源仍主导着中国的能源消费结构。2020 年，中国的化石能源占比仍然接近 85%。尽管这一指标与全球的整体水平相当，但与全球不同的是，中国的能源结构极度的不协调，具体表现为煤炭在能源消费总量中的比重过高，2020 年占比为 56.8%。化石能源尤其是煤炭的巨大消耗导致中国的碳排放屡破新高。如图 1.7 所示，目前中国的化石能源碳排放总量接近 100 亿 t，占全球排放总量的 28.76%。

（2）化石能源尤其是煤炭消耗是中国碳排放的主要来源。从具体的碳排放来源来看，以煤炭为主的化石能源消耗是中国二氧化碳排放的主要来源。图 1.8 显示了近年来中国分能源品种消耗导致的二氧化碳排放。可以看到，煤炭消耗导致的二氧化碳排放总量已经超过 75 亿 t，占化石能源碳排放总量的 80%。其次为石油和天然气消耗的二氧化碳排放，其占比分别为 14.37% 和 6.89%。由于资源禀赋限制，短中期内中国仍将以煤炭消费为主，中国的二氧化碳排放有望持续走高，所以，未来碳减排的重点之一是降低煤炭的消耗，并加大煤炭清洁低碳化利用力度。

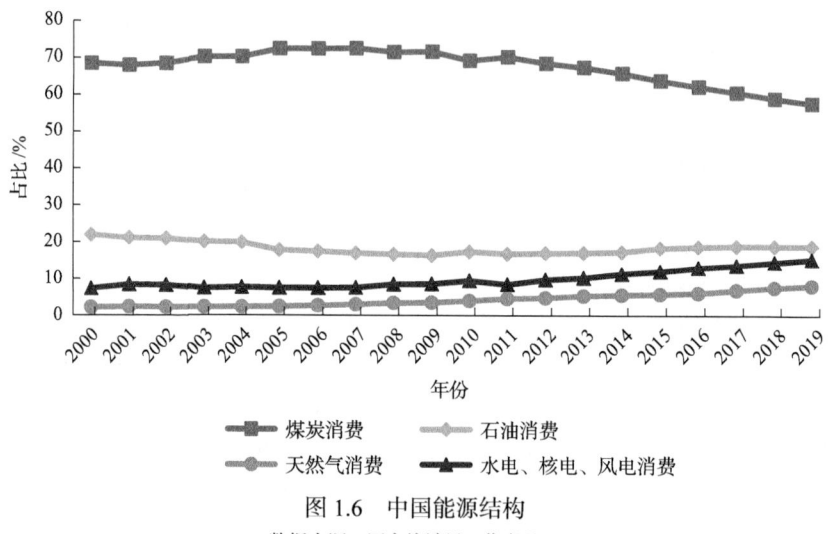

图 1.6 中国能源结构

数据来源：国家统计局，作者整理

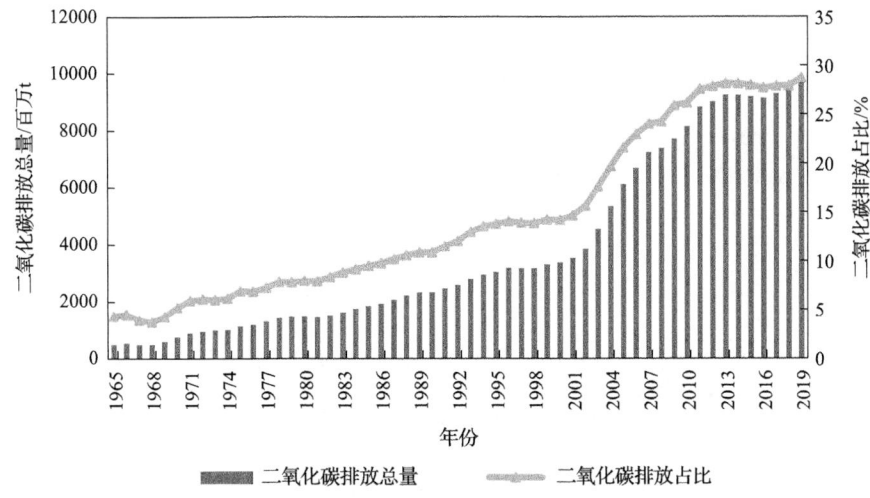

图 1.7　历年二氧化碳排放总量及其占比

数据来源：BP Statistical Review of World Energy June 2020

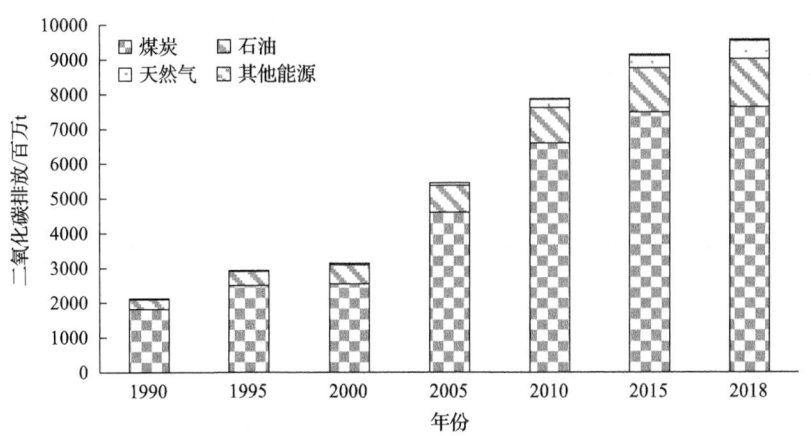

图 1.8　历年分能源品种消耗导致的二氧化碳排放

数据来源：IEA (https://www.iea.org/subscribe-to-data-services/co2-emissions-statistics)

(3) 降低发电和工业碳排放是未来碳中和目标实现的重点路径。从分行业能源消耗导致的二氧化碳排放来看，电力和热力生产以及工业部门是二氧化碳排放的主要来源，二氧化碳排放量及其占比呈现出显著的递增趋势，2018 年占比分别为 51.44% 和 27.94%（图 1.9），这主要与这两个部门的能源消费特征有关。电力和热力生产部门是一个国家的经济命脉，在国民生活中具有不可或缺的地位，目前中国有将近一半的煤炭消费用于电力、热力的生产和供应业。从发电结构来看，中国仍保持以燃煤发电为主的电源结构。截至 2019 年，燃煤发电装机容量占发电装机总容量的 51.76%，而 2019 年燃煤发电量则占发电总量的 62.15%。短期内，在太阳能和风电无法大规模突破的情形下，中国仍将保持以煤为主的发电结构。

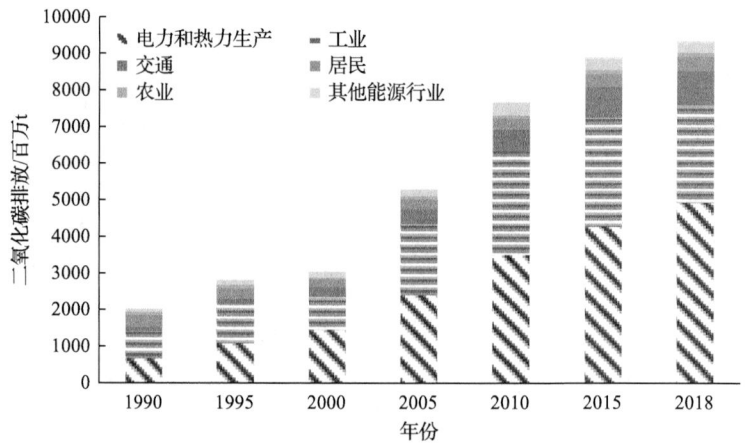

图 1.9 历年分行业能源消耗导致的二氧化碳排放

数据来源：IEA，根据 IEA 的部门分类，其他能源行业包括煤炭、石油和天然气开采、加工等能源相关行业，工业指的是除去电力和热力生产以及其他能源行业之外的工业行业

除了电力和热力生产及其他能源相关行业之外，其他工业部门也是中国碳排放的主要来源，主要包括制造业中的金属冶炼和压延行业、化学原料和化学制品制造业等相关高耗能行业，它们不仅是煤炭消费的重点行业，也是二氧化碳排放的主要行业。因此，工业部门的节能减排也是未来中国碳中和目标实现重点关注点。

另外，还需要重点关注的是交通部门的碳排放。随着中国汽车保有量的持续增长，交通部门的能源消费和碳排放呈现出显著的增长态势，2020 年交通部门的二氧化碳排放约占全国碳排放总量的 10%。在电动汽车还未大规模推广之前，中国交通部门的能源消费和碳排放将持续上升。

1.2.3 存在的问题和保障措施

从能源安全与碳中和两者相结合的角度来看，保障能源安全需要在短期内维护能源的稳定供给，考虑到短期内中国仍将保持以煤为主的能源消费结构，碳排放可能会持续增加。但从长期来看，能源安全和碳中和具有目标上的一致性，具体表现如下。

短期内，由于中国石油和天然气需求的增加，其进口量将不断攀升、对外依存度有望持续走高，为了稳定能源供给，保障能源安全，煤炭在能源安全和经济安全方面将发挥不可或缺的作用。此外，考虑到目前中国大部分煤炭消费集中于电力和热力的生产部门以及工业部门，短期内大规模替代煤炭的可能性不大，中国仍将保持以煤为主的能源消费结构，碳排放将持续增长。

长期来看，实现碳中和目标需要中国的能源系统向清洁低碳化转型，这意味着中国需要降低化石能源消费，并提高清洁能源使用。随着清洁能源技术的变革和发展，未来新能源行业、节能行业及储能行业将迎来爆发式的增长，中国的能源结构将发生颠覆性的改变。在新能源逐渐替代化石能源的过程中，化石能源的进口有望持续下降，这有利于改善中国的对外依存状况，最终提升能源安全。因此，从长期来看，能源安全和碳中和目标具有一致性。当然，为了能够在保障能源安全的前提下实现碳中和目标，中国需要相应的措施。

(1) 提高能源利用效率。尽管近年来我国的能源利用效率持续改善，但与主要的发达国家相比，我国的能源利用效率仍然较低，以单位 GDP 能耗表示的能源强度是主要发达国家的 2~4 倍。这说明，为了实现单位的产出，我国需要消耗更多的能源。提高能源使用效率可以有效降低能源消耗，对保障能源安全和实现碳中和目标均具有积极的意义。

(2) 推进煤炭清洁高效利用。短期内，煤炭在能源系统中具有不可或缺的地位，因此，为了保障能源安全和推动碳中和目标的实现，需要推进煤炭的清洁高效利用。煤制油、煤制气等现代煤化工产业的发展可以有效的提高中国油气供给能力，是降低油气对外依存、保障能源安全的重要途径；而通过推动煤炭能源分级分质利用，有利于实现高碳能源的低碳化利用，是短期内的碳达峰和 2060 碳中和目标实现的关键。

(3) 完善交通基础设施，加快电动汽车对传统燃油车的替代。中国经济的增长推动了交通需求的增加，目前中国汽车保有量位居全球第二，但人均汽车保有量仅为发达国家的四分之一。可以预期的是，随着人均收入的提高和城镇化建设的推进，中国的汽车保有量将有望持续走高。电动汽车加上完整的交通基础设施可以实现对传统燃油车的有效替代，这不仅可以降低交通部门的石油需求，同时可以减少交通部门的碳排放，对于保障石油安全和碳减排具有重要意义。

(4) 推动可再生能源和储能行业的发展。目前可再生能源的占比仍然较低，只有在可再生能源占比足够高时，才能在满足能源需求增长的同时，实现对化石能源的有效替代。但是可再生能源中的风电、光伏具有不稳定性和间歇性等特点，可再生能源的大规模并网会导致电网的不稳定，因此，可再生能源的发展需要结合储能技术的运用。可再生能源和储能的结合可以实现可再生能源的大规模利用，这不仅可以降低对油气的需求，同时可以推动碳中和目标的实现。

(5) 推进关键零碳和负碳技术的发展。碳中和过程的深入推进需要配套 CCUS、BECCS、氢能等零碳和负碳技术作为支撑。政府需要完善能源科技创新政策设计，重点关注发电、工业、交通等相关领域零碳和负碳技术的发展，争取从产业链和技术上走在世界前列。当然，由于技术变革速度和方向存在不确定性，未来还需要加强新兴技术的研发和创新。

1.3 发展循环经济，助力碳中和

要实现 2060 年的碳中和并达到向外界所宣布的近零排放目标，除了通过节能减排、碳移除等形式来抵消经济活动中所产生的碳排放，还需要依据循环经济的思路，基于减量化、再利用、再循环的原则实现资源在使用过程的良性循环，减少资源利用过程中所隐含的碳排放，从而助力碳中和目标的实现。循环经济的发展模式能通过传统能源的高效利用及清洁能源的发展；绿色制造及再制造；充分利用植物的固碳潜力及促进生物质能源发展；推动城市化过程中的生活垃圾分类及回收利用发挥在能源部门、工业部门、农业部门及居民部门的积极作用。"十四五"发展规划中所提出的生态文明建设的要求树立循环经济的发展理念，通过资源的循环利用减少资源全生命周期内的隐含碳排放，从而助力碳中和目标的实现。

1.3.1 碳中和目标的提出

应对气候变化是各个国家和全人类共同的责任。中国作为第二大经济体、最大的碳排放国，碳中和目标体现了中国的国际担当，但这同时又使中国面临艰巨减排任务。碳中和目标的提出是对各种经济活动中直接或者间接途径所产生碳排放的约束。根据 BP 统计年鉴，中国在 2019 年的二氧化碳排量约为 100 亿 t 当量，占全球碳排放总量的 29%左右。基于当前的碳排放水平，碳中和目标的实现对于我国的产业系统及能源系统都是非常大的挑战。

碳中和可以通过碳移除、节能减排等多种形式来抵消经济活动中所产生的碳排放进而实现近零排放。碳中和作为应对当前气候变化的目标将加速中国推行绿色发展及社会可持续的进程。循环经济作为强调资源节约与再利用的发展模式，对于助力碳中和也有其重要意义。

1.3.2 循环经济的重要性与碳中和

(1)循环经济的相关的法律与政策支撑。中国早在 2002 年就通过了《清洁生产促进法》，指出了农业、工业等各个领域推行清洁生产的必要性，并且在 2008 年，中国通过了《循环经济促进法》。关于循环经济的立法说明了中国政府对通过循环经济模式来实现环境以及经济可持续发展的重视。尤其是在"十一五"至"十四五"的四次发展规划中都强调了资源、环境与可持续的重要性。"十一五"发展规划首次强调了发展循环经济的重要性，强调从生产方式、资源循环利用回收、绿色消费等各个方面推行循环经济的理念。特别是进入"十三五"时期以来，循环经济发展尤显成效。并且在 2020 年的"十四五"发展规划中提出了推动绿色发展的新要求，要求进一步优化能源、资源的利用效率。

(2) 循环经济的界定与意义。循环经济从可持续发展的角度强调了资源的节约、高效利用以及循环利用来拓宽资源在整个生命周期的价值。循环经济符合生态学的规律，强调自然以及生态系统的承载力，并要求充分利用生态系统中的物质循环规律来促进可持续发展。循环经济是基于 3R 原则，即减量化(reduce)、再利用(reuse)和再循环(recycle)的原则，强调了低消耗、低排放及高效率特征的资源利用过程，这对于环境保护具有现实意义。

对于中国而言，循环经济的推行对于绿色发展及环境可持续尤为重要，有两方面的意义。一方面可以应对资源匮乏、短缺的局面；另一方面可以解决资源粗放利用以及资源浪费的发展现状。循环经济的重要性除了体现在资源节约方面，还体现在减少资源利用的全生命周期过程中所隐含的碳排放。

(3) 循环经济的 3R 原则与碳减排。循环经济的定义是基于 3R 原则，由于循环经济与碳减排之间的关联性，循环经济中的 3R 原则也同样适用于碳减排过程，所以循环经济对于碳中和目标的实现来讲尤为重要。

首先，基于减量化的原则，即为循环经济要求减少投入到生产或者消费中的物质量。减少资源的消耗能够最为直接的减少隐含在资源消耗过程中的碳排放。其次，是基于再利用(reuse)的原则，即为循环经济要求延长物质的使用频率和时间。对废弃资源的重复利用能够实现全生命周期的利用价值，有利于减少物质资源的消费量。最后，是基于再循环的原则，即为循环经济要求将废弃物进行资源化并进行再次循环利用来延长资源的生命周期。

循环经济的这三个原则是对资源利用及使用过程中从源头到末端的约束。循环经济的发展模式减少了的资源消耗总量，进而有利于减少物质资源使用过程的整个生命周期内所隐含的碳排放水平，这无疑能够助力碳中和的实现。

1.3.3 循环经济模式的应用领域

循环经济的模式将在这些领域起到积极的推动作用，比如循环经济助力传统能源的高效利用及清洁能源的发展；发展绿色制造及再制造来推动覆盖工业部门的循环经济；充分利用植物的固碳潜力及促进生物质能源发展来推动覆盖农业部门的循环经济；覆盖城市化过程中的生活垃圾分类及回收利用的循环经济。

1. 循环经济助力传统能源的高效利用及清洁能源的发展

各个部门的经济活动都会有直接或间接的能源消费，而能源消费所产生的二氧化碳排放对大气的温室效应有最为直接的作用。碳中和目标是对现有能源系统的挑战，而能源使用中的循环经济理念能够助力于能源系统转型及低碳发展，从而有直接的减排效应。

考虑中国现有的能源结构,作为化石能源的煤炭、石油、天然气在2020年能源结构中的占比分别为56.8%、18.9%、8.4%,而其他包括水电、风电、光伏、生物质能源等在内的可再生能源占比仅为15.9%。中国目前依然是以传统能源为主的能源结构,实现能源系统的清洁、低碳转型,是产业发展需要,也是应对环境问题时所必须要考虑的。循环经济的模式能从两个方面落实并促进能源部门的低碳发展:一个方面是传统能源的深度、高效利用;另一个方面则是可再生能源的发展。能源的高效利用与清洁利用能够最直接的控制并减少碳排放。基于循环经济的原则,传统能源的减量化以及可再生能源的再利用及再循环,将促进碳减排来助力碳中和目标。

考虑资源禀赋的现实问题,加强煤炭等传统能源的深度、清洁利用是首要考虑。虽然传统能源具有高碳特征,但是如超超临界发电等技术的推广也实现了传统化石能源的高效利用。除此之外,可再生能源的低排放及可再生的特征是最为明显的优势所在。能源结构的调整与升级是现有的传统能源存量与今后的清洁能源增量之间的权衡问题。在保障中国能源供应及能源安全的情况下调整能源结构,使能源增量更多地向清洁能源倾斜。

2. 发展绿色制造及再制造来推动覆盖工业部门的循环经济

2020年中国工业部门的能源消耗占能源消费总量的比重达70%左右,工业部门是二氧化碳排放的主要来源,针对工业部门的减排亦能够有效地应对气候变化,是实现碳中和的主要途径。绿色制造及再制造是基于减量化、再利用及再循环的原则推动工业部门实现循环经济的两个主要方面。覆盖工业部门的循环经济能够有效促进碳减排,从而为碳中和助力。

首先,绿色制造是在不影响经济效益的同时考虑产品的全生命周期内资源利用率及环境影响,是纳入了资源与环境因素在内的工业制造模式。绿色制造强调从设计、制造到回收等所有流程都考虑可持续性问题。绿色制造要求产品在整个生命周期的资源、能源消耗的最小化及对环境影响的最小化,这有利于实现非常显著的社会效益及环境效益。建议在未来推广覆盖工厂、产业园区及供应链的绿色制造体系建设。

其次,再制造则考虑的是工业制造的可循环发展。在考虑经济性及可行性的条件下,再制造要求通过使用再制造技术对设备零件进行修复,并达到符合行业规范的条件,并不同于传统的废弃物回收利用,它是对旧产品通过再制造技术实现功能性的恢复。再制造主要是适用于工业机械设备领域。再制造是能使产品升值的二次投资,能够恢复旧产品的性能与可靠性,是对工业固体废弃物的深度利用。再制造可以实现工业固体废弃物的消纳,能够实现最小化环境污染及最大化资源利用率。

总体来说，工业的绿色制造和再制造产业节约了资源，是一种可持续的生产、消费模式。提升工业体系的绿色制造及再制造能力，对于循环经济的实现很重要，能有效推动工业部门的节能减排，进而助力碳中和。

3. 充分利用植物的固碳潜力以及促进生物质能源发展来推动覆盖农业部门的循环经济

农业部门对于碳减排的重要作用及贡献主要体现在以下几个方面。

(1) 陆地植被的固碳能力和固碳作用，均表现为通过植物的光合作用来吸收大气中的二氧化碳来实现减排，其中森林及富碳农业发展都具备非常优越的固碳效果。林业的固碳作用来实现碳减排对于缓解气候变化有不可替代的地位。国际广泛认可森林碳汇的重要性，并且许多国家和组织都积极推进森林碳汇的利用。除此之外，富碳农业的发展也能起到很好的减排效果。富碳农业的思路是通过将工业或者其他部门生产所造成的二氧化碳排放进行收集，并且将其作为碳肥用于农作物。二氧化碳作为气面肥不仅可以提高作物产量，并且其固碳作用能有效的实现碳减排。

(2) 生物质能源的循环再利用。应对中国能源短缺的局面，生物质能源作为可再生资源，对传统能源的替代有较大潜力。生物质能源的再利用，既能够防止资源的浪费，又能够减少碳排放。受生产、生活方式的影响，中国的秸秆回收利用率低，有相当大的一部分的秸秆以废弃或者焚烧的形式浪费，这造成了大量温室气体的排放及资源的浪费。中国的生物质能源发展潜力巨大，预计中国有 4 亿 t 的秸秆可以进一步加以循环利用。推进秸秆的高值化利用可以解决生物质资源的废弃问题。生物质可以将其能源化循环利用，通过技术可以将生物质转化为燃料、燃气等作为传统能源的替代能源。另外，也可以将木质纤维降解发酵为燃料乙醇。

总的来说，陆地植被的固碳潜力及生物质能源化的开发对于减排极具意义，能够助力碳中和的目标。

4. 覆盖城市化过程中的生活垃圾分类及回收利用的循环经济

随着城市化过程的推进以及居民生活水平的提高，居民的日常用品消费量的增加导致了生活垃圾的爆发式增长，随之而来的便是引致的环境问题。值得关注的是，居民生活垃圾中仍然有许多像废纸、废金属、废玻璃等仍有利用价值的废弃物品，这些废弃物品的不仅造成了资源的浪费，同时也对生态的可持续发展提出了挑战。垃圾分类回收符合循环经济中再利用以及再循环的原则，能间接减少了废弃物总量中所隐含的碳排放。

基于循环经济的 3R 原则，健全生活垃圾的分类及回收工作，对于仍有利用价值的废弃物，可以通过再次利用来延长其生命周期及使用价值。通过"变废为宝"来促进资源的循环利用，能够从源头上减少资源的浪费。

虽然目前已经有许多城市推行了垃圾分类的工作，但是公民的参与度仍需要提高。社会消费者的垃圾分类参与度及相应回收者的参与度决定了废弃资源的回收处置能力。所以，应对居民生活垃圾分类及回收利用，鼓励更多的主体参与到垃圾回收工作中以提升废弃资源再利用的处置能力。并且，要实现生活垃圾废弃物的资源化回收利用离不开政策的支持，推进相应废弃物回收的产业发展能更有效推动废弃资源的回收。

1.3.4 循环经济助力碳中和

循环经济的理念强调经济发展过程要考虑生态承载力，要符合生态学的规律，实现资源利用过程的良性循环，才能促进生态系统的绿色、平衡、可持续发展。循环经济是实现能源、资源节约，减少碳排放水平的经济增长模式。资源的循环再利用能够最大化物质资源在整个生命周期的价值，并且能够减少物质资源在生产、消费过程中的隐含碳排放。这对于碳中和目标的实现具有重要意义。

在碳中和的背景下，能源部门、工业部门、农业部门及居民部门等各个环节来发展循环经济都有重要的意义。传统能源的高效利用及清洁能源的发展、工业部门的绿色制造及再制造；农业部门的陆地植被固碳及生物质能源发展；居民部门的生活垃圾分类及回收利用，都将降低资源在全生命周期内的碳排放水平。

在新形势下，中国经济发展方式需要向高质量发展的方向转变，循环经济的理念与产业的高质量发展相契合，尤其体现在绿色、可持续发展方面。循环经济提升了物质资源利用率及利用周期，减少了资源利用总量在全生命周期下的碳排放水平。循环经济的发展理念既符合新时期"十四五"发展规划中所提出的生态文明建设的要求，也能够通过资源的循环利用减少资源全生命周期内的隐含碳排放来助力碳中和目标实现。

1.4 迈向碳中和：中国天然气的机遇、挑战及用武之地

中国是能源消费和碳排放大国，实现从碳达峰到碳中和目标的过程，需要付出比其他国家更艰辛的努力。经过十多年的努力，碳强度有了显著降低，2019年排放强度较2005年下降48%，同时非化石能源消费占比也达到15.3%。可再生能源消费增加和节能增效措施对此做出了巨大贡献。但需要认清的一个事实是，从碳达峰过渡到碳中和目标，中国需要的时间比发达国家少了近30年。面临这一巨大挑战，这些措施在短期内很难取得进一步的减排成效。未来经济稳定增长和能源供应安全问题使得中国无法彻底摆脱对化石能源的依赖。实现碳中和目标，需要依靠可再生能源和化石能源清洁高效利用"两条腿"走路。那么，作为化石能

源中的清洁能源,天然气有哪些用武之地,又将迎来怎样的发展机遇和挑战,值得人们关注。

1.4.1 2060碳中和是一条艰辛的"取经路"

这次是中国首次明确提出实现碳中和的时间点,也是在巴黎协定后中国提出的首个长期目标,意义非凡。对于国内来说,这一宏伟愿景为中国未来四十年能源绿色低碳转型和生态文明建设指明了大方向。对外,这是全球应对气候治理的重大突破,再一次展示了中国支持创新、绿色、开放、共享的发展理念,可以增强其他国家应对气候变化的信心,对推动疫情后世界经济的"绿色复苏"具有重大现实意义。

目前,全球近30个国家和地区已发布碳中和目标。相比这些发达国家,中国实现碳中和所需时间缩短了近30年。对于能源禀赋与消费结构具有"一煤独大"特点的中国来说,这是一场艰难的"取经路",困难重重。2019年全球碳排放330亿t,而中国占了100多亿t。按照2030年达到排放峰值的目标,中国碳排放量在未来十年显然还有较大的上升空间。目前中国电源结构依旧以火电为主,出于能源安全保障的考虑,煤炭在中长期的主导定位可能难以动摇。煤炭是碳排放的主要来源,中国单位供电碳排放量高于世界平均水平。能源结构长期以煤炭为主的现实国情,决定了中国完成2060年碳中和目标,必须付出比其他国家更为艰辛的努力。其意义更加重大、任务也更加艰巨。踏上艰辛的取经之路,"十四五"时期是第一关,中国需要做好"十四五"能源规划,从顶层设计上推动经济结构、产业结构、能源结构的根本转型。

1.4.2 实现碳中和,中国天然气的用武之地

实现碳中和目标的首要任务是大幅降低煤炭消费的占比。与已经制定碳中和目标的欧美国家比,中国能源消费结构不合理,煤炭占比依然高企,大约处在58%。煤炭的不合理使用是导致中国大气污染与碳排放居高不下的主要因素。"十四五"时期加快推进煤改气工程,对实现中国碳中和目标具有重要意义。现阶段全球天然气供应宽松,价格处于低位,有利于中国持续推进煤改气。随着中国城市经济增长迅猛,城市燃气,尤其是民生用气领域还有很大的消费增长空间。此外,随着天然气价格改革的稳步推进,可以根据各地资源禀赋、经济发展水平和消费结构差异,鼓励天然气就近消费,以进一步降低终端用气成本,减少煤改气的经济阻力,从而整体上拉动国内天然气消费。

理论上,可再生能源替换化石能源是实现减排的有效手段,也是大多数西方国家的现实选择[5]。据BP世界能源统计数据显示,2019年全球清洁能源发电占比是36.4%,与煤电占比十分接近,可以说是"势均力敌"。全球非水可再生能源

发电 2806TW·h，增长 13.7%，超过核电发电量（2796TW·h），这是历史上非水可再生能源发电量首次超过核电。虽然可再生能源发电增长态势明显，但可再生能源电源具有波动性、间歇性等不良特点。这一难题在中国依然没有得到有效解决，可再生能源发电规模化接入电力供应系统会给电力系统的安全性和稳定性带来较大的影响。

业内人士认为，可再生能源相互协同系统兴许能弥补这方面的不足。从中国可再生能源发电的现实情况看，操作难度还比较大。可再生能源发电属于不可控电源，无法单独保持供电与调度系统的平衡，需要一些系统辅助服务。近年来，随着中国电源结构调整中可再生能源发电占比的增加，电力系统对灵活性电源需求不断提高[6]。目前这个辅助性角色是由煤炭扮演，导致煤电机组更多承担系统调峰、调频、调压的功能，以平衡电力系统偏差，但是这个辅助性工作开展难度较大。

全球还没有一个国家能够完全依赖可再生能源支撑经济社会的运行。不难发现，可再生能源消费占比靠前的国家都有两个特点，一是经济体量少，二是人口规模小。北欧可再生能源消费占比处于全球前列。冰岛全国用电几乎 100% 来自可再生能源发电，但人口十分稀少，大约只有 35 万，GDP 大概是 258 亿美元（2018 年）；挪威的水电占总发电量 96%，占总能源消费的 63%，远高于水电在全球能源消费的平均占比（7%），但挪威的能源消费量仅为 6000 万 t 标准煤。对于这些经济体量小、人口少的国家，拥有高比例的可再生能源消费，并不会面临能源供应不稳定带来的高风险。

但对于能源消费大国，出现能源供给风险造成的经济代价和社会影响是难以估计的，因此，可再生能源完全替代化石能源是不现实的。欧洲大国推广可再生能源发展和绿色低碳经济，也不意味着彻底退出化石能源市场。按照欧盟的能源规划，到 2050 年可再生能源占能源消费总量 55%。目前德国的化石能源消费占一次能源比重高达 77.4%。一个合理的解释是，保留一定比例的化石能源消费是为了应对潜在的能源供应安全风险。比如，今年新冠肺炎疫情的严峻形势，导致美国加利福尼亚州电力供应一度十分紧张，多地轮流停电，给当地带来了巨大的经济损失。加利福尼亚州电力陷入大面积停电的一个主要原因是，过度依赖可再生能源，在环保与能源经济稳定发展的天平上，过于倾向环保目标。

对于中国和已发布碳中和目标的国家来说，一个权衡选择是新能源与传统能源的协同发展。更为现实点，是天然气与可再生能源协同发展。实际上，天然气在这些国家已扮演能源供应主力军的角色。譬如，英国、德国、加拿大等经济体的天然气消费占比均在 20% 以上。可见，在提出碳中和目标之前，这些国家已经将天然气作为替换煤炭的主要消费能源。可以预见，天然气将在全球碳中和的演化过程中大有作为。

近五来，中国煤炭消费进入一个较快的下降通道，由"十二五"末的63.8%降至2019年的57.7%，但这一数字依然比其他经济体高出一大截。煤炭消费是中国二氧化碳排放的主要来源。为实现2030年碳达峰和2060年碳中和，中国控煤、减煤工作应持续发力。相反，天然气作为现代清洁能源体系的主体能源之一，比可再生能源具有更高的能效，在未来40年实现碳中和的"取经路"上必将有广阔的用武之地。

1.4.3 面向碳中和，中国天然气发展机遇何在

新型冠状病毒肺炎疫情后世界开始聚焦于绿色低碳发展这一全球性议题。碳中和及"碳排放"都是一个气候问题，本质上是涉及人类用能方式的发展问题。中国是能源消费和碳排放大国。无法否认，可再生能源的替代消费和提高能效的节能工作对减排成果作出了巨大的贡献。但需要指出的是，这些减排措施在短期内难以取得进一步的成效。实现碳中和目标，留给中国的时间比发达国家少了近30年。未来中国经济的稳定增长和能源安全供应很难彻底摆脱对化石能源的依赖。在这种挑战下，作为相对清洁的化石能源，天然气将是未来中国实现碳中和目标的重要抓手之一，迎来大好的发展机遇，主要体现在几个方面。

(1) 国际天然气供应充足，价格整体处于低位，天然气可获得性大幅提升。世界天然气勘探不断取得突破，供应量持续增长。随着勘探技术的日益进步，油气上游市场已从"资本主导"逐渐转向"技术主导"。美国"页岩气革命"极大扩大了非常规天然气的开采与利用规模，不仅大幅压低本国能源使用成本，而且改变了天然气全球供应格局。从价格与供应上对全球油气市场形成巨大冲击，提升天然气在国际能源贸易市场的主体地位。另外，得益于天然气的清洁能源属性，天然气已进入发展的黄金时期，在诸多领域得到广泛利用。

(2) 非常规油气正在逐步占领能源市场，中国非常规天然气潜力巨大。近年来，全球非常规油气产量显著增长，除了美国，中国成为下一个非常规油气资源大规模商业化利用的潜在增长点。2019年中国非常规天然气占全国天然气总产量的14%，主要包括页岩气、煤层气及煤制气(图1.10)。近几年来，中国不断加大对非常规油气资源的勘探力度与技术研发，非常规油气资源勘探工作取得了显著进展。2019年，中国新增探明油气地质储量当量超18亿t，其中，天然气地质储量超万亿m^3，创历史新高，而非常规油气资源占新增储量的半壁江山，页岩气占探明天然气地质储量的60%。随着油气开发利用技术的日臻成熟，未来中国天然气供应将得到进一步的保障，生产成本下降使其在能源销售市场更具有竞争力。

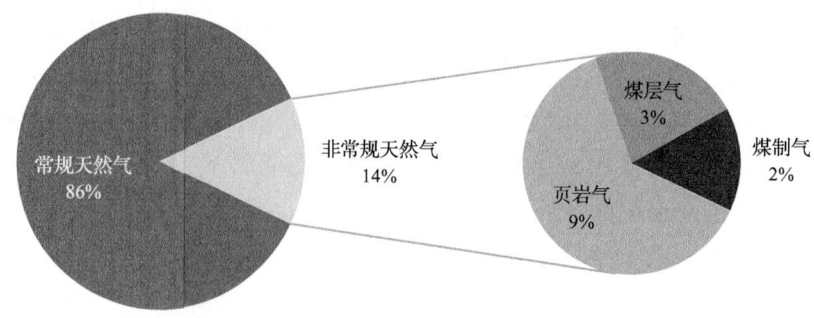

图 1.10　2019 年中国天然气产量分布情况
数据来源：国家统计局

(3)迈向 2060 年碳中和，中国经济增长将拉动天然气消费持续攀升。近年来，世界天然气消费持续增长，北美与亚太地区天然气需求旺盛。2019 年，受全球天然气需求的持续拉动，北美引领全球天然气稳步增长。2019 年，世界天然气消费量 3.93 万亿 m³，在一次能源消费中占比 24.2%。如图 1.11 所示，"十三五"期间，中国天然气消费增长强劲，海外进口 LNG 愈加活跃。2019 年，中国天然气表观消费量 3067 亿 m³，同比增长 9.4%，在一次能源消费结构中占比 8.4%，同比上升 0.6%。进口天然气 9656 万 t，同比增加 6.9%。2021 年既是"十三五"的收官之年，也是"十四五"时期的谋划之年。受新型冠状肺炎疫情的影响，2020 年中国天然气需求增速放缓。据《中国天然气发展报告(2020)》综合预计，2020 年全国天然气消费量约 3200 亿 m³，比 2019 年增加约 130 亿 m³。

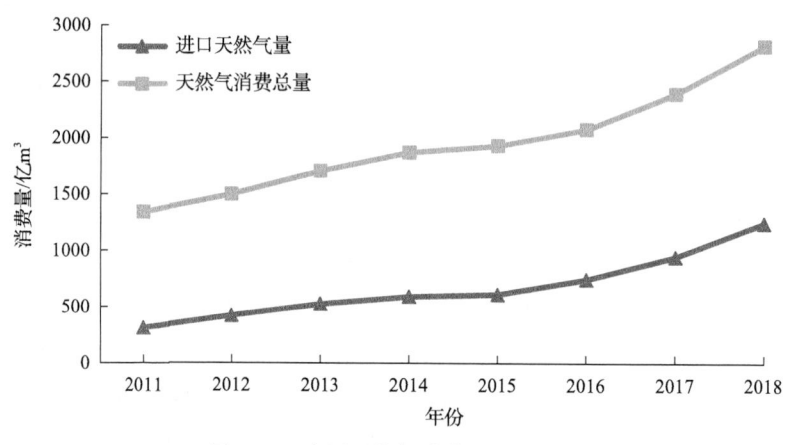

图 1.11　中国天然气消费及进口趋势
数据来源：国家统计局

综合来看，中国天然气行业处于快速发展阶段，碳中和目标的提出将加快能源转型进程，这对天然气发展是利好的。即便受新型冠状肺炎疫情影响，2020 年 1～9 月全国天然气消费量同比增长 2.5%。在即将到来的"十四五"期间，相信国内天然气需求在碳中和目标的推动下将会快速恢复增长。在碳中和宏伟蓝图下，能源结构的转型升级、"50万亿"新基建等将为天然气消费带来可观的增长空间。

(4) 实现碳中和目标的一个关键环节是电源结构调整，天然气发电将大有作为。煤电是中国碳排放最大的领域，为了实现碳中和目标，"十四五"期间需严控煤电规模。目前中国电力结构仍旧有 70%依赖煤电。用 10 年时间完成碳排放达峰，再过 30 年实现碳中和，这个宏伟目标对于中国来说是个巨大挑战，必定加速煤电替代进程。那么严控煤电装机规模，以后的社会增量用电需求如何满足？包括天然气在内的清洁能源发电或将迎来爆发式增长。如前文所述，鉴于可再生能源发电具有波动性、间歇性发电的缺陷，其大规模接入电力系统将存在严重的稳定性和安全性问题。随着中国可再生能源发电的快速发展，电力系统稳定对灵活性电源需求不断提高。目前承担这一角色的是煤电，但现实情况是，煤电机组灵活性改造的动力仍旧十分不足。针对这一难题，天然气可能是一个较好的替代选择。与可再生能源发电相比，天然气发电同样具有较高的环保性能。最重要的是，天然气发电投资成本低、灵活性强，能够提供灵活性服务来提升可再生能源消纳，在电力系统能源转型中发挥良好的过渡作用。因此，迈向碳中和的道路上，扩大天然气发电，有利于优化和调整能源结构，是实现中国绿色电力多元化的不错选择。

(5) 天然气基础设施建设成效显著，价格改革进展顺利，是实现碳中和目标的重要助推器。截至 2019 年底，中国建成天然气干线输气管道超过 8.7 万 km，一次输气能力超过 3500 亿 m^3/a。预计在"十四五"期间，天然气基础设施建设将投入更多，互联互通程度将进一步提升。此外，随着天然气"市场净回值"定价机制的推广应用，天然气价格将会逐步被理顺。这有利于形成主体多元、充分竞争的天然气市场，降低下游企业用气成本，扩大天然气消费，促进清洁能源消费占比、大幅减少碳排放，助力中国实现 2060 年碳中和目标。

1.4.4 碳中和目标下天然气发展面临的挑战

中国提出 2060 年碳中和目标后，将对能源结构转型和碳减排速度提出更高的要求。天然气在迎来发展机遇的同时，也将面临诸多挑战。首先，近年来国际地缘政治动荡，能源供需格局有了较大的变化，给中国天然气进口不确定性增大。中国天然气对外依存度达到了 43%，据说到 2035 年可能升至 60%。在短中期内，中国摆脱油气进口依赖并不现实，天然气进口不稳定风险依旧持续存在。其次，受制于现有技术水平，当前国内油气资源勘探开发难度大，国产气的终端使用成本高，交叉补贴引发的系列问题还未得到有效解决。最后，从清洁能源间的替代角度看，在绿色低碳循环发展的前景下，得益于其装机规模的已有优势，加之相对领先的技术创新,可再生能源在市场份额上可能给天然气行业带来一定的挤出效应。

1.5 中国天然气价格改革成效、动向及未来展望

1.5.1 中国天然气价格改革背景

能源系统必须能够支持三个主要目标:以环境可持续的方式促进经济增长,提供普遍的能源服务并确保能源安全。这就需要在充足的能源供应、环境污染和社会发展之间进行权衡[7]。发展中国家通常需要通过能源补贴来平衡以上三个目标,但能源补贴可能导致能源利用效率低下甚至无效,进而导致能源消耗过多和环境污染。在2009年匹兹堡二十国集团领导人(G20)第三次金融峰会上达成共识,旨在逐步消除无效的化石燃料补贴。作为全球最大的能源消费国和碳排放国,中国的能源改革引起了广泛关注,尤其是在天然气领域价格改革最为密集。

改革开放以来,中国经济社会实现了跨越式发展。经济的增长和快速的城镇化是以能源消费增加作为重要的支撑,伴随着环境的恶化,尤其是空气质量严重影响了民众健康、社会福利,同时为中国的传统发展模式提出了警醒。中国政府逐渐转变经济增长模式,增加清洁能源在能源消费结构中的比重[8]。天然气作为清洁高效绿色的能源,适应中国低碳清洁发展的需求。近年来,中国天然气市场快速发展,2019年,中国天然气表观消费量达到3114亿m^3,在一次能源消费结构中所占比重达到了8.2%。

为了保障清洁能源的普遍使用,中国天然气价格长期受政府控制,高度管制及不透明的价格机制一定程度造成了价格扭曲[9]。直观上看,中国政府并无明显天然气行业财政补贴行为,但是中国能源供给受政府管制,天然气行业生产和进口由国有企业控制。国有企业通常是为了实现国家调节经济的目标,而非利润至上。

以下两点明显可以看出中国天然气行业存在严重的补贴情况。首先,从微观经济学的角度分析,工商业用户相对居民用户的天然气需求量更大且集中,天然气厂商对工商业用户的供应边际成本更低,所以工商业气价应低于居民气价。从图1.12可以看出,美国居民终端气价相较于工商业部门终端气价,价格更高且波动幅度更大,符合上文中成本收益分析。而中国的情况刚好相反,居民终端气价低于非居民部门终端气价,存在交叉补贴的现象,即通过对工商业用户多收费保障居民用户的使用。其次,由于自身资源禀赋的限制,中国是世界上最大的天然气进口国,2019年中国天然气进口依赖度达到44.16%。进口天然气由于高昂的运输成本,价格甚至在某些时期高于管制价格,造成价格倒挂。根据中国石油公

运营数据显示，2019年其在进口天然气销售业务上净亏损307.1亿元。

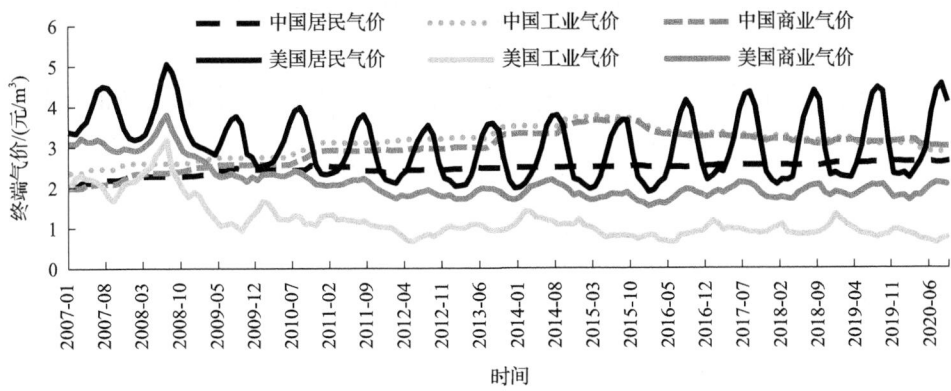

图1.12 中美天然气部门价格对比①
数据来源：国家发改委、中国人民银行、EIA

进口气无论是液化石油气(LNG)还是管道气，对运输技术和设备要求极高，进口气的运输成本使进口成本会在某些时期高于门站价格。受制于被政府控制的门站价格，天然气进口商利润空间受到压缩甚至受损，不利于天然气进口及供给侧的发展，天然气价格机制亟待国际化。长期以来通过设定较高的非居民天然气价格，以保障居民部门天然气使用的做法，一定程度加重了工商业部门的成本负担，不利于实体经济的发展。此外，价格的扭曲也无法准确反映天然气市场供需的变化，不利于天然气市场的发展。种种迹象表明，旧的价格机制不适应于当下的天然气市场的发展影响。2013年6月，在总结广东、广西试点经验基础上，天然气价格新机制在全国范围内推广。天然气价格改革首先在非居民部门展开，直到2018年6月，天然气价格改革才涉及居民部门。价格改革是否有效解决补贴问题，新的天然气价格机制是否完善，亟待深入研究。同时，在2060碳中和的宏伟目标下，能源改革在天然气领域又面临着怎样的挑战和机遇，也需要进一步分析。

1.5.2 价格改革梳理及成效

2011年底，中国政府在广东和广西启动了天然气价格改革试点政策，将定价管理从出厂价调整为城市门市价。该政策旨在规范最高价格，并建立动态调整机制，将天然气价格与燃料油，液化石油气和其他替代能源的价格联系起来。2013年6月，在总结试点经验之后，中国政府在全国范围内推广了天然气价格新机制。2018年6月，政府开始将价格改革扩展到住宅部门，逐步将住宅部门的城市门槛

---

① 为了方便对比，美国天然气终端价格根据当月人民币兑美元汇率转化为人民币计量。

价格水平调整为非住宅部门的门槛价格水平。

考虑到中国天然气需求的快速增长及经济社会发展的能源保障，天然气价格改革并不是直接将天然气价格交给供需双方决定，而是一步步地进行市场化。参考国家发展和改革委员会发布的相关文件，可以建立一个清晰透明的价格机制（图1.13）。新的价格机制以门站价格为核心，梳理了天然气行业上中下游的价格。门站价格通过与进口替代能源建立联系，增强了非居民部门价格的波动性，减弱了政府对天然气行业的管制。

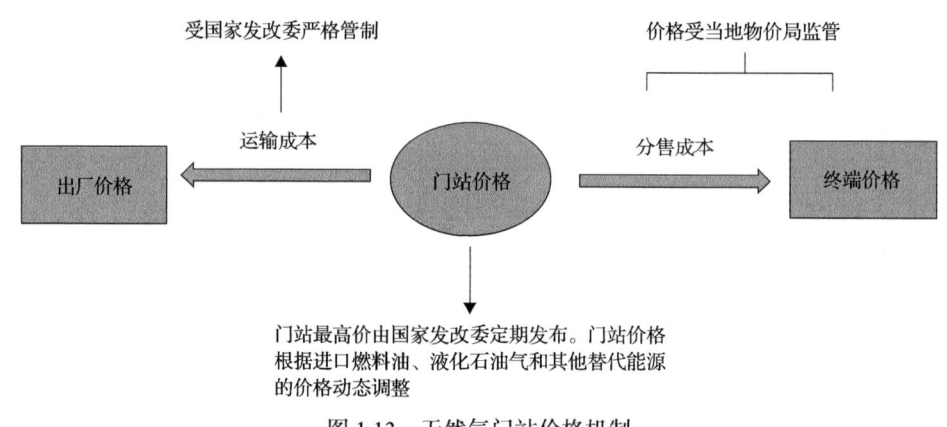

图1.13　天然气门站价格机制

根据厦门大学中国能源政策研究院团队的测算，在天然气价格全面实施之后，居民部门和非居民部门（工业和商业部门）补贴率都呈显著下降趋势，其中，非居民部门补贴下降幅度更大，补贴在2016年基本取消。然而在居民部门，天然气价格补贴率和补贴规模仍然很大。根据测算，2017年居民部门天然气补贴率达到了32%，补贴规模为450亿人民币。随着居民部门天然气消费的快速增长，居民部门补贴规模将进一步扩大。2018年6月，中国政府将价格改革触及到居民部门，在非居民部门由试点到全国、稳步推进的价格改革政策的成功经验下，居民部门价格改革稳步推进。

在有效缓解天然气价格扭曲、减少补贴外，天然气价格改革的成效还包括：①门站价格制度一定程度上反映各省市天然气资源禀赋、经济社会生活水平及供需状况；②通过与进口燃料油、液化石油气等替代能源价格挂钩，解决了长期以来进口气价格倒挂的问题；③价格改革渐次在非居民部门和居民部门稳步推进，有效梳理各部门价格机制，缓解了工商业部门对居民部门的交叉补贴现象；④门站价格制度符合中国中上游企业一体化联营的现状，解决了多气源混合输送以及国内气与进口管道气价格衔接等问题。

1.5.3 现行价格机制面临的挑战及价格改革未来方向

1. 居民部门价格改革需要兼具效率和公平

天然气价格改革有效地减缓了非居民部门价格扭曲程度，但价格改革并不意味着完全取消补贴。能源补贴具有需要平衡经济发展、能源普遍服务和环境可持续性三大能源目标。如果将居民部门天然气价格完全市场化，居民部门终端价格上升，可能会超过其承受能力，影响居民的天然气基本消费。居民部门的价格改革不应只是单纯得从价格机制着手，同时应该配合相关的政策。阶梯价格制度的完善有助于保障居民基本生活需求的情况下，发挥价格杠杆的调节作用，引导居民合理消费。

能源服务补贴在各国普遍存在，尤其在发展中国家，但对居民部门的价格补贴将扭曲天然气价格市场。政府在保障居民部门的基本能源需求，应注重平衡效率和公平。根据微观福利经济学的相关理论，可以转变补贴思路，对收入较低的居民辅以财政补贴，从而在不扭曲市场价格的基础上，保障居民部门的最基本需求，并提高居民福利水平。2018年8月，国务院发布的《关于促进天然气协调稳定发展的若干意见》提出"落实好理顺居民用气门站价格方案，合理安排居民用气销售价格，各地区要采取措施对城乡低收入群体给予适当补贴"。在打赢脱贫攻坚战，全面建成小康社会的关键时期，各地政府需要在推进居民部门天然气价格改革的同时，落实相关配套政策，保障价格改革的平稳推进。

2. 价格改革应该更加深入，逐步建立市场化程度更高的价格机制

中国的天然气改革虽然在非居民部门中取得了不错的效果，但是现行的价格机制是以国家发展和改革委员会定期公布的各地门站价格为基准，价格调整并不及时。在2011~2019年，与天然气价格相关的成品油价格调整了十余次，而天然气门站价格仅调整了4次。同时，虽然天然气价格有浮动的空间，但仍受到政策性的支配，在季节性等波动上存在一定的问题。天然气在季节上存在峰谷需求，由于取暖的用途在冬季的需求更大，但是现行价格机制并不能准确反映需求的变换。

在某种程度上，门站价格机制仍是市场化不高的管制价格机制。在实行门站价格的同时，中国政府也在小范围进行市场化尝试。2011年起，政府逐步放开海上天然气和页岩气、煤层气、煤制气出厂价格及液化石油气气源价格，但是在进入管道长距离运输上进行了限制。2015年起，对直供天然气的价格管制也逐渐放宽。2016年，以福建为试点，规定西气东输管道的门站价格由市场供需双方决定。小范围的市场化与全国性的门站价格机制，在政策上存在交叉，导致价格在气源、输配及终端使用上不明晰。

2020年5月，国家发展和改革委员会公布的新版《中央定价目录》规定"海上气、页岩气、煤层气、煤制气、液化天然气、直供用户用气、储气设施购销气、交易平台公开交易气。2015年以后投产的进口管道天然气及具备竞争条件省份的天然气门站价格，由市场形成；其他国产陆上管道天然气和2014年底前投产的进口管道天然气门站价格，暂按现行价格机制管理，试天然气市场化改革进程试试放开由市场形成"。文件预示着中国天然气价格改革的新动向，即在未来较长一段时间内，现行门站价格制度仍将实行，但在沿海地区等气源丰富的地区，市场化的改革将加快推进。在西气东输及国际LNG的充足供应下，丰富的气源将为沿海市场提供选择，气价将由供需双方决定，形成以气源之间竞争的市场化价格机制。随着天然气管网以及储气设施的完善，全国性天然气需求供应实现多样化，市场化更高程度的价格机制将在全国推行。

3. 竞争性市场亟待建立

中国天然气现状仍处于需求快速增长、供不应求的阶段，且天然气的生产和进口主要集中在中国石油天然气集团有限公司(中石油)、中国石油化工集团有限公司(中石化)以及中国海洋石油集团有限公司(中海油)三家公司。数据显示，三家公司的天然气市场供应量在2019年占全国的95.8%。价格机制充分市场化需要保障供需双方的充分竞争，在当下天然气市场上，供给侧的垄断给上游厂商绝对的议价能力，全面或者较大程度实现放松价格管制的条件目前是不具备的。

考虑到中石油、中石化以及中海油三家公司在油气开采、进口、输配的一体垄断地位，2019年底，政府成立的国家石油天然气管网集团有限公司，将天然气输配的业务从三家公司剥离。同时，为了增加上游市场的竞争性，在开放上游方面，引入社会资金甚至外资进入常规天然气、页岩气和煤层气区块开采；在进口环节，以"一带一路"倡议为依托，积极拓宽合作渠道和合作方式，丰富进口气源。从而，进一步推动价格改革向"管住中间、放开两头"的目标迈进。

1.5.4 碳中和背景下，改革面临的挑战

为了应对全球气候变化，中国积极承担碳减排的国际义务，提出要在2030年前实现二氧化碳排放达峰，2060年前实现碳中和。2060年碳中和的目标为未来中国实现能源低碳转型确定了明确的时间表，中国未来碳排放空间进一步缩小。考虑到中国以煤为主的能源消费结构，国家大力发展风能及光伏等可再生能源，以降低碳中和目标实现的难度。但是，由于风电、光电在能源供给上存在不稳定性的弊端，在储能技术难以短时间实现突破的限制下，增加天然气在国家能源供给中的比例是实现碳中和目标的选择和重要路径。

在《巴黎协定》通过后，众多国家在和地区在2020年前后通过法律规定等形

式承诺实现碳中和[①]。可以对比中国与其他设定碳中和目标主要国家的能源消费结构，探究天然气在实现碳中和的重要性和不可替代性。从图 1.14 中可以看出，整体来上，以风能、光伏为主可再生能源并不能成为一个国家能源体系中的主体。即使考虑水能、核能，非化石能源也无法满足这些国家一半的能源需求。同时，能源安全、技术发展等也限制了非化石能源在能源系统中短期对化石能源的替代。化石能源中，天然气的碳排放强度远低于煤炭和石油，在实现碳中和目标的前期和中期，天然气作为支撑能源消费的重要部分，其需求将大大增加。对于中国而言，尽管国内天然气消费在近 20 年快速增长，但是天然气在全国一次能源消费占比仅为 8.2%。除南非以外（南非煤炭资源丰富），中国的天然气消费比重远低于其他设立"碳排放"目标的国家。能源消费结构的优化将成为实现碳中和宏伟目标的必经之路，可以预期中国的天然气发展空间将在碳减排路径中进一步扩大。

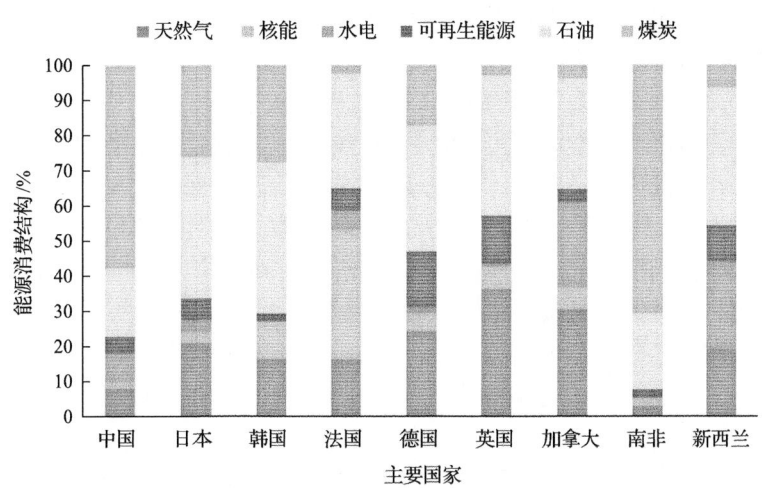

图 1.14　设立碳中和目标的主要国家能源消费结构（2019 年）
数据来源：Statistical Review of World Energy 2020, BP

在绿色低碳发展的要求下，天然气行业面临新的机遇和挑战。价格机制与供给和需求双方有着紧密的联系和相互作用，价格机制应动态发展与供需变化相适应。有效的价格机制将促进市场发展，相反，不合理的价格机制将抑制天然气市场的进一步发展。在碳中和的目标下，天然气具备了加快发展的优势。为了适应天然气市场的进一步发展，价格改革应继续深化，加快天然气交易平台的建立，有效地引导天然气资源的分配与流。公开、透明、充满竞争性的价格机制和市场

---

① 根据 ClimateNews 网站信息显示，目前承诺实现碳中和目标的国家和地区包括：法国、德国、英国、匈牙利、冰岛、爱尔兰、挪威、葡萄牙、斯洛伐克、西班牙、瑞典、瑞士、奥地利、智利、丹麦、芬兰、新加坡、日本、韩国、不丹、新西兰、斐济、南非、加拿大、哥斯达黎加、马绍尔群岛、乌拉圭以及美国加利福尼亚州。

将确保市场的有效运行,刺激天然气消费的进一步增长,优化国家能源结构。从而为中国实现碳中和的前期和中期阶段提供稳定有效地能源供给,保障经济社会发展全面向绿色低碳转型,为 2060 前完成碳中和最终目标奠定基础。

1.6 碳中和背景下如何培育绿色经济发展新动能

绿色经济是可持续的经济发展模式,发展绿色经济是实现经济可持续发展的必经之路。绿色经济是内涵丰富的综合性概念,具体包括经济发展、社会进步、生态文明和创新驱动四个维度。21 世纪以来,中国的绿色经济虽然发展迅速,但也存在一些问题,如统筹规划不足、创新驱动的短板效应突出、区域发展差异较大等,严重制约了绿色经济发展。随着以二氧化碳为代表的温室气体排放对全球生态环境保护带来巨大的威胁,实现碳中和成为发展绿色经济的重要内容。为此,本书提出一些针对性的政策建议。在实现碳中和、推动绿色经济发展的过程中,应制定和出台科学合理的规划方案、充分考虑区域异质性、推进各地区节能减排协同发展、补齐创新短板等,同时,以优化经济效率和经济结构、提高创新能力为发力点和着力点,积极培育实现碳中和与绿色经济发展的新动能。

党的十九大报告明确提出,实行最严格的生态环境保护制度,形成绿色发展方式和生活方式,建设美丽中国。早在 2008 年,联合国环境规划署发起绿色经济倡议,指出绿色经济模式能创造巨大的经济、社会和环境效益。联合国环境规划署所界定的,绿色经济是改善"福祉和社会公平,同时显著减少环境风险和生态稀缺"[10]。在此基础上,世界银行进一步提出了包容性绿色经济的概念,指出绿色经济能使各国在保护环境和满足所有人需求的同时保持增长。因此,绿色经济是可持续发展的经济模式,有助于实现经济增长、社会和谐、环境保护的统一。中国的绿色经济虽然在顺应改革开放的潮流中获得了长足进步,但长期以来粗放型经济增长模式的弊端并未完全革除,能源环境问题存量不少,增量仍有发生,例如二氧化碳排放带来的气候环境变化、冬春季节北方以雾霾为主导的大规模空气污染事件和祁连山系列环境污染事件等典型案例。中国于 2060 年实现碳中和目标具有重大意义,如期实现碳中和、发展绿色经济不仅展现中国承担国际责任的担当,而且对新时期中国开启绿色发展新征程、实现转型发展新优势颇有裨益。

1.6.1 绿色经济发展的内涵特征

绿色经济的内涵十分丰富,如图 1.15 所示,遵循"经济-社会-生态-创新"的逻辑框架,从经济发展、社会进步、生态文明、创新驱动四个维度阐述绿色经济的内涵。

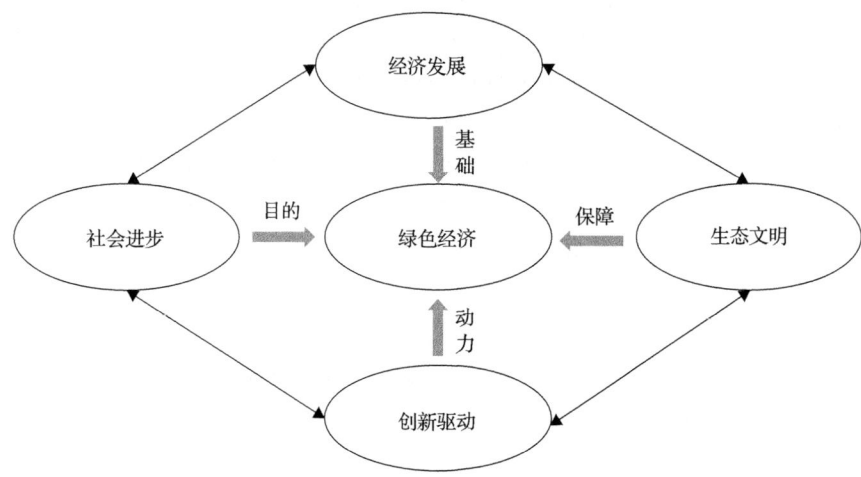

图 1.15 绿色经济的内涵特征

(1)经济发展是绿色经济的基础。虽然中国经济在过去四十多年里取得了重大成就，但中国经济增长过度追求 GDP 而忽略了经济效率和经济结构。从资源配置和生产效率的角度来看，由于要素资源的有限性，一个经济体的可持续发展不可能始终通过大规模的资源消耗或将大量的资源投入到生产率低的行业，如果经济效率能够不断提升，意味着可以尽量用更少的劳动、资本、能源等要素投入便可获得更多的产出，反之则会破坏经济发展的有效性而降低发展质量。同时，经济结构升级意味着经济发展方式转变，经济结构优化升级不仅需要各个产业发展效率的提升，也需要产业结构内部不断升级。

(2)社会进步是绿色经济的目的。全球经济发展的不平衡和不充分引起了广泛关注，随着世界各国特别是发展中国家的经济增长带来了一系列环境问题和社会问题，不少国际组织强调绿色经济的社会属性。绿色经济旨在改善人类福祉、促进社会公平，通过发展绿色经济实现人类可持续发展和社会公平。值得注意的是，中国推行的渐进式改革，通过实施区域、城乡之间差异化的经济政策来激励城市经济发展，但也使城乡间发展差距不断扩大，中国的收入分配、社会公平、医疗教育等民生问题依然存在巨大的改进空间，发展绿色经济与促进社会进步之间相互影响、相互促进。

(3)生态文明是绿色经济的保障。生态环境变化始终贯穿于经济发展的全过程。首先，经济增长带来了大量的资源消耗，如能源、电力，快速的资源消耗使中国的资源面临枯竭，因此，绿色经济发展必须尽量摆脱化石资源依赖，提高资源利用效率。其次，污染排放直接影响生态环境质量，也直接影响居民的身心健康和社会福利，绿色经济发展必须尽可能地减少环境污染排放。最后，环境保护也是绿色经济的重要内容。环境保护的主体是政府、企业和居民，政府可以出台环境规制政策，企业可以发展清洁生产和低碳环保技术，居民能够选择绿色的生活方式，加大环境保护有利于促进绿色经济发展。

(4) 创新驱动是绿色经济的动力。创新对经济持续发展的作用不言而喻，建设创新型国家是当前及未来很长一段时期中国经济发展的重大战略目标和任务。近年来随着中国人口红利和资源优势不断衰竭，传统的发展动力逐渐减弱，从而必须依托创新驱动重新塑造经济增长新动能和新模式。绿色经济与可持续发展相辅相成，绿色经济发展离不开创新投入和创新成果，技术创新为维持绿色经济发展提供必要支撑。但是，中国的创新能力与发达国家相比依然存在较大差距，具体体现在创新投入力度不足、创新成果转换效率较低、创新环境较差等，成为了制约绿色经济发展的瓶颈。

1.6.2 碳中和背景下中国绿色经济发展面临的主要问题

1. 统筹规划明显不足，绿色经济引领发展的凝聚性不强

虽然碳中和与绿色经济的重要性不言而喻，中央在十九大报告及其他纲领性文件中反复强调要进一步推动节能减排和绿色经济发展，但总体来看，部分地区出台的发展规划、实施方案和责任清单不够具体，一体化推进绿色经济发展的体制机制还不够完善，缺乏有针对性的政策举措，导致各地区对于统筹规划区域节能减排和绿色发展的紧迫性和必要性认识不足、推进不够。同时，传统的粗放型经济增长模式仍深刻影响地方政府决策，不少地区依然走大拆大建的老路，追求政绩工程，以牺牲环境利益和社会效益换取短期的经济绩效，生态环境、社会进步、创新发展的考核流于形式、浮于表面，使绿色经济引领全面发展的凝聚性不强。

2. 经济效率和经济结构亟待优化，创新驱动的短板效应十分明显

现有研究表明，21世纪以来中国的绿色经济增长水平获得了明显的提升。如图 1.16 所示[11]，生态文明指数和社会进步指数是所有维度中最高的，说明绿色经济增长具有较强的"生态属性"和"社会属性"，其在绿色经济发展中发挥着重要的支撑作用。但是，经济发展和创新驱动指数偏低。从经济发展的角度看，虽然长期以来以 GDP 为核心的晋升激励和财政分权制度使中国 GDP 增长很快，从1978 年的 3678.7 亿元增加到 2019 年的 990865 亿元，但经济效率和经济结构未能亦步亦趋，高投入、高污染、高能耗的粗放型经济增长模式流弊丛生。同时，第一、二、三产业发展不协调，第二产业占比偏高、第三产业占比较低，经济结构的低水平过度工业化特征十分明显。此外，创新驱动能力是中国绿色经济的短板，创新驱动指数较低且增长速度缓慢。虽然中国各级政府高度重视技术创新，但中国的创新投入依然较少，创新成果无法完全转换成生产力，经济发展方式转换速度较慢，产业发展理念和模式依然比较滞后。

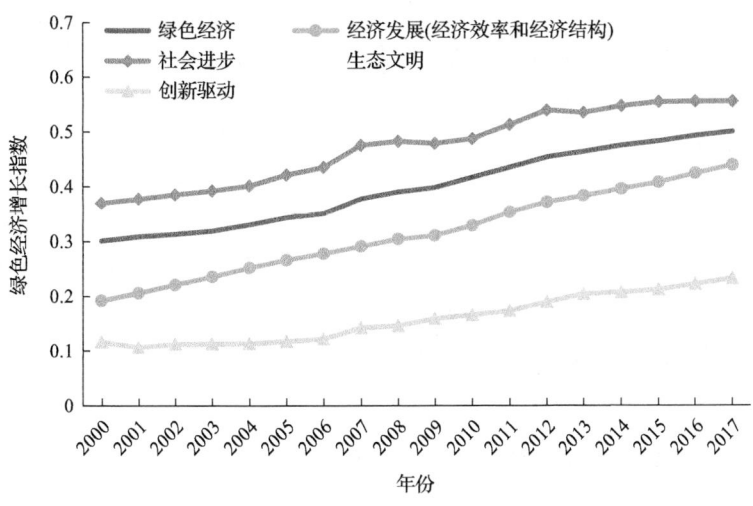

图 1.16　中国绿色经济增长指数及构成①

3. 区域绿色经济发展差距较大，碳中和协同发展机制尚未建立

由于各地区资源禀赋、经济基础、产业结构等差异明显，中国绿色经济发展存在明显的区域异质性，东部地区要远高于中西部地区，特别是东部地区的碳排放要远远少于中西部区地区。同时，绿色经济发展呈现出空间集聚效应，在不同区域内形成一些明显的绿色高地，如京津冀、长三角、珠三角等，这种发展现状使高高相邻、低低相邻，即绿色经济发展水平高的地区相互聚集，而绿色经济发展状况较差的地区相互聚集，导致各地区绿色经济发展的两极分化日益严重。此外，东部发达地区拥有良好的科学技术和人力资本，在低碳发展方面走在前列，但是带动中西部地区有效实现碳中和的主动性和积极性不强，示范效应和"领头羊"作用不明显，而西部地区受自身条件限制又难以直接对接或参与到其他地区低碳发展中。因此，更高质量、更为绿色的区域碳中和一体化协同发展机制尚未建立，地方保护、市场分割等情形依然存在。

4. 绿色经济发展环境较差，政策支持缺位、错位

如期实现碳中和、促进绿色经济发展需要良好的制度环境保障，但是地方政

---

① 根据绿色经济的内涵特征，我们构建了包括 4 个一级指标的绿色经济增长指数，即经济发展、社会进步、生态文明和创新驱动，选择了 32 个具体指标并采取科学合理的定量评估方法测算绿色经济增长指数及不同维度的结果，直观展现中国绿色经济增长的状况。

府对企业开展低碳环保领域交流合作的支持力度明显不足。企业绿色化、低碳化、智能化发展离不开政府的宏观调控和政策支持,但是中国目前的的绿色经济发展环境较差。具体来看,政府对绿色环保项目的审批、管理机制不完善,一些高新技术产业园区没有真正实现低碳化、绿色化生产,企业的技术进步和生产活动依然是以扩大生产规模、提高生产率为导向,对于节能减排的认识不足、投入不够。同时,政府的政策扶持有所偏差,缺位、错位现象严重,例如关于企业节能减排、绿色发展的财政税收政策不完善,未能形成有效的激励效应;金融支持不足,信贷政策和投资结构不完善。更重要的是,由于实现碳中和与绿色经济发展需要大量投入,而且投资周期长,见效慢,不能在短期之内产生巨大收益,导致部分地方政府对碳中和与绿色经济的重视程度不高,近年来一些环境污染事件和生态环境问题的暴露也表现出这一领域的形式主义和官僚主义问题,加强对节能减排和绿色经济发展的监督势在必行。

1.6.3 碳中和背景下中国绿色经济发展的相关建议

1. 加强统筹规划,从顶层设计上推动实现碳中和与绿色经济发展

中央政府应出台碳中和与绿色经济发展规划,统筹安排碳中和与绿色经济发展工作,形成专门的纲领性文件,从制度安排和思想引领的角度进一步凝聚共识。同时,在每年的政府工作报告与发展规划中纳入节能减排的强制性目标,确保每年度如期完成相关目标。地方政府应当成立以各级党委政府主要领导同志为首的碳中和实施小组或者绿色经济规划小组,统一部署工作、协调有关部门,加快出台符合本区域实际情况的碳中和实施纲要和绿色经济发展规划,积极推进绿色经济发展的进程。同时,中央政府要将节能减排、绿色经济纳入到地方政府考核和官员晋升的指标中,摒弃传统的GDP论英雄的考核方式,构建绿色经济的综合考核指标,强化生态文明建设的考核刚性。在这个过程中,中央对地方要层层传导压力、层层抓紧落实,坚持以上率下、以下看上,从金融、财政、税收等方面支持碳中和实施与绿色经济发展,从而为其提供有利的外部环境。

2. 加快构建利益共享机制,一体化推进区域碳中和与绿色经济协同发展

首先,要构建利益共享机制,加快市场一体化和要素资源集聚。在实施碳中和的过程中,东部地区有良好的经济基础和产业结构,中西部地区有丰富的自然资源和政策优惠,因此,东部地区要加强对中西部地区的对口帮扶,中西部地区可以为东部地区提供一些资源、劳动力等,构建跨区域的环境治理协同机制,让双方都能在节能减排和绿色经济发展中获益,提高各地区主动减少碳

排放的积极性，实现优势互补。其次，各级党委政府必须树立经济发展、社会进步、生态文明和创新驱动协同发展的理念。绿色经济的内涵非常丰富，只有各个维度都获得提升才能从整体上带动绿色经济增长。当然，地方政府部门要将区域差异纳入到实施碳中和与绿色经济发展战略中。东部地区要进一步控制房价、地价，促进社会公平公正，让人民共享绿色经济发展成果，中西部地区除了要继续加快经济发展以外，要特别重视脆弱的生态环境，通过积极引进先进科技、大力发展高端制造业，不断降低能源消耗和碳排放，促进经济发展和环境保护的共赢。

3. 补齐创新短板，加快培育绿色经济发展新动能

现阶段，在绿色经济发展过程中，创新驱动指数明显偏低。创新驱动是如期实现碳中和与绿色经济发展的引擎和动力，但中国的技术创新能力和创新成果转换效率不高，未能在节能减排和绿色经济发展过程中发挥应有作用。因此，政府部门必须加大创新投入力度，大力提高创新成果转化效率，支持绿色技术和清洁生产。同时，出台一系列政策组合拳，鼓励环保企业发挥绿色生产的核心作用，充分发挥高校、科研院所在相关领域的专业作用，促进人才、知识、技术等要素资源自由流动和优化配置，将更多的科研成果和产品应用到绿色发展过程中。此外，必须进一步优化经济效率和经济结构，在促进经济高质量发展方面精准发力、定点突破，坚持效率优先、结构优化、创新驱动的新发展理念，以"强优""补短"为抓手培育绿色经济新动能。实施积极的节能减排和民生政策，缩小城乡发展差距，继续推进社会进步和生态文明建设。

1.7 碳中和背景下中国低碳技术引进的困境及对策

发展低碳经济是兼顾经济发展与实现2060年碳中和目标的必然选择。低碳技术的研发、推广及应用是发展低碳经济的前提与保障。中国低碳技术的发展具有起步晚、发展慢、成果产业化不足等特点，无法满足国内现有需求，因此需要从境外引入低碳技术，从国外获取低碳技术是中国进行低碳技术创新的主要路径。然而，就实际情况来看，技术转让意愿不高、信息获取难度大、配套设备设施及相关技术人员的缺乏、引进技术难以扩散等因素导致中国低碳技术引进的效果并不理想。基于目前的困境，提出中国低碳技术发展的对策，对于实现2060年碳中和目标具有重要的现实意义。

自从中国提出2060年碳中和目标后，中国正不断努力践行承诺。碳中和目标的提出，向国际社会表明了中国积极应对气候变化问题的决心，彰显了大国的担当与责任。但是，碳中和目标也给中国经济社会发展带来了巨大的挑战。目前，中国作为碳排放量最大的发展中国家，经济规模还会进一步扩大，以资源消耗为主的粗放型经济发展模式已不再可取。发展低碳经济是兼顾经济社会快速发展与实现碳中和目标的有效路径。低碳经济是一种低能耗、低排放与低污染的可持续发展模式，自2003年英国在能源白皮书中提出之后，被世界上许多国家所认可，成为一种新型的经济发展方式。低碳技术推动产业结构低碳化，促进经济增长的同时尽量避免二氧化碳排放，是低碳经济的本质。低碳技术具有局部地区实施而全球受益的特点，是世界各国共同应对气候变化问题的重要手段。欧洲专利局与美国专利局联合发布的 CPC-Y02 专利分类[12]指出，低碳技术包括产品加工、运输、建筑与信息通信等多个领域的气候缓解技术，详细分类见表1.1。低碳经济已成为世界各国认可的经济发展模式，低碳技术作为低碳经济发展的核心动力，成为发展低碳经济的关键因素[13]。

表1.1 CPC-Y02 气候减缓技术分类体系

分类号	名称	分类号	名称
Y02A	适应气候变化的技术	Y02E	减少与能源生产、传输或分配有关的温室气体排放技术
Y02B	与建筑物（如住房、家用电器或相关最终用户应用）有关的气候变化缓解技术	Y02P	在产品生产或加工过程中气候变化缓解技术
Y02C	温室气体的捕获、储存、隔离或处置技术	Y02T	与运输有关的气候变化缓解技术
Y02D	信息和通信技术中的气候变化缓解技术，即旨在减少其自身能源使用的信息和通信技术	Y02W	与废水处理或废物管理有关的气候变化缓解技术

数据来源：EPO 官网（https://worldwide.espacenet.com/patent/cpc-browser#!/CPC=Y02）。

在经济低碳发展的大背景下，中国低碳技术的发展具有起步晚、发展慢、技术成果产业化不足等特点。作为发展中国家，中国发展低碳技术的两条主要路径包括自主研发、实现技术突破与直接引入国外先进、成熟的低碳技术。自主研发的成本高、风险大，并且回报周期长，比较难以满足国内现有需求。同时，中国经济体量大，能源禀赋以高碳排放的煤炭为主，2060年碳中和目标使中国对环境友好的低碳技术和低碳设备具有迫切需求[14]，引进国外先进低碳技术是中国发展低碳经济的重要途径。但是，从现实情况来看，中国从发达国家引入低碳技术方面还存在着许多困境及障碍。因此，研究分析碳中和背景下中国低碳技术引进的各种困境，针对现有困境提出相应解决问题的对策与建议，有利于推进中国低碳产业与低碳经济的发展，并且对实现2060年碳中和目标具有重要的现实意义。

1.7.1 中国低碳技术引进的困境

(1) 发达国家及企业对低碳技术转让意愿不高,实际效果与预期不符。《联合国气候变化框架公约》中强调发达国家有责任与义务向发展中国家转让低碳技术,对其进行技术援助。帮助经济较为落后的地区掌握低碳技术,通过引进、消化吸收低碳技术,帮助其发展低碳经济与低碳产业,不再走高能耗、高排放的经济发展模式,共同应对气候变化。在国际气候谈判中,发达国家也多次承诺向发展中国家转让资金与低碳技术,帮助其实现二氧化碳减排。但在具体实施过程中,发达国家的政府与企业对于低碳技术转让方面一直持有较消极的态度[15]。目前,许多国家均提出具体碳中和的时间点,低碳经济是未来经济发展的主要方向,低碳技术涉及国家的核心竞争力。低碳技术前期研发投入大,科技含量高,轻易地转让低碳技术,可能会威胁到国家未来的核心竞争力及企业的市场垄断地位与经济利益,所以他们自然会规避这项义务的履行。即使转让,转让费用很高使发展中国家难以接受或者仅仅转让将要淘汰和已过成熟期的旧技术。

(2) 国内企业对低碳产业、低碳技术的信息获取存在着障碍。国内企业长期受益于以化石能源为基础的"高碳"发展模式,缺乏低碳领域的相关人才与信息获取渠道,导致无法及时了解国外低碳技术的发展状况及其对中国的重要性,也不能较好地将低碳技术在国内普及与推广,对低碳产业、低碳技术的信息获取存在着较为严重的障碍。为了促使发达国家向发展中国家转让低碳技术,联合国设立了清洁发展机制(clean development mechanism, CDM)[16]。信息渠道不畅导致企业对 CDM 的融资渠道、成本收益、技术类型等不了解,导致部分企业想引进低碳技术而实际中却无法实施。同时,各国之间也缺乏统一的低碳技术信息咨询机构与交易机构,技术信息的不透明导致技术引进国在获取技术时可能会增加额外的交易成本,降低低碳技术引进国的支付意愿。

(3) 中国低碳技术的发展起步晚,基础薄弱,缺乏配套技术、设施以及相关的技术人才,难以有效地消化、吸收从境外引进的低碳技术。从图 1.17 可见,中国低碳专利发展明显晚于日本与美国,中国低碳技术发展基础较为薄弱。引进低碳技术之后的消化吸收与技术改良,使其更好地适用于国内的实际情况具有重要的作用。低碳技术一般是技术含量较高的技术,往往会受到严格的知识产权保护。对应的隐性知识和其他相关知识可能没有申请专利,但却是技术有效实施必不可少的,这给其他国家使用该技术设置不少障碍。中国若仅仅从发达国家获取相应的低碳设备及技术,但是国内缺乏相配套的基础设施与科技人才,没有技术操作、使用的实际经验,完全消化、吸收并应用该技术的难度很大。引进的关键核心技术与国内相关配套设施、人才储备不匹配的情况下,技术难以广泛地应用于实际的生产与生活中,引进的技术也难以发挥其减排作用,低碳产业的发展必然受制于他国。

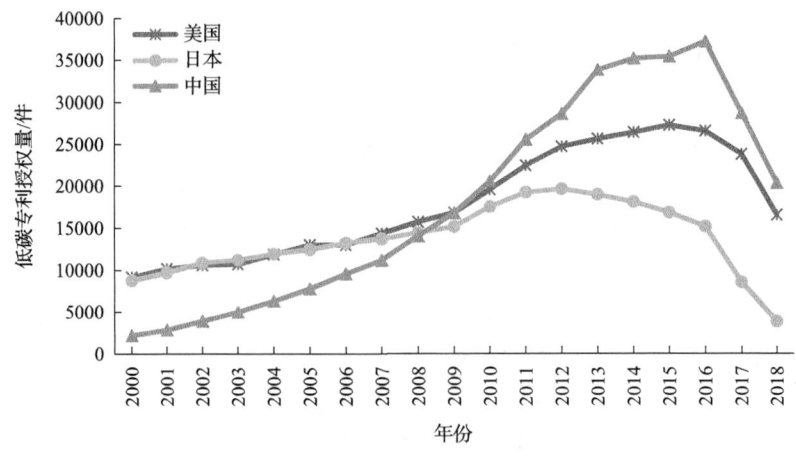

图 1.17 低碳技术专利授权量
数据来源：incoPat 专利数据库

(4) 从发达国家引进的低碳技术，难以实现大规模地扩散，无法有效地发挥减排潜力。低碳技术的商业化水平与扩散程度越高，应用范围越广，其减排效果就会越好并且环境收益越大，越利好全球共同应对气候变化问题。但是，技术扩散会产生经济学的"搭便车"现象，扩散所产生的外部经济效益难以内化为技术研发者的收益。技术拥有者不愿意技术大范围扩散，扩散幅度越大越广，导致他们的损失也会越大，同时会打击低碳技术研发者进行基础研发的积极性。所以，拥有低碳技术的发达国家会通过专利知识产权保护的方式，对中国引进的低碳技术的扩散加以限制，保护其市场竞争力与经济效益。

1.7.2 发展低碳技术的对策

(1) 政府需要加大低碳技术的研发经费投入与补贴，刺激企业进行低碳技术创新，提升国内低碳产业整体自主创新能力，实现核心技术的突破。能否实现 2060 年碳中和目标，国内低碳技术水平的高低起着关键作用。低碳技术的前期研发投资规模大，投资收益回收周期长，不稳定性高，技术的研发具有较高的溢出性，技术的应用也具备巨大的正外部性，外部的环境效益难以内化为企业经济收益，因此国内企业缺乏自主研发的动力。若只依赖于从国外引进低碳技术，这种局面容易导致技术的"卡脖子"问题，低碳产业未来的整体发展会受制于他国。国内低碳技术水平与国外差距越来越大，中国会成为国外低碳技术的销售市场。因此，建议政府站在长远利益的角度上，将政策扶持重心放在国内自主技术创新与技术研发上，加大补贴具有原创性的低碳技术研发或者技术改良，弥补中国相关领域技术水平低、自主创新能力不足的缺点。大力激励科研机构、高校和企业的技术创新及研发的积极性，防止出现低碳产业未来发展受制于他国的局面。增加低碳技术的经费投入与补贴，提高国内相应领域自主创新能力的同时，也会加强对国外引进技术的消化吸收能力，对于缩小与国外先进水平的差距具有非常重要的意义。

(2)政府与企业重视低碳技术、低碳产业领域的人才培养。国内企业受益于"高碳"的经济发展模式，在低碳领域的行动较为缓慢，相关领域的人才储备远远不能满足未来的市场需求。政府与企业应该趁早布局，重视低碳产业与低碳技术领域的人才培养，扩大人才储备。及时了解国际先进低碳技术的发展情况，对于国内未来的低碳产业与所需技术种类做整体性的前瞻性研究，向国内的企业普及低碳知识与低碳技术，特别是高耗能行业。破解企业无法及时了解有关低碳技术的信息障碍，提高信息的透明性，让企业充分认识到低碳技术的重要性，鼓励企业提前行动，趁早布局低碳产业，避免整体产业链的发展落后于发达国家，受制于他国的局面。

(3)注重配套设备与技术的发展，提升国内低碳产业的整体技术水平。配套技术及设施的协同发展，对一项新技术能否成功地应用于市场具有重要意义。例如，中国可再生能源发电面临较为严重的"弃风弃光"现象，主要原因就是配套的电网基础设施较为落后，不稳定可再生能源电力无法大规模的并网。建议针对中国关键低碳技术进行前瞻性研究，制定完善的技术发展路线图，对其在生命周期不同阶段所需的配套技术和设备进行整体性分析，随后，进行系统性与有针对性的研发投入，保障核心技术与配套技术协同发展，避免出现因配套技术的不足阻碍整体产业链的局面。

(4)设立对技术转移方的利益补偿机制，破解引进的低碳技术难以扩散的难题。低碳技术扩散所产生的外部性，无法内化为技术拥有者的经济效益，是阻碍技术扩散的关键。在引入低碳技术的同时，可以考虑对技术转让方进行一定的经济补贴，允许低碳技术在中国国内不同区域间进行转让与扩散。低碳技术能否大规模地扩散与应用，能否较好地商业化与市场化，决定了技术减排效果的好坏。气候变化是世界各国都应该积极应对的问题，从发达国家引进的低碳技术若能够在国内大范围的扩散，不仅有助于中国减少二氧化碳排放，发展低碳经济，而且也能够对IPCC提出的2℃与1.5℃温控目标的实现，全球共同应对气候变化做出重大贡献。

参 考 文 献

[1] Nauclér T, Enkvist P. Pathways to a low-carbon economy: Version 2 of the global greenhouse gas abatement cost curve[R]. New York: Mickinsy & Company, 2009.

[2] 林伯强, 吴微. 中国现阶段经济发展中的煤炭需求[J]. 中国社会科学, 2018, 02: 141-161, 207-208.

[3] 钱浩祺, 吴力波, 任飞州. 从"鞭打快牛"到效率驱动:中国区域间碳排放权分配机制研究[J]. 经济研究, 2019, 54(3): 86-102.

[4] 刘自敏, 朱朋虎, 杨丹, 等. 交叉补贴、工业电力降费与碳价格机制设计[J]. 经济学(季刊), 2020, 19(2): 709-730.

[5] 余碧莹, 赵光普, 安润颖, 等. 碳中和目标下中国碳排放路径研究[J]. 北京理工大学学报(社会科学版), 2021, 23(2): 17-24.

[6] 付允, 马永欢, 刘怡君, 等. 低碳经济的发展模式研究[J]. 中国人口·资源与环境, 2008(3): 14-193.

[7] 林伯强, 刘畅. 中国能源补贴改革与有效能源补贴[J]. 中国社会科学, 2016, 10: 52-71.

[8] Sheehan P, Cheng E J, English A, et al. China's response to the air pollution shock[J]. Nature Climate Change, 2014, 4(5): 306-309.

[9] Liu C, Lin B Q. Analysis of the changes in the scale of natural gas subsidy in China and its decomposition factors[J]. Energy Economics, 2018, 70: 37-44.

[10] Stone S. Towards a green economy: Pathways to sustainable development and Poverty Eradication - A Synthesis for Policy Makers[R]. Paris: United Nations Environment Programme, 2011: 1-34.

[11] Lin B Q, Zhou Y. Measuring the green economic growth in China: Influencing factors and policy perspectives[J]. Energy, 2021: 122518.

[12] 卢娜, 王为东, 王淼, 等. 突破性低碳技术创新与碳排放: 直接影响与空间溢出[J]. 中国人口·资源与环境. 2019, 29(5): 30-39.

[13] Tokimatsu K, Konishi S, Ishihara K, et al. Role of innovative technologies under the global zero emissions scenarios[J]. Applied Energy. 2016, 162: 1483-1493.

[14] Tokimatsu K, Konishi S, Ishihara K, et al. Global zero emission scenario: Role of innovative technologies[J]. Energy Procedia. 2014, 61: 164-167.

[15] 潘家华, 庄贵阳, 马建平. 低碳技术转让面临的挑战与机遇[J]. 华中科技大学学报(社会科学版). 2010, 24(4): 85-90.

[16] 罗堃, 叶仁道. 清洁发展机制下的低碳技术转移: 来自中国的实证与对策研究[J]. 经济地理. 2011, 31(3): 493-499.

第 2 章　碳中和目标下相关工业行业的发展

2.1　碳中和和"双循环"背景下煤炭产业中长期发展的挑战与展望

中国提出将在 2060 年前争取实现碳中和，带动中国和全世界对碳中和目标的进一步关注。面对新冠肺炎疫情对经济发展带来的负面冲击和日益复杂的国际局势，中国多次强调要大力推动形成以"国内大循环为主体、国内国际双循环相互促进的新发展格局"。在中国"富煤、贫油、少气"的资源禀赋条件下，煤炭产业预期将在"双循环"发展格局中扮演更加重要的作用，但碳中和目标的提出，对煤炭产业的中长期发展提出了更严格的环境约束。环境问题、政策监管缺位和宏观经济变化是未来煤炭所面临的主要发展挑战。但值得注意的是，发展清洁煤炭利用技术或许是在当前碳约束和资源禀赋约束条件下的一个清晰的战略选项。为更好服务碳中和和"双循环"发展战略，在未来清洁煤利用技术应得到更多重视，具体包括提升煤炭综合利用效率、加快二氧化碳捕集技术和清洁煤利用技术发展等。相应的监管政策和激励政策也应得到完善，以促进煤炭产业长期健康发展。

2.1.1　碳中和目标对煤炭产业发展提出更高环境约束

在第七十五届联合国大会一般性辩论上，中国提出将推动经济实现"绿色复苏"，并将采取有力的政策措施，努力实现碳峰值和碳中和。这充分体现了中国对全球环境治理的责任与担当，也是中国首次在国际公开场合宣布实现碳中和的计划。碳中和目标的提出，是中国对全球环境治理的积极响应，也与《巴黎协定》提出的低于 2℃并追求 1.5℃的温控减排目标一脉相承。随着中国经济水平的不断发展和国际地位的不断提升，作为一个负责任的发展中大国，中国有意愿也有能力为全球环境治理做出更大贡献，而国际社会对中国温室气体排放治理也有更高的期待。根据 IPCC 报告预测，中国到 2050 年碳排放要相对 2015 年降低 90%和 70%以上才有可能实现 2℃和 1.5℃目标。在国内外舆论对中国碳中和方案关注度不断提升的背景下，可以预见未来中国将进一步缩小碳排放空间，煤炭将面临更严格的碳排放约束。

2.1.2 煤炭对于打造"双循环"发展格局的重要性

打造"双循环"经济发展新格局是中国稳发展和抑风险的重要战略选择。2020年7月21日，为应对疫情冲击和百年未有之大变局所带来的严峻挑战，中国提出要推动形成以"国内大循环为主体、国内国际双循环相互促进的新发展格局"。新型冠状肺炎疫情全球蔓延，对全球经济产生了严重冲击，对全球能源系统也产生了深远的影响。由于尚未出现治疗新型冠状肺炎的特效药，世界各国不得不采取保持社交距离和自我隔离的方法以求最大限度减少被感染人数，抑制疫情的进一步蔓延，而这一防疫措施带来的结果就是大量工业生产和交通运输领域的活动停滞，并最终导致需求端出现明显下降[1]。根据世界银行测算，2020年全球GDP萎缩幅度约为4.4%。另外，随着国际经济和政治环境的不确定性和复杂性不断提升，世界经济逆全球化暗流涌动，单边保护主义盛行。随着中国经济快速发展，能源消费尤其是石油消费剧增，截至2019年中国原油对外依存度已超过70%，限于中国油气资源禀赋不佳，预期未来中国原油对外依存度仍将持续上升。在当前复杂多变的国际局势下，能源安全隐忧日益突出。面对疫情冲击叠加国际局势的双重挑战，"双循环"的战略部署是关乎中国经济未来能否"育新机，开新局"的重要决策。

煤炭在打造"双循环"经济发展新格局和保障国家能源安全过程中将扮演着重要角色。在中国"富煤、贫油、少气"的能源禀赋条件下，煤炭作为能够实现自主可控和大量稳定供应的一次能源，是中国能源系统平稳运行保障能源安全的重要环节。首先，煤炭是中国分布最为广泛、储量最为丰富、价格最为低廉的能源之一，目前在中国的一次能源结构中仍然占据主导地位。如图2.1所示，2010年至今，煤炭消费量基本保持稳定，在一次能源消费结构中的占比呈现逐步下降的趋势，2019年中国煤炭消费量占能源消费总量的57.7%。根据国家统计局数据，2019年煤电装机容量104063万kW，占全国全口径发电装机容量51.8%，煤电发电量达45538亿kW·h，占全国全口径发电量62.2%。许多学者的研究表明，中国经济增长与煤炭消费经格兰杰因果检验发现，无论从长期还是短期来看，二者之间存在双向因果关系[2]。从图2.2可以看出，能源生产量与原煤生产量存在一定相关性，2010年至今原煤生产量在一次能源生产量中的占比稳中有降，但下降幅度不大，2019年原煤生产量在一次能源生产量中的比例仍占68.6%。其次，煤炭是最为廉价化石燃料，可被用于基础负荷发电。即使最先进的超临界和超超临界机组拥有高昂的投资成本，但是采用超临界超超临界技术进行发电的成本依旧低于燃气发电，这就为能源系统低成本稳定运行提供了保证。可以说煤炭是中国能源系统平稳运行，保障中国能源安全的基石。

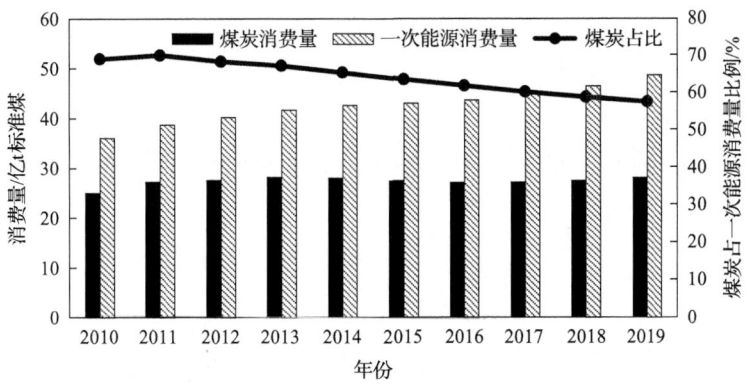

图 2.1 2010~2019 年中国煤炭消费量、一次能源消费总量及煤炭占一次能源消费量比例
数据来源：国家统计局

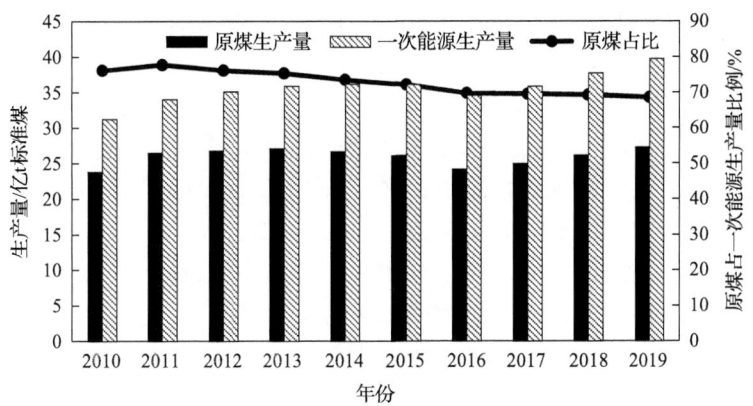

图 2.2 2010~2019 年中国原煤生产量、一次能源生产量及占比
数据来源：国家统计局

2.1.3 碳中和和"双循环"背景下煤炭产业面临的挑战

清洁化发展是煤炭产业中长期发展所面临的重大挑战之一。尽管相比于其他化石燃料，煤炭具有相当显著的价格优势，但是其对环境的不利影响也是十分显著的。由于经济增长长期依赖于对煤炭的大量消费，一系列严重的环境问题在之前的一段时间十分突出，例如雾霾等大气污染现象。煤炭拥有较高的碳氢比，相比于油气而言，其生成单位热量所产生的二氧化碳排放量显著高于石油和天然气。煤炭是 90%的二氧化硫排放、70%的烟尘排放和 67%的氮氧化物排放来源，以煤炭为主的能源生产消费结构被认为是引起大气污染问题的主要原因。此外，煤炭的生产环节也会产生大量的环境污染，包括采矿过程中产生的废水污染、土壤污染和以甲烷为主的煤层气排放风险等。考虑到大量煤炭消费对环境带来的负外部性，中国政府针对这一问题出台了一系列政策在消费端

限制煤炭消费，希望能够降低其在能源消费结构中的占比。然而这一政策在一开始并未达到期望的效果，根据"十一五"规划，到 2010 中国煤炭需求应限制在 2.56Gt 以下，但实际煤炭消费达到 3.22Gt，显著高于"十一五"规划的目标要求。这主要是因为当时中国的经济结构仍然以第二产业为主，重工业在经济结构中的比重较大。快速的经济增长主要由能源密集型的重工业产业拉动，这也就造成了煤炭需求的快速增长，而在煤炭清洁化利用技术尚不成熟的情况下，势必会带来更加严重的环境问题。

政策模糊和监管缺位是影响煤炭健康发展另一大挑战。《中华人民共和国煤炭法》和《中华人民共和国节约能源法》等相关法律对煤炭资源的清洁利用高效开发及环境保护问题提出了要求，但是对于如何落实清洁煤炭利用技术发展并未有明确的规定。在"十二五"和"十三五"规划中对煤炭清洁利用也有相关的规划，但是与上述法律存在相同的问题，即缺少有力的经济激励和监管约束。在国家监管层面，中国与煤炭相关的政府机构比较分散，且互相之间协调配合不够密切。负责煤炭定价、煤炭基础设施审批、煤炭中长期发展规划制定及相关中央企业监管的往往是不同的部门，且这些部门往往缺少人手，这也使煤炭产业发展的部分环节出现政府缺位。在这种情况下，大型国有能源公司应当是最具政策执行力的实体，但大型国有能源公司同样也有自己的利益考量，并且由于引入资本的多元化，这些大型国有能源公司同样也要考虑到股东的诉求。这样一来，政府监管部门通过大型国有能源企业贯彻政策意图存在一定难度，对于一些平级的中央企业，甚至可能无法起到有效的监管作用。最后，可能也是最容易被忽视的一点，即中国许多的地方政府和电力企业为了保障经济增速维持在一定水平，可能会共同采取各类手段保证煤炭低价且大量供应，而这些地方决策者通常很少从全局角度考虑国家的整体环境利益，因此也就无法使中央的能源战略得到通畅连贯的执行。

目前，另一个值得注意的影响煤炭中长期发展的因素是经济发展模式和宏观经济的变化情况。一方面，由于宏观经济近年来增速大幅放缓，叠加疫情影响，政府的注意力可能更多地被吸引到稳定经济发展，而不是环境保护，相应地对清洁煤炭利用技术的财政支持投入可能也会显著下滑，这将更加不利于清洁煤炭利用技术的进一步发展。另一方面，国际国内市场需求端的萎靡意味着电力、钢铁和水泥等行业面临着更加严峻的成本竞争，这就意味着这些煤炭的主要消费用户需要尽可能削减成本，以在激烈的市场竞争中生存下来。而在当前能源市场尚未将环境的负外部性考虑到产品定价当中去的情景下，对于需要大量资金投入但短期内不会明显提高收入或降低成本的清洁煤炭项目，企业可能没有很高的投资意愿。

清洁煤技术是煤炭产业在碳中和和"双循环"背景下实现低碳高效发展目标

的关键手段。清洁煤技术是一个广义的概念,既包括燃烧前、燃烧中和燃烧后的煤炭清洁利用技术,也包括目前尚未大规模推广的二氧化碳捕集储存和利用技术。传统的火力电站在电力生产过程中会产生大量二氧化碳和其他以二氧化硫、一氧化氮及烟尘为主的污染物。通过发展清洁煤技术,有望使以煤炭为基础的能源系统获得更具可持续性的发展未来。

清洁煤技术覆盖煤炭处理的各个不同环节,包括预处理、气化、燃烧及燃烧后污染物处理和二氧化碳捕捉与储存。对应于燃煤发电的不同环节,清洁煤技术大体上可以分为以下四类。

第一类是高效燃烧技术,包括超超临界燃煤发电技术、高效粉煤发电技术、超临界循环流化床锅炉发电技术、整体煤气化联合循环发电系统和集成煤炭气化燃料电池联合循环系统等。

第二类是煤炭转化技术,包括煤气化技术,煤液化技术,煤化工技术和低阶煤热解技术。

第三类是二氧化碳捕集及储存技术,又称 CCS 技术,指的是在大量产生二氧化碳的点源处捕集二氧化碳并储存在储层中,以减少直接排放到大气中的二氧化碳量。目前二氧化碳的捕集技术主要有燃烧后捕集、燃烧前捕集和富氧燃烧捕集等技术手段。

第四类是排放处理技术,主要针对生产过程中产生的氮化物、硫化物和有害颗粒进行处理,包括石灰石-石膏湿法烟气脱硫系统、选择性催化还原法烟气脱硝技术和静电除尘器。

一般而言,清洁煤技术应具备有以下的特征。一是高效性,相比于传统的煤炭利用技术而言,一些清洁煤技术能够使煤炭获得更高的利用效率。通过提高效率在一定程度上降低煤炭使用带来的温室气体和污染物排放。二是清洁性,采用了 CCUS 技术及尾气处理技术的电厂可以显著减少包括二氧化碳、硫氧化物、氮氧化物、可吸入颗粒物和重金属在内的温室气体和污染物的排放量。

2.1.4 碳中和和"双循环"背景下煤炭产业未来发展展望

清洁煤炭利用技术是中国未来煤炭产业发展的一个清晰的战略选项。清洁煤炭利用技术可以被定义为是一种可以提升煤炭使用效率或者是可以捕集和储存由煤炭使用所释放的二氧化碳、硫化物、氮氧化物、重金属和烟尘等污染物的技术。清洁煤炭利用技术的种类可以大体归纳为煤炭加工技术、以超超临界发电技术为代表的先进高效发电技术、煤化工为代表的煤转化技术、以整体煤气化联合循环发电系统(integrated gasification combined cycle,IGCC)为代表的煤炭清洁综合利用技术和以 CCS 为代表的后排放处理技术。中国电力市场体制机制发展尚不成熟,尽管可再生能源装机容量已达到较大规模,但可再生能源的消纳始终存在问题，因此中国的发电结构仍然以煤电为主，并且，短期来看，想要通过降低煤电发电占比进而实现大气环境保护及温室气体减排难度较大。在这一情境下，更加符合实际的能源发展路径应该是在理顺能源市场运行机制的同时，寻求环境友好型煤炭利用方法，以实现煤炭的清洁化利用。

中国煤炭消费中煤电占比约为50%，在其他工业领域清洁煤炭利用技术同样具有较大发展潜力。除火力发电以外，煤炭消费中用于钢铁冶金的比例约为17%，用于水泥等建材生产约为13%，用于化工行业的占比约为7%。用于钢铁冶金的煤炭主要为焦炭和用作辅助燃烧的喷吹用煤，这部分煤炭由于其需要给冶炼过程提供高温和还原剂，难以被非化石燃料所替代。煤制油同样是清洁煤炭利用技术重要的组成部分。由于煤制油技术有望使中国能够充分利用丰富的煤炭资源对相对贫瘠的石油资源实现替代，进而起到对中国能源安全的保障，所以从20世纪90年代开始中国就大力扶持煤制油工业的发展，并在这一领域取得了世界领先的技术水平。

综上所述，煤炭可以说是碳中和和"双循环"发展战略中不可回避的重要环节，为更好服务碳中和和"双循环"发展战略，对未来煤炭的发展建议如下。

1. 应大力发展清洁煤炭利用技术，加大清洁煤炭利用技术研发投入

在碳约束和资源约束下，未来煤炭产业的发展路径主要有三条，其一是提升煤炭的综合利用效率，其二是加快二氧化碳捕捉的发展，其三是加大以煤制油煤制气为代表的煤化工技术的项目投入。在煤炭利用方面，依旧是以燃煤发电为主。燃煤机组效率提升意味着只需要更少的煤耗就能够产生与普通机组等量甚至更多的电力，同时也就意味着单位发电排放量的降低。目前典型燃煤机组的热效率一般在33%~43%，其中采用超临界发电技术的热效率在37%~40%。在未来，随着拥有更高热效率的超超临界发电技术的推广普及，预计燃煤机组的总体利用效率会进一步得到提升。

二氧化碳捕捉技术在煤炭行业减排方面，可能相比于提高燃煤机组效率而言拥有更高的减排潜力，但该技术目前最主要的问题是经济性不佳。根据麻省理工学院的测算，对于亚临界机组，进行CCS改造会使平准化发电成本上升3.3美分/kW·h。对于超超临界机组，进行CCS改造则会使其平准化发电成本上升2.7美分/kW·h。因此仍需加大对CCS技术的研发投入，创新CCS技术的商业模式，以降低CSS改造成本，使其尽快实现商业化运营。

在应对能源安全问题方面，发展利用煤炭生产下游油品和天然气的煤化工技术，或可以在一定程度上直接或间接替代部分油气需求，从而起到缓解油气资源进口压力和降低油气对外依存度的作用。鉴于中国资源禀赋的现实情况，围绕煤炭寻找应对中国能源安全问题的出路或许是因地制宜的明智之举，可能

也只有煤炭资源能够在规模上填补当下上亿吨量级的油气自主供给缺口。因此，发展煤化工技术实现油气资源部分进口替代，也是符合中国国情，值得考虑的一个可行选项。

2. 明确煤炭清洁化发展利用法规制度压实监管责任

为加快煤炭的清洁化利用，立法单位应对相关法律法规进行重新修订和完善，填补相关法律中存在的监管漏洞，明确奖惩措施。可以通过适度设定超额排放罚款、完善碳排放交易机制等方法增加企业排放成本，倒逼相关企业改良自身工艺技术，促进煤炭清洁化发展。在发展规划层面，应在国家层面对煤炭的清洁化发展路线进行规划，针对发展过程中可能存在的突出问题，进行有针对性的扶持政策。在监管层面，应明确相关监管主体及其监管责任，加强煤炭相关监管部门之间的密切协作。可以尝试引进社会舆论监督机制，对于群众普遍反映强烈的煤炭相关污染和相关部门的不作为问题进行挂牌督办，加强有关环境监管的力度和相关政策的落实效果。

3. 加大政策支持力度，促进煤炭清洁化发展

现阶段，中国煤炭产业发展所面临主要制约和挑战集中在政策力度不够、资金支持不足和环保压力较大这几方面，因此应当从煤炭全产业链视角设计制订相关工产业支持政策。一是可以适度提高煤炭清洁化发展利用技术在发展规划中的优先级顺序，简化审批流程，降低煤炭清洁利用项目的准入门槛。二是在金融投资领域，通过提供低息贷款和设立产业基金形式等形式，拓展清洁化煤炭利用项目的融资渠道，引导社会资本加大对煤炭清洁利用项目的投资。三是在财政激励方面，通过税收优惠和全行业补贴等手段，对不同产值和不同规模的煤炭清洁利用项目进行差异化财政激励，激发企业发展煤炭清洁利用技术的热情。

2.2 碳中和目标约束下中国钢铁行业低碳发展政策研究

在全球变暖的背景下，气候变化已成为世界范围内最重要的环境问题之一，中国正在采取积极措施应对气候变化。中国努力争取在 2060 年前实现碳中和，这一承诺，体现了中国作为负责任大国的担当，也将鼓励其他国家在全球气候变化议题上采取更加积极的行动。中国是世界上最大的钢铁生产国，钢铁生产过度消费能源并导致大量的二氧化碳排放，钢铁行业是政府实施节能减排政策的重点领域之一。由于低碳发展在实现产业转型、减轻环境污染及减缓气候变化上的贡献，加快钢铁行业低碳发展显得更为紧迫和重要。深入研究新形势下中国钢铁行业低碳发展的潜力，将会提升行业竞争力，增强应对宏观经济和气候变化的能力，助力中国实现 2060 年碳中和的愿景。

2.2.1 新形势下钢铁行业低碳转型的重要性

2060年实现碳中和的目标，是中国政府首次宣布在确定的时间范围内实现碳减排的长期目标。这一承诺意味着中国将不得不克服能源政策制定中的惯性，在"十四五"规划中制定出比目前碳减排计划更为严格的措施，并需要尽早部署落实。在气候变暖和能源短缺的背景下，中国迈向近零排放之路的决定是一个重要的里程碑，这不仅符合中国的经济和环境利益，也符合全球的利益。

钢铁行业是制造业的重要组成部分，伴随着各国尤其是发展中国家经济发展的需求，从2000年到2019年，全球钢铁产量迅速增长[3]。钢铁行业也是"高能耗、高排放和高污染"的工业部门。当前中国仍然是世界上最大的钢铁生产国，在新形势下，中国钢铁行业低碳转型对产业、气候和环境的重要性不言而喻。

其一，低碳转型能够助力建设钢铁强国。在过去相当长的一段时间，钢铁行业发展的一个主要驱动力是投资的整体增长。社会大量投资导致了钢铁生产能力的大幅提升，这一方面满足了中国经济发展对钢铁产品的高需求；另一方面也增加了钢铁产品供应过剩的风险。2015年中国政府全面推进实施"制造强国"战略，给钢铁行业高质量发展带来了巨大的机遇。2015年12月召开的中央经济工作会议拉开了以钢铁"去产能"为代表的供给侧结构性改革的序幕，钢铁行业进入的新发展时期。图2.3展示的是2000~2019年中国粗钢产量及占世界粗钢产量的比例。2019年中国的粗钢产量达9.93亿t，占世界粗钢总产量的53%[4]，不可否认，钢铁行业的阶段性、结构性矛盾仍将存在，仍然是去产能、调结构、促转型的重点行业。而低碳绿色发展是钢铁行业实现转型升级的关键，以低碳理念加快实施钢铁行业绿色化改造，能够促进中国由钢铁大国迈向钢铁强国。

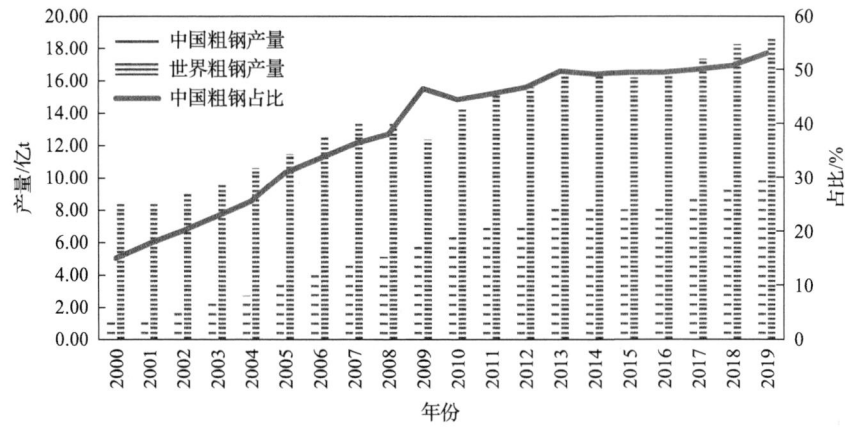

图2.3 2000~2019年中国粗钢产量及占世界粗钢产量的比例

数据来源：钢铁统计年鉴

其二，低碳发展有助于改善环境污染。钢铁行业是能源密集型产业之一，钢铁企业在生产过程中，排放了大量的废水、废气和固体废弃物，这些环境成本在发展初期并没有引起足够的关注。截至目前，钢铁行业已经成为中国工业部门中最大的污染物排放来源。据测算，2017年钢铁行业二氧化硫、氮氧化物和颗粒物排放量分别为106万t、172万t、281万t，约占全国排放总量的7%、10%、20%[5]，已成为政府环境监管的主要目标部门。在中国以煤为主的能源结构下，2060年碳中和目标要求减少温室气体排放，实际上也是在减少常规污染物排放，作为控制污染的有效手段，加快推动低碳升级转型，改善能源消费结构，是从源头上解决钢铁行业导致的环境污染问题的重要环节。钢铁行业的低碳发展能够有效降低污染物排放强度，改善空气质量。

其三，低碳转型能够减轻气候变化的威胁。钢铁产品生产使用煤炭作为主要燃料，这意味着钢铁生产过程中不可避免地要排放大量二氧化碳。据估计，全球钢铁行业能源使用量约占工业能源使用量的五分之一，温室气体排放量约占全球制造业温室气体排放量的四分之一。就中国而言，2018年钢铁行业能源消费量约占工业能源使用量的31%(图2.4)。从全球来看，钢铁行业的能源消耗和温室气体排放很可能继续增加，因为特别是在发展中国家，对钢材需求的增加速度超过了在现行政策和技术下生产钢材所消耗的能源和二氧化碳排放强度的下降速度。要实现碳中和的目标，中国钢铁行业必须在碳减排上做出更大的努力。把推动钢铁行业低碳发展落实到节能减排、提高能源效率上，努力建设以低碳排放为特征的钢铁工业体系，不仅能够有效解决能源可持续问题，也有助于降低碳强度及碳排放总量，对实现中国2060年碳中和目标具有重要的战略意义。

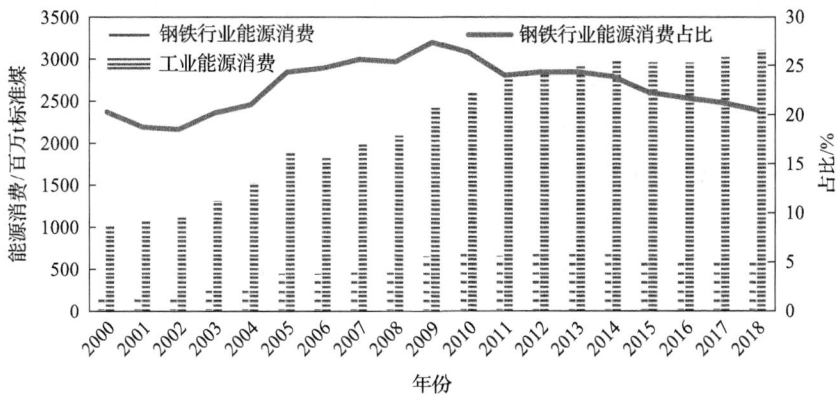

图 2.4　中国钢铁行业能源消费及占工业能源消费的比例(2000～2018 年)

数据来源：国家统计局

2.2.2 新形势下钢铁行业低碳发展面临的机遇与挑战

中国 2060 年碳中和目标将会对能源密集型行业的发展带来深远的影响,具体到钢铁行业,2060 年碳中和目标带来的机遇主要有两个方面。

一是钢铁行业低碳发展的目标更加明确清晰。在十九大报告中,我国提出要继续深化供给侧结构性改革,重振实体经济,打造工业强国、制造业强国,这对钢铁行业长远发展无疑是重大利好。我国主动宣布在 2060 年实现碳中和目标对钢铁行业的低碳发展具有重要指导意义。虽然近年来通过淘汰落后产能、优化产业结构等方式使钢铁行业节能减排效率不断提升,但是要实现钢铁行业的近零排放依然任重道远,这就要求在政府工作文件中对各行业,尤其是钢铁行业实现近零排放的道路做出更为清晰的阐述,并采取更为严格的措施确保碳减排政策部署落实。为了实现碳中和的目标,中国钢铁行业应该达到钢铁强国能够做到的碳排放水平,尽可能减轻全国碳减排的压力。

二是有助于优化钢铁行业能源消费结构。"十三五"时期,中国逐步降低煤炭消费比重。据测算,从 2015 年到 2018 年,吨钢煤炭消耗量下降 8.4%,吨铁煤炭消耗量下降 2.86%[6]。中国经济未来仍将处于高质量增长阶段,钢铁行业的传统能源消费比例可能会有所下降,但是传统能源消费总量仍可能继续增长,给减排工作造成一定压力。2060 年碳中和目标的提出,一方面会促进清洁能源的发展,降低光伏发电、风电等清洁能源的成本,使钢铁行业能够以较低的代价利用清洁能源,有力支持清洁能源在钢铁企业应用范围上的研究与开发,促进清洁能源在钢铁生产的煤气发生炉等领域的替代;另一方面也会激励钢铁行业更新生产设备,提高煤炭和原料质量,提高能源使用效率,实现行业节能低碳发展。

2060 年碳中和目标对钢铁行业低碳发展带来的挑战主要有四个方面。

一是在低碳发展过程中,钢铁企业成本压力增大。较长一段时间以来,在国内,钢铁行业结构分散,行业集中度比较低,导致社会资源配置效率较低,不少企业生产经营存在困难。而在国际方面,中国在国际高端钢材产品的市场竞争力不强,中国出口的钢材品种质量仍有较大的提升空间,伴随着各种形式的贸易保护主义,钢铁产品出口遇到一些挫折,钢铁企业的利润空间也受到挤压。2060 年碳中和目标约束下,钢铁行业需要深入推进化解落后产能,摒弃高碳排放产品和业务,同时还需要主动创新,加大技术投资。在此过程中,短期内钢铁产品出口竞争力将受到影响,企业成本将进一步上升,企业生产经营压力加大。

二是在低碳发展过程中,钢铁行业将面临职工再就业与安置问题。中国采取的去产能措施将导致不符合标准的高能耗、高污染的中小型钢铁企业被迫关闭,直接减少就业岗位,造成部分职工失业。而且,要实现 2060 年碳中和目标,即使钢铁行业的生产规模保持不变,持续的技术进步也会提高生产效率,在效率提升过程中，先进的机器设备会替代一部分劳动力，钢铁行业的劳动力投入比重会逐渐下降，这将会带来就业岗位的缩减。统计数据显示，2018 年中钢协会员企业年末全体人员为 129.57 万人，年末主业人员为 88.79 万人。与 2015 年相比，2018 年末全体人员减少 30.84 万人，年末主业人员减少 21.79 万人。2018 年，钢铁企业经营管理人员占比为 7.74%（含高级和一般经营管理人员），技术人员占比为 11.64%，而操作人员占比高达 78.87%[7]。目前钢铁企业职工仍以操作工人为主，这部分职工技能单一，不利于安置再就业。虽然钢铁行业本质上并不是劳动力密集型行业，但就业为民生之本，钢铁行业转型过程中下岗职工再就业问题关系到国家经济的发展和社会稳定。

三是钢铁行业低碳转型面临技术瓶颈。钢铁行业低碳发展中，在节能减排和低碳技术上有硬性指标要求，只有达到标准的钢铁产品才能进行生产和销售。钢铁行业涵盖的工厂类型多样，主要有烧结厂、直接还原厂和高炉厂等，钢铁行业生产过程中的制造工艺和技术也较为复杂。当前，中国钢铁行业绿色低碳化发展面临的在很大程度上受到先进技术的制约：首先是先进的自动控制系统和软件仍然需要进口；其次是钢铁行业少数关键工业水平不高。能源密集型行业的脱碳方案可以分为三种：①产品的回收和再利用；②对现有生产工序做出重大变革；③使用 CCUS 技术维持现有生产过程或者使用替代性的热源[8]。因此，要在钢铁行业实现大幅减排，除了要加大废钢的回收利用，还应该将有效的能源使用与先进替代技术相结合，如替代燃料和 CCUS 技术。要实现 2060 年碳中和的愿景，钢铁行业生产中需要在近零排放技术上有所突破。

四是钢铁行业将面临更大的环境保护压力。虽然钢铁行业的能源利用效率不断提升，但是钢铁的生产依然高度依赖煤炭，这对空气、水和土壤造成不同程度的污染。2019 年 4 月生态环境部发布的《关于推进实施钢铁行业超低排放的意见》[9]，对钢铁行业的污染治理提出严格的要求。此外，《产业结构调整指导目录（2019 年本）》在"限制类"中调整了对相关冶炼设备的环保、能耗、安全等标准要求，在"淘汰类"中明确提高了部分环境敏感地区落后装备的标准[10]。2060 年碳中和的目标将环境保护提到一个更高的位置。在环保总体政策"只严不松"的背景下，钢铁行业将面临更严格的环保要求和监督。

2.2.3　钢铁行业低碳发展的政策建议

钢铁行业需要加快做好低碳发展的政策设计，让低碳发展真正成为提高钢铁行业竞争力、实现 2060 年碳中和愿景的重要推动力。钢铁行业低碳发展应关注以下四个方面。

一是应借助供给侧结构性改革的契机，大力推进企业降本增效。在各部门的共同努力下，钢铁行业提前两年完成"十三五"去产能 1.5 亿 t 目标[11]，但应该继续深化供给侧结构性改革，重点关注优化产能结构和产业布局，积极推进兼并重组，提高产业集中度。在兼并重组过程中，需要尊重市场规律，充分发挥钢铁企业的主观能动性，尽可能减少行政命令的干预。钢铁行业应该在供给侧结构性改革的过程中，努力维护市场稳定。更加积极地去杠杆，降低企业资产负债率，努力化解资金风险。在降低成本方面，钢铁行业要充分利用好国家出台的减税降费措施，积极争取各项措施的落实落地，缓解钢铁企业的生产经营压力；同时要继续深入推进对标挖潜工作，大力降低生产成本，尤其要降低采购成本。

二是合理引导钢铁企业平衡发展与就业安置问题。适当调整淘汰落后产能的政策措施，完善转岗职工的再就业安置政策。淘汰落后产能无论对于钢铁行业的低碳发展还是合理产能总量的维持都是正确的方向，但在具体方式上应有所调整。要对落后产能进行准确定义，对需淘汰的产能进行准确定位；同时改变以单纯行政命令淘汰的方式，借助市场的力量，强化市场优胜劣汰的作用，如可通过适当政策提高落后产能生产成本，或对鼓励发展的生产方式给予一定的优惠。在低碳发展过程中，钢铁行业引进节能减排技术将增加新的就业岗位，而淘汰落后产能将导致就业岗位减少，钢铁行业应该适当关注就业问题。一方面，通过节能减排技术的推广创造新的就业岗位，鼓励废旧金属和其他原材料的回收利用，促进回收行业的发展，增加绿色就业。例如烧结烟气脱硫技术的利用，将原来直接排放的气体进行回收处理，会增加新的作业程序、增加新的工种、增加新的就业岗位。另一方面，对需要下岗人员要给予适当关注和关怀，对退出人员通过企业内部转岗、政府提供公益性工作岗位、优先提供适当的转岗培训等进行合理安排，使他们由于岗位损失而受到的伤害降到最低。

三是加大自主创新力度，积极推进超低排放改造。钢铁行业应该积极探索炼钢新技术，使用先进的节能减排技术，不仅有助于减少能源消耗，也有利于减少温室气体和污染物排放。在钢铁行业中实现大幅度的碳减排需要在生产中采用新的工艺路线和创新技术，包括新的冶炼、直接还原和CCUS技术。在短期，通过提高钢铁行业的能源效率可以较为容易地减少二氧化碳排放，但是从长期来看，钢铁行业需要过渡到近零排放的技术，并且应该在经济可行性的情况下使用最佳技术。从长远来看，钢铁行业低碳发展与企业健康发展的目标是兼容的，其社会意义更是巨大，只是在短期，一些新技术的采用会带来企业生产成本的暂时提高，甚至有可能使一些小型企业无力承受，从而阻碍了新技术的推广和普及。政府如果能为钢铁企业提供一定的研发支持，对这些技术的采用给予适当补贴，将有助于以暂时的成本换取整个行业的长期健康发展，并获取更多的环境效益。截至2020年10月底，全国一共有229家企业、6.2亿t粗钢产能已经或正在实施超低排放改造[12]。超低排放改造的措施如果能够落到实地，将鼓励企业对新技术进行不断的探索，有助于实现2060年碳中和的目标。

四是积极参与碳交易市场建设,用市场化手段推动低碳发展。2017 年 12 月,中国碳交易市场宣布启动,而之前确定的"两省五市"区域碳交易试点地区继续发挥现有作用,在条件成熟后逐步向全国碳交易市场过渡。碳排放交易政策实施的影响主要体现在对福利、减排效果、价格等宏观经济因素的影响上。中国实施碳排放权交易可以减少二氧化碳减排带来的经济损失。钢铁行业作为重点排放行业被纳入到全国碳交易市场中,应该充分发挥碳交易市场的积极作用。一方面,政府应该对碳交易市场给予必要的监管与指导,合理分配免费排放配额,逐步提高可交易行业的绩效标准,帮助建立一个公平的碳交易市场竞争环境。另一方面,钢铁行业应该科学制定碳排放管控方案,充分利用市场化交易机制,促进行业资源要素的合理配置,为钢铁行业低碳发展提供机制保障。

2060 年碳中和目标勾勒出中国中长期发展的新愿景,这给中国钢铁行业低碳发展带来新的机遇与挑战。钢铁行业应该提早谋划,明确碳减排任务,确定可行的行动计划,为 2060 年实现碳中和目标作出重要贡献。

2.3 碳中和目标下火电企业如何实现高质量发展

随着国家经济的快速发展和工业化水平不断提高,火电在能源结构中一直处于主导地位。然而火电产业发展并非一帆风顺。"十五"期间经国家电力体制改革,得益于建设周期短,发电成本低,技术较为成熟,火电开始进入高速发展期[13]。"十一五"期间,国家出台"上大压小"政策,促使电力产业结构优化升级,指导火电向大容量机组建设方向发展。"十二五"期间,火电逐步转向清洁化发展,提倡发展清洁高效大容量燃煤机组。至"十三五"期末,二氧化硫、烟尘、氮氧化物等火电常规污染物得到有效控制,具有代表性的火电超低排放技术处于世界先进水平。在"十四五"规划制定期,中国提出 2060 年碳中和目标,碳中和是更为严格的发展约束,使之前高速发展的火电企业面临着更为严峻的考验,而未来如何实现高质量发展成为亟待解决的问题。

2.3.1 碳中和目标对火电企业发展的影响

碳中和目标对中国火电企业未来发展具有重大且深远影响。

首先,碳中和目标下火电首当其冲。中国当前的二氧化碳排放总量大约 100 亿 t,约占全球二氧化碳总排放量的三分之一。其中,中国电力行业碳排放量约占全国碳排放总量的 50%,可见电力行业碳中和在全国碳中和中的地位举足轻重。图 2.5 是中国电力行业主要电源近十年装机容量变化情况,图 2.6 是中国电力行业主要电源近十年发电量变化情况,可以看出,风电和光电装机容量占比不断上升,火电装机容量占比不断下降至 60%,但是发电量占比大约 70%,仍处于主导地位。据中国电力企业联合会的数据显示,2019 年,火电行业排放二氧化碳约 43.28 亿 t,在全国碳排放总量中的占比超过 40%。所以碳中和目标的提出基本上间接明确了火电行业低碳发展的目标,火电行业若未达到目标,则会为实现全国的碳中和目标带来巨大阻力。四十年的转型期很短,以中国目前火电企业碳排放水平,碳中和目标无论是在时间上还是碳排放总量上都对国内火电企业提出了挑战。

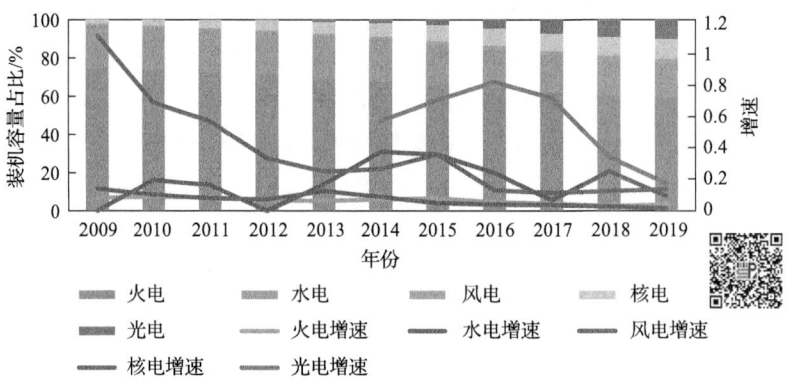

图 2.5 2009~2019 年中国主要发电设备容量变化(彩图扫二维码)

数据来源:国家统计局

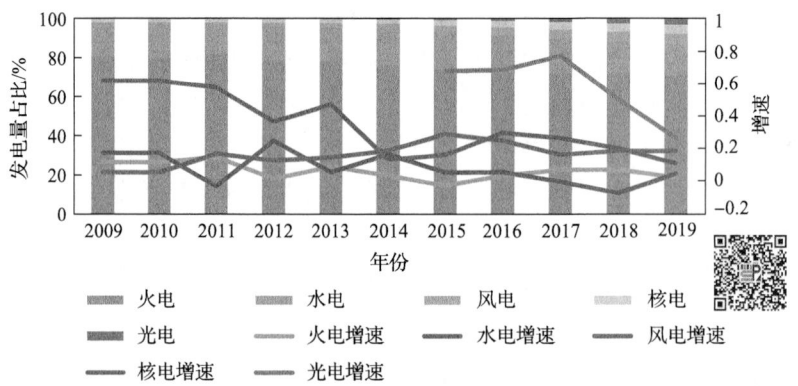

图 2.6 2009~2019 年中国主要电源发电量变化(彩图扫二维码)

数据来源:国家统计局

其次,碳中和目标的提出基本确定了煤电装机快速增长的阶段已经一去不复返。中国火电企业自电力体制改革以来经历了快速发展,成就了一批以五大发电集团代表的火力发电企业。受经济和电气化进程加速发展影响,中国电力需求虽增速虽下降,但总量仍在增长,单靠可再生能源在短期内无法为电网提供大量像火电这样可靠和灵活的电源,故未来中国煤电新增装机容量仍有上涨空间。据相关统计，在 2020 年上半年，中国仍在审核批准相当数量新的煤电项目，目前核准待建的煤电机组装机接近 1 亿 kW 左右。但是，值得思考的是，大部分新增煤电装机投资主体由过去的大型央企发电集团转变为地方能源国资企业，这说明大型央企发电集团已经开始意识到在碳排放约束下的新增煤电装机项目将面临着的不确定性风险，继续大量新增火电装机或将影响企业长期高质量发展。

最后，在碳中和目标下，火电企业成本竞争力面临挑战。如图 2.5、图 2.6 所示，从近些年各电源发展情况来看，风电和光伏发电装机容量和发电量增长速度基本都在 10%以上，都远超火电装机容量和发电量增速。截至 2019 年，风电和光伏发电装机容量占电源总装机容量大约 20%，但是发电量与总发电量之比却不超过 10%，可见其消纳问题尚待解决。未来政策将集中利好新能源发电，继而火电投资速度必然放缓，新能源投资速度必将增加。投资方向的转变将降低新能源发电成本，亦将通过技术创新来降低其对电网带来的压力，从而加强对传统化石能源电力产生挤出效应。反观火电企业，未来达到碳中和目标比较有希望的是做到近零排放。这就需要在未来考虑碳汇成本。碳汇包括生态系统固碳的森林碳汇和 CCS 等技术的技术碳汇。大面积的森林碳汇显然并不能中和火电如此庞大的排放量，未来还将主要依靠技术碳汇。虽然目前火电具有成本优势，但在未来火电企业成本除发电成本外还要加上碳汇的成本，这将会影响火电企业在成本方面的竞争力。

2.3.2 碳中和下火电企业高质量发展内涵

在碳中和背景下，火电企业从高速发展转向高质量发展，需要对高质量发展的内涵有一个清晰的认识。站在国家层面，十九大报告中做出了"中国经济已由高速增长阶段转向高质量发展阶段"的重大判断，指出所谓高质量发展，就是能够很好满足人民日益增长的美好生活需要的发展，是创新、协调、绿色、开放、共享，能够体现新发展理念的发展。在此基础上，国务院国有资产监督管理委员会积极响应党的号召，针对国有企业高质量发展明确指出，要增强国有制企业竞争力、创新力、控制力、影响力和抗风险能力，要在经营管理中突出效益效率、突出创新驱动、突出实业主业、突出国际化经营、突出服务保障功能。从企业层面来说，火力发电企业作为典型性能源加工企业，其高质量发展的改革成效在短期内一般难以体现，因此企业高质量发展往往是作为一种中长期概念进行分析和研究，这就需要火电企业要处理好当前和未来的关系。在碳中和背景下，企业实现高质量发展必将经历一场"脱胎换骨"的改革，增量被严格控制，存量部分被淘汰，剩余部分得以重组整合，进而优化升级。所以，未来火电企业高质量发展的核心在于"转型"。

怎样算是一个高质量发展的火电企业？火电企业的高质量发展并不是一个"点"，而是一个"面"，是一个综合的发展体系。具体到每个企业，则应该在该体系下作对标、找短板、弥不足。如图 2.7 所示，火电企业高质量发展体系可归纳为八个层面，分别是安全、低碳、稳定、高效、创新、协同、智慧、共享。

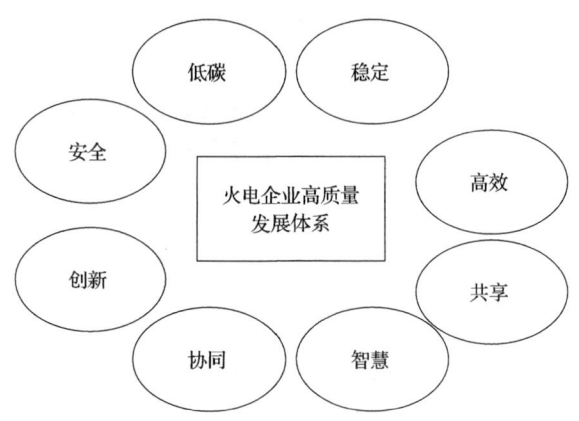

图 2.7　火电企业高质量发展体系

安全有两方面含义，从高层次来说，火电企业要树立服务国家能源安全的意识。"富煤、贫油、少气"是中国资源禀赋特点，火电低碳转型必须要考虑国家能源安全。从低层次来说，火电企业要守好安全生产这条红线。把安全生产摆到重要位置，树牢安全发展理念，绝不能只重发展不顾安全。

在碳中和目标下，低碳的重要性被提高到一个新的高度，火电企业要生存就必须要处理好自身排放的二氧化碳。火电企业若无法实现近零排放，发电机组将面临着被关停和资产被搁置的风险。不同于之前的火电清洁发展要求，火电企业碳排放量远大于其他排放物的量，控制碳排放比控制其他排放物难度更大。

稳定是指火电企业要保持自身经营的稳定性，主要体现在自身收益指标不能够出现大起大落的波动，重视企业发生重大风险的可能性。目前火电企业经营的稳定性更多体现在燃料供应的稳定性。在煤炭去产能后，煤炭供给紧张，火电企业陷入大面积亏损。据国务院国有资产监督管理委员会数据，至 2018 年尚有 50%左右的煤电企业处于亏损状态，部分煤电企业面临倒闭，直至 2019 年受煤炭优质产能释放影响，局面才有所缓和。

高效不仅指发电的技术效率，还包括自身内部的管理效率以及建设初期的规划效率等。在技术层面，中国火电企业始终致力于能效的提升，超超临界燃煤发电、IGCC 等技术使燃煤机组供电煤耗从 2012 年的 325g/kW·h 降至 2018 年的 308g/kW·h，处于世界先进水平。而在管理效率和规划效率方面提高空间较大。例如，多地由于规划的不协调，导致煤电区域布置不合理，资源得不到合理配置，生产效率无法达到最优。毫无疑问，高效可以帮助火电企业在未来激烈的竞争中存活下来。

创新是指火电企业要树立创新发展理念，依靠技术创新、体制创新、管理创新和商业模式创新等，实现从规模增长转向价值增长。我国当前提倡"创新、协调、绿色、开放、共享"五大发展理念，其中创新排在第一位，"十四五"规划建议稿中更是多次提出创新，并将创新作为衡量发展质量的重要标准。

协同是指火电企业"电热冷气水"多个能源品种的横向协同，和"源网荷储用"及与其他火电上下游企业之间关于能源供需方面的纵向协同。在未来一段时期内，火电企业的协同发展要充分发挥火电作为基荷的"压舱石"作用和灵活调峰的辅助作用。

智慧是要火电企业顺应"互联网"时代的发展趋势，推动自身生产经营朝信息化、数字化方向发展。目前来看，火电智慧化之路是一条比较远的路，一是因为技术，信息技术的迭代速度很快，之后会发展成什么样是未知的。二是因为人，人是火电智慧化的核心，需要人去不断的创新。最后就是基础设施，智慧化是信息化、数字化，如果信息无法高速传输就会对智慧化形成制约。2020年4月国家发展和改革委员会正式明确"新基建"概念，5月政府工作报告中提出要加快"新基建"项目建设。"新基建"正是信息领域的基础设施建设，而火电企业的智慧化建设正是赶上这波政策红利的好时机。

共享是指火电企业可以走出去，实现国际化经营。中国火电企业发电技术无论在清洁还是在效率方面都居于世界先进水平，但是国内出现产能过剩现象，并且面临着碳约束带来的不确定性问题。2013年，中国提出"一带一路"倡议，旨在与周边沿线国家建立经济合作关系，构建命运共同体。2020年，为深化供给侧结构性改革，提出要构建国内大循环为主体，国内国际双循环相互促进的新发展格局。政策支持国内企业走出去谋求发展，这是极富有竞争力的国内火电企业走出去的最佳时机。

2.3.3 关于火电企业高质量发展的几点建议

在碳中和目标下，火电企业当前最应该做的就是做好未来火电装机布局规划，严控新增装机。加速淘汰协同水平低，能效水平低，环保水平低的"三低"资产，做好"强身瘦体"。同时，做好与之对应"三高"机组的延寿工作，来减少必要新增装机量，以防范未来所带来的重大经营风险。整合优质存量资产，并对其进行分类优化改造，实现"强身健体"。随着更密集的低碳政策出台，火电将面临着一系列的改革，企业如何在这个过程中生存下去，并实现高质量发展，下文将给出几点方向性建议。

1. 尽快做出自身碳中和承诺，做好自身碳中和规划

2020年11月23日，中石化联合国家发展和改革委员会能源研究所、国家应对气候变化战略研究和国际合作中心、清华大学低碳能源实验室三家单位签订战略合作意向书，共同研究企业碳达峰和碳中和的战略路径，这使中石化成为提出碳中和目标后首个大型国企宣布开展企业层面碳中和研究。中国要想实现2060年碳中和目标，传统化石能源国企必须扛起重担。火电企业作为传统化石能源企业的重要组成部分，在减少碳排放方面更是义不容辞，火电企业在减少碳排放方面要勇于担责，主动作为，从全局的角度来思考如何实现自身的低碳发展以更好地服务和支撑国家、行业相关决策。首先这就需要火电企业从自身角度出发，做出"企业碳达峰"和"企业碳中和"承诺。其次，从长远来看，火电企业要做好自身碳发展规划，研究如何处置强力锁定的化石能源资产，如何改变固有的生产模式，如何创新未来商业模式，如何重新布局传统业务板块，以及如何保障相关就业人口转移与安置等问题。所以，在碳中和目标下，火电企业现在首先需要做的就是尽快做出自身碳中和承诺，做好自身碳中和规划。在低碳转型发展过程中，火电企业必会经历阵痛期，但风雨之后只有实现"净零排放"的火电企业方见彩虹！

2. 规模化应用火电清洁高效技术，降低使用成本

碳中和目标是需要火电企业落实到行动中去的。据2020年11月23日世界气象组织发布最新《温室气体公报》指出，即使在疫情期间二氧化碳含量又出现了较快的增长。这说明减排并不是一件容易的事，减排形势十分严峻。自国家"十一五"开始，火电行业就已经开始发展清洁发电技术。得益于清洁技术积累，火电在减排方面被认为是当前技术下相对容易的领域，处于行业下的火电企业则成为了减排的"排头兵"。

在碳中和目标下，火电企业还将重点依靠技术减排来实现自身碳中和。其中较为成熟的两大技术是CCS和CCUS，但是这两大技术由于成本较高，目前难以在短期内大规模达到商用。而未来的火电企业高质量发展又必须要处理好自身的碳排放，故建议火电企业仍旧要去引进CCS和CCUS技术。可以在技术的大规模使用过程中实现技术迭代升级，降低技术使用成本。同时，从技术角度来讲，这些技术具备清洁高效的特点，投资发展该类技术不仅是积极响应国家政策的体现，未来还将会大大提升火电企业自身的竞争力。

3. "发电侧储能+火电灵活性改造"提高企业协同和调峰能力

在未来低碳发展的过程中，火电企业要注意自己的功能定位。在当前，火电

作为发电的基荷作用短时间内不会变,但随着可再生能源电力的大量接入,火电未来需要更多地承担调峰的作用。降低调峰成本,提高调峰能力是火电企业未来高质量发展需要思考的问题。目前有两种比较有前景的方式,一个是储能,另一个是火电灵活性改造。火电灵活性改造主要是为了能使火电机组快速充分响应电力系统的波动变化,具体有三大要求,一是降低最小出力,二是可以实现快速启停,三是可以实现快速升降负荷。目前,由于调峰辅助服务市场机制尚不完善,火电企业多数机组灵活性改造投入较少。发电侧储能并不是一个新兴做法,火电企业很早之前就采取了抽水蓄能方式进行调峰,故在储能领域抽水蓄能装机容量份额最大。但是化学储能响应速度更快,灵活性更高,是未来发电侧储能的发展方向。无论是哪种调峰方式,火电企业未来都必须要具备较强的调峰能力,深度挖掘火电的调峰空间,拓宽火电的盈利模式才是企业需要考虑的问题。

影响火电企业选取哪种方式来提高自身调峰能力有两个方面,就是技术和成本。目前储能和灵活性改造的技术成熟度较高,关键在于成本,所以火电企业需要统筹考虑不同调峰方式的建设成本和运营成本。除此之外,火电企业还要考虑综合成本,储能调峰和火电调峰作用相同,但从其各自的成本收益来做出决策并不明智。综合来说,还是要因地因时制宜,在调频补偿标准合理的条件下,储能联合火电调频或许能够带来更好的经济收益,而且可以降低火电机组的煤耗,减少燃煤产生的污染排放物,促进企业的绿色发展。

4. 布局综合能源服务市场,培育企业发展新动能

在碳中和目标下,火力发电市场是一个越做越小的市场。在这种情况下,火电企业要做优做强就需坚持转型。提供单一产品服务无法在未来激烈的用能市场中做强,这就需要企业提供多种能源服务。现在比较成熟的经营方式就是热电联产,火电企业同时提供电力和热力,迎合了市场的需求,提高了火电机组的运行效率,扩宽了企业的收入渠道。展望未来,一个可实践的转型发展方向就是布局综合能源服务市场,丰富能源产品种类,实现"电热冷气水"多能协同互补。综合能源服务本质就是为用户提供多种能源的综合使用方案,建设能效管理系统,收集用能信息,实现多能优化调度。之后还可以对能效管理系统中用能信息大数据的分析,为用户提供节能业务。

目前,中国综合能源服务市场还处于起步阶段,但已有许多非能源企业进入市场,其中以互联网为代表的新兴企业正在充分发挥自己在信息收集、分析和处理方面的优势,抓紧布局综合能源服务市场。而火电企业在产能方面具有先天的规模优势,资金优势和技术优势,高质量发展要在此基础上充分发挥基荷和调峰作用,同时着手培育新动能。火电企业可以借助综合能源服务市场,坚持市场需求为导向,构建产能、储能、节能及售能等多位一体的能源生态圈。

5. 坚持"走出去"战略，国内国外市场双开发

做大电力市场对于火电企业高质量发展亦是至关重要。相较于其他能源发电技术，中国火力发电技术起步早，成本低，效率高，超低排放技术上也已成熟。在碳中和目标下，火电企业继续投资煤电装机，或在未来碳约束下存在煤电产能过剩的情况，甚至结果收不回投资。火电企业可以通过"一带一路"建设走出去，但是很多人仍旧在担心火电走出去将会增加目标国家的污染排放。事实上，中国的燃煤机组，尤其是百万千瓦级别的高效清洁燃煤机组，已经十分接近燃气机组的排放水平，火电效率接近世界最高水平。碳排放本质上来自传统化石能源的使用，而中国的火电机组可以相对清洁高效地利用传统化石能源，高效中国的火电走出去可以在一定程度上提高目标国家的电气化水平，通过取代目标国家的其他低效煤炭，提高传统化石能源的热效率，从而达到在整体上减少这些国家的污染排放。

2.4 碳中和目标下中国采矿业绿色发展政策研究

实现碳中和目标，需要各个行业的共同努力。在碳中和目标的约束下，中国采矿业未来的发展方向值得进行深入研究。一方面，作为国民经济发展的基础行业，采矿业为中国现代化建设提供了大量的能源和生产原料。另一方面，采矿业作为高耗能行业，在生产运营的过程中排放了大量的二氧化碳，并且在开采的过程中也破坏了自然环境，造成森林碳汇的减少。走绿色发展之路是采矿业未来发展的必然选择，在实现碳中和目标的初级阶段，提高采矿业的能源利用效率以及减少对于自然碳汇的破坏是目前亟须解决的问题。

2.4.1 发展绿色矿业对于实现碳中和的意义

由于无法避免在实际生产过程中排放二氧化碳，碳中和的概念便由此产生，即通过森林固碳等碳汇手段来抵消所排放的二氧化碳，使固碳量近似等于碳排放量。根据联合国环境规划署的数据，2018年中国碳排放量达到137亿t，同比增长1.6%，尽管中国二氧化碳排量的增速已经放缓，但是碳排放量仍然占全球碳排放总量的1/4以上。实现碳中和的目标需要各行业尤其是重工业的共同努力。采矿业作为中国国民经济发展的支柱性产业，为中国的现代化建设提供了重要的能源保障和原料保障，在国民经济发展中的重要性不言而喻[14]。

当今社会能源危机日趋严峻，国际形势日趋复杂，保障能源安全是中国实现可持续发展的基础。中国作为能源消费大国，能源消费一直位于世界前列。根据2020年《BP世界能源统计年鉴》，中国2019年度一次能源消耗量为141.70EJ，

占全球一次能源消费总量的 24.27%。由于中国独特的资源禀赋，煤炭一直是中国的主要消费能源，在 2019 年的能源消费结构中，中国的煤炭消费量达到 81.67EJ，占中国一次能源消费量的 57.64%。煤炭开采和洗选业作为采矿业的第一大子行业，对于保障国家能源安全具有重大意义。同时，采矿业也为中国实现现代化建设提供了重要的物质保障。中国的水泥、钢铁、黄金等产量长期处于全球领先地位，为中国经济发展做出了重大贡献，其中，采矿业为中国第二产业提供了 80%的原料，为农业提供了 70% 的生产资料。随着中国工业化进程加快，工业行业对于矿产资源的消耗强度也会逐渐增加，采矿业需要提供充足的矿产资源攻击才能够满足工业化和城市化日益增长的资源需求，是中国经济社会发展的支撑产业。采矿业作为重工业，在推动地方经济发展方面也起到了不可或缺的作用，采矿业的发展为中国的现代化建设和城市化提供了大量的资金和原料供给，是中国经济社会发展的动力源泉。

采矿业作为高耗能行业，在为中国的现代化建设提供了重要物质保障和能源供给的同时，二氧化碳排放量也在逐渐增加。如图 2.8 所示，中国采矿业的二氧化碳排放量自 2000 年以来便逐渐升高，自 2013 年后有所回落。2000 年至 2013 年，矿业二氧化碳排放量由 3.63 亿 t 增加到 10.7 亿 t。2018 年，采矿业的二氧化碳排放量为 7.80 亿 t，尽管二氧化碳的排放量有所回落，但是仍然占据了整个工业行业二氧化碳排放总量的 5.26%。面对如此巨量的二氧化碳排放量，如何发展绿色矿业，减少二氧化碳的排放量，对于中国 2060 年实现碳中和目标具有重大意义。

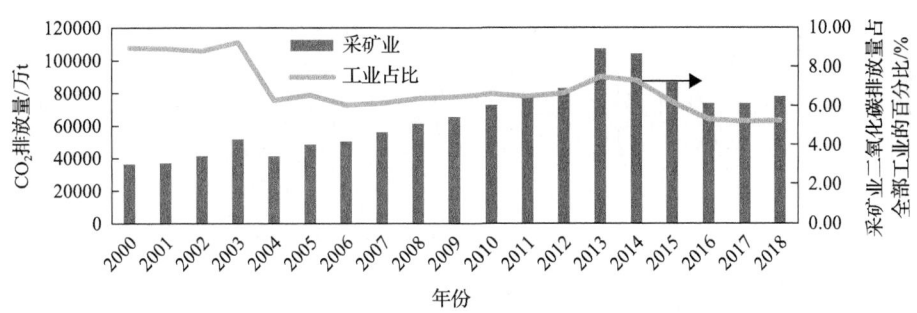

图 2.8　2000～2018 年中国矿业二氧化碳排放量

数据来源：中国统计年鉴

2.4.2　发展绿色矿业所面临的机遇与挑战

随着碳捕集和碳汇技术的成熟，未来实现二氧化碳的净零排放在理论上是完全可行的，但是以目前的技术水平，提高能源利用效率、促进绿色发展才是现阶段中国采矿业对于实现碳中和目标所做出的重要贡献。发展绿色矿业是中国实施生态文明建设的重要途径，同时也是实现 2060 年碳中和目标的必由之路。改革开放 40 年以来，虽然中国的经济发展取得了举世瞩目的成就，但是粗放型的经济发展方式也造成了大量的资源浪费及环境问题。单位国内生产总值能耗是衡量国家和地区能源效率的指标，即每产出 1 万美元所消耗的标准油的量，数值越小表示能源利用效率越高，如表 2.1 所示为从 2000 年到 2014 年，虽然中国的单位国内生产总值能耗在逐渐降低，但是还是高于美国、日本等高收入国家。此外，中国的单位国内生产总值能耗与世界平均水平相比仍有差距，表明中国的能源利用效率较低。

表 2.1 单位国内生产总值能耗

	2000 年	2005 年	2010 年	2013 年	2014 年
中国	2.43	2.44	2.05	1.85	1.75
日本	1.21	1.14	1.09	0.96	0.93
美国	1.75	1.58	1.45	1.35	1.34
高收入国家平均	1.4	1.31	1.23	1.15	1.13
中等收入国家平均	1.75	1.67	1.52	1.43	1.38
世界平均	1.54	1.47	1.38	1.3	1.27

数据来源：国际统计年鉴。

采矿业作为高耗能产业，其能源利用效率较为低下，二氧化碳排放量巨大。为了在发展经济的基础上保护自然环境，党的十八大决定大力推进生态文明建设。此外，党的十八届五中全会所提出的"创新、协调、绿色、开放、共享"的五大发展理念也为采矿业的转型升级提供了政策支持。在 2060 年中国实现碳中和的大背景下，保护自然环境和发展自然碳汇已经刻不容缓，发展绿色矿业已经成为中国采矿业的必然选择。2008 年，《全国矿产资源规划》首次提出要发展绿色矿业，"十二五"期间，发展绿色矿业被写入"十二五"规划纲要，近年来，国家级和省级绿色矿山项目纷纷成立，各种规章制度和政策文件相继出台，发展绿色矿业经济的大方向已经形成，采矿业的能源利用效率不断提高，对自然环境的保护也在不断增强。

虽然具备政策支持，但是采矿业的绿色发展之路依然存在诸多挑战。首先，中国矿产资源人均占有量低，重要矿产资源储量低。虽然中国矿产资源总量较大，但是小型矿和贫矿居多，开采的经济性不高，而且由于技术水平不足，很多小型矿床没有得到有效的开发和利用，资源浪费严重，利用效率极低[15]。此外，中国的重要矿产占比较低，大多依赖从国外进口，而且随着工业化和城市化进程的加快,中国对于矿产资源的消耗速度也在逐渐增加,探明新的资源储量的速度明显落后于矿产资源的消耗速度,而且对外出口的矿产资源数量也在逐年增加,矿产资源储量已经跟不上经济社会发展的需要。

其次,中国采矿业海外市场较少,本土矿产资源滥挖滥采现象严重。改革开放以来,虽然中国政府一直在大力开辟海外市场,但是对于矿产资源的海外市场开发却尤为不足。当今矿业主管部门的主流观点认为保障国家能源和资源安全等同于减少对于海外矿产资源的依赖,因此大力开发本土资源,倡导资源自给自足,结果造成中国矿产资源过度开发,破坏了生态环境,并且二氧化碳排放量巨大,对于落实生态文明建设和实现碳中和目标造成了极大的阻碍[16]。虽然中国的矿产资源储量较为丰富,但是人均矿产资源占有量十分匮乏,无法满足经济社会高速发展的需求,因此扩展海外矿产资源市场意义重大。由于中国矿产资源独特的地理分布,中国大部分矿床都属于小型矿或者贫矿,开采难度较高,在各地采矿企业的过度开发之下,造成了大量的资源浪费,也使中国未来的发展面临能源危机。

最后,中国的矿业管理体制有待完善。虽然中国的矿产资源管理体制已经相对成熟,但是对于采矿行业的管理规范还有待完善,管理采矿行业的部门过多,包括自然资源部、国家发展和改革委员会、地方政府等,而且针对矿业部门的法律法规也不够完善,责权划分不够明晰,容易造成采矿业管理出现扯皮、混乱等现象,不利于进行统一管理。此外,对于绿色矿业经济而言,目前还没有形成关于中国绿色矿业管理的统一规范,绿色矿业的评价机制也尚未建立,相关的法律法规还有待完善。中国的绿色矿业建设刚刚进入起步阶段,未来的发展方向仍有待探索。

2.4.3 碳中和目标下中国绿色矿业未来展望

在2060年中国实现碳中和目标的大背景下,发展绿色矿业已经成为中国矿业未来发展的必经之路,然而矿业的健康发展需要良好监督和管理,但是以目前地方政府对于矿业企业的管理方式,要形成成熟的绿色矿业经济仍有一定阻碍。首先,很多地方政府为了追求短期内财政收入的快速增长,降低了对于矿业企业的环境规制要求,这就会导致生态环境遭到破坏,碳排放量超标;其次,很多地方政府直接参与矿业企业的经营,为了牟取高额利润而放松了对于矿业企业的监管力度。因此,为了促进绿色矿业经济的发展,提出以下政策建议。

(1)保护中小型矿和贫矿。中国的矿产资源多为中小型矿和贫矿,开采难度较高,目前大多数矿业企业的技术条件还无法有效利用此类矿床,盲目开发只能造成资源浪费及环境污染,破坏已有的自然碳汇资源,对于中国实现碳中和的目标有着极大的危害。此外,过度开发中国现有的矿产资源将会对未来中国的经济发展造成极大的资源隐患,如果现有的矿产资源被开采殆尽,未来发展所需的矿产资源只能依赖海外进口,届时中国对于海外的资源依存度会更高,一旦发生经济危机、战争等因素时,中国的矿产供应容易受到威胁。因此,政府部门应当保护中小型矿和贫矿,禁止滥挖滥采,将这些矿床作为国家的战略资源储备,这样既可以减少资源浪费及二氧化碳排放,也可以为中国保留足够的矿产储备量。为此,应当严格限制地方政府的矿业审批权,禁止开采小矿和贫矿,从根本上遏制采矿业对于自然环境的破坏。另外,政府部门要打破矿业交易中不同地域之间的壁垒,统一国内矿产资源交易规范,形成与国际接轨的矿业交易市场,同时加强与"一带一路"国家的合作,扶植一批具有强大实力的矿业企业,积极扩展海外矿业市场,以满足国内发展需求。

(2) 贯彻落实以保护环境为核心的矿业考核标准。依据国际大型矿业企业开发矿产资源的经验,合理开采矿产资源并且在开采过后做好环境修缮工作并不会对原有的自然环境造成损害,甚至有可能会比从前更好,因此,发展采矿业并不会比发展其他重工业对环境造成更大的污染。依照现有的技术条件,中国的矿业企业完全有能力在不损害当地自然环境的基础上开采矿产资源,并且采矿区经过合理的人工修缮之后会比原先增加更多的绿色植被,森林碳汇的总量也会增加。但是依照目前采矿业对于自然环境造成大量破坏的客观事实来看,政府部门的监督力度以及考核标准有待加强。对于地方政府而言,一方面,如果地方政府直接参与矿业企业的经营,则必然会导致监管不力等现象发生,对于自然环境的破坏也就无法避免,因此,应当严禁地方政府参与矿业企业的经营,只能通过税收和就业等方式从矿业企业中获得收益。政府部门应当提高监督标准,设立严格的环境规范制度,禁止技术水平不达标的矿业企业进行生产运营,倒逼企业进行技术创新,采用更高的标准来开采和加工矿产资源,从根本上体现矿产资源的价值属性。另一方面,地方政府往往向矿业企业征收高额的环境保护费,待矿业企业开采过后由当地政府负责恢复生态。这种运营模式会造成监管上的漏洞,后期的环境修缮质量无法得到保证,而且矿业企业没有形成开采后修复自然环境的习惯,在海外运营的时候容易对当地环境造成损害,不利于中国的矿业企业开拓海外市场,因此政府部门应当贯彻落实以保护环境为核心的矿业考核标准,加强监管,督促矿业企业采用更高的技术开采和加工矿产资源,并且在开采过后恢复当地自然环境。

(3) 建立矿业中介监督机构,完善绿色矿业评价体系。为更加全面的监管中国的矿业企业和矿产资源市场,政府部门应当大力推进矿业市场化改革,建立专业的中介监督机构来规范中国矿业企业的运作。矿产资源开发的专业性强,涉及面广,需要专业的机构来对其各个环节进行审核。目前中国针对于矿业的监督体系还不成熟,大多数地区的矿业企业直接受到当地政府部门的监管,导致矿业企业受到政府行政干预的力度较大,不利于矿业企业的健康发展。一方面,政府部门对于矿业运营环节以及技术细节了解较少,技术审查大部分依靠矿业企业自身出具的报告，留给矿业企业的漏洞较大；另一方面，政府部门采用政策手段直接干预矿业企业的运营，受实时政策影响较大，当环保政策较严时，政府部门对于矿业企业的监管较严，当政策较为放松时，政府部门的监管力度也会相对减轻，不利于良好长效监督机制的形成；最后，政府部门直接监管矿业企业，寻租空间比较大，容易产生徇私腐败等行为，不利于矿业企业落实环境规制政策。因此，应当成立独立的第三方机构监督矿业企业的生产和运营，矿业企业的资产、开采工艺、环境修缮等都应由具有资质的第三方机构进行评估和审查，政府部门则负责监督第三方机构，对这些中介评估公司进行定期审计，这样可以避免因为政府部门专业知识不足使得矿业企业有机可乘，使得矿业企业的运作规范透明化。此外，政府部门不直接对矿业企业进行干预，可以避免寻租腐败等行为。政府部门只需出台政策文件，从宏观层面指导绿色矿业的发展，第三方监督机构根据政府部门的政策导向调整评价指标，形成较为完善的绿色矿业评价体系。

2.5 碳税定价对工业碳减排的影响

碳税是一项针对向大气排放二氧化碳而征收的环境税，目的是通过对碳排放征税而抑制企业排放过多的二氧化碳，从而减缓气候变暖进程。作为有效和合理应对碳中和的途径之一，碳税利用市场的无形之手引导市场参与者走向低碳未来，提供了具有成本效益的杠杆。考虑到碳税征收的性质，随着碳税比例的提高，碳税的边际减排效应也相应地降低。同时，碳税征收在短期内会对工业经济的发展产生一定的负面影响，但从长期来看，二氧化碳税的征收对产出的影响将是积极的。因此，对碳税对经济和环境影响是利大于弊。此外，碳税征收对不同工业行业碳排放的影响差异较大，因此应对不同工业行业设置合理的碳税征收比例。由于中国早已先行启动碳市场交易，碳税的制度设计也应当协调碳市场制度，避免出现双重管制的负担和容易出现的问题。

2.5.1 碳税政策

中国长期以来一直承担着减少二氧化碳排放的任务。2009年，中国首次发布了二氧化碳定量减排目标：到2020年底，碳强度比2005年水平降低40%~45%。近年来，特别是《巴黎协定》签署后，中国制定了更加明确的二氧化碳减排目标，主要有：一是单位GDP二氧化碳排放量比2005年减少60%~65%；二是到2030年左右，将非化石能源占能源消费总量的比重提高到20%左右；三是在2030年左右达到二氧化碳排放峰值，并争取早日实现；四是增加森林蓄积量和森林碳汇。2030年森林蓄积量比2005年增加45亿m^3；五是中国提出了2060年碳中和的目标这一明确的时间期限。

要实现二氧化碳减排目标,必须采取多种政策手段。碳交易和碳税被认为是两种经济措施。两者都是以控制二氧化碳过度排放为目的、促进节能减排、缓解气候变化的经济手段,通过给二氧化碳和其他温室气体赋予一定的价格,以此来为整个经济系统向低能耗(高效率)和低碳转型发出一个提示的信号。碳交易对整个市场设定总碳排放配额,并对每个生产者分配特定的配额。生产者可以在其排放量高于或低于配额的情况下买卖配额。二氧化碳总排放量的减少量是事先确定的。对于每个生产者来说,减排的动力来自当碳排放超过配额时可能增加的成本(必须购买碳排放额),或者是排放低于配额时可能获得的利润(可以在市场上出售)。然而,碳市场的建立和运营会产生一定的成本。此外,配额的设置和分配也不是一件容易的事情。

与碳交易不同的是,碳税的方案是对化石能源消费征税,包括煤炭、航空燃料、天然气等化石燃料及其相关产品,根据其碳含量征收碳税,以减少化石燃料的消耗和碳排放。这样一来,能源变得更加昂贵,生产者的生产成本就增加了。征收的碳税可以看作是一种政府收入,可以作为支付转移到经济体系中的家庭部门。在碳税方案中,在碳税实施前,二氧化碳减少总量并不明确,但管理成本远低于碳交易。碳税的影响是两面性的。一方面,它可以促进燃料产品的替代,从而改变能源生产和消费结构,鼓励节约能源和提高能源效率的投资。另一方面,通过对征收的碳税收入的回收利用,影响投资和消费行为。例如,通过对环保项目或节能减排技术开发的补贴,在强化前期效果的同时,促进可再生能源的发展。作为有效的市场化缓解手段,碳税受到经济学家和国际组织的高度推荐。丹麦、芬兰、瑞典、荷兰、挪威、英国等国是较早征收碳税的国家。以英国为例,如图 2.9 所示,英国煤电的占比在碳税的影响下持续降低,英国的电力系统对煤电的依赖程度也逐渐减弱。

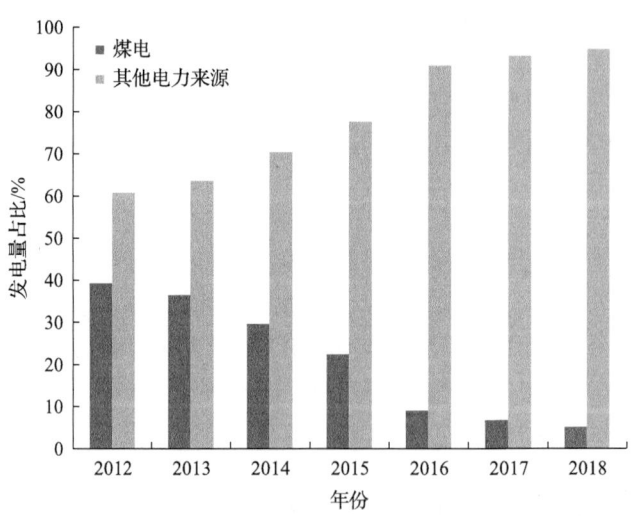

图 2.9 2012~2018 年英国煤电发电量占总发电量比例图

数据来源:http://www.tanjiaoyi.com

不过，碳税也有其自身的缺陷。首先，在短期内，碳税会提高相关产品的价格，增加企业的成本，削弱能源密集型行业的竞争力，对经济增长产生负面影响。其次，碳税的缓解影响不确定。企业可能会通过提高价格将增加的成本转嫁给消费者，因此，征收碳税只会增加财政收入，而不会减少排放。价格弹性越高，就越难以将碳税成本转嫁给消费者，从而获得更好的缓解影响；否则，碳税成本将会转移，缓解效果将会降低。再次，如果碳税不回收所产生的收入(实际上，碳税收可以用来降低所得税或者返回给企业补贴技术开发)，碳税征收污染成本高于排放交易系统或指挥和控制政策，这可能会降低公众的可接受性。事实上，大多数国家的碳税收入都被政府的预算所吸收。

中国在 2019 年才真正开始征收碳税。国家发展和改革委员会在 2016 年中国碳交易市场发展论坛上表示，2020 年后将对未参与全国碳交易市场的企业征收碳税。从中国碳交易市场的经验来看，中国碳交易市场是先在一些试点省份建立的，且试点产业多以能源密集型产业为主。遵循这个思路，中国的碳排放征税也非常有可能会在一些高能耗高排放的产业试行。

2.5.2 碳税政策对工业碳减排的作用

快速的城市化和工业化以及由住房和汽车工业的狂热扩张所驱动的消费结构更新，这些因素都是重工业化在中国重现的原因。2007 年，中国成为世界上二氧化碳绝对排放量最大的国家，这使中国面临着来自世界其他国家不断加大的减少碳排放的压力。虽然不符合 WTO 规则和《京都议定书》的精神，但也存在发达国家征收碳关税或从没有强制减排的国家进口的可能性。在这种情况下，作为环境税的一个例子，征收碳税比中国其他类型的环境税更为紧迫，可以被视为改革传统环境税收制度的第一步。尽管众多国家，例如芬兰、瑞典、挪威、荷兰、丹麦等都已开始征收碳税并取得较好表现，我们仍然需要分析碳税在中国对经济和环境的影响。由于中国工业的能源消耗和二氧化碳排放占全国的 70%以上，且表现出持续增长的势态(图 2.10)，分析碳税政策对中国工业碳减排的影响是十分必要的。

要分析碳税征收的潜在影响，自然要解决的问题是如何确定合适的碳税税率，最优税率应等于碳排放的边际减排成本或影子价格。已有研究表明，征收的碳税税率应该随着时间的推移而提高[17]。如果碳税反映由于大气中二氧化碳浓度的积累而上升的成本，如果碳税引导市场二氧化碳排放最终将被课以重税，同时如果很少有经济上可行的替代品，政府征收的碳税税率应该不断提高。这一信号加强了技术创新的动力，从而使未来更严格的排放目标变得能够负担。此外，征收的碳税在不同的工业部门应该有很大差异，平均而言，轻工业征收的碳税应该大于重工业。对工业碳减排成本的估计不仅对制定碳税税率有参考价值，而且对排污

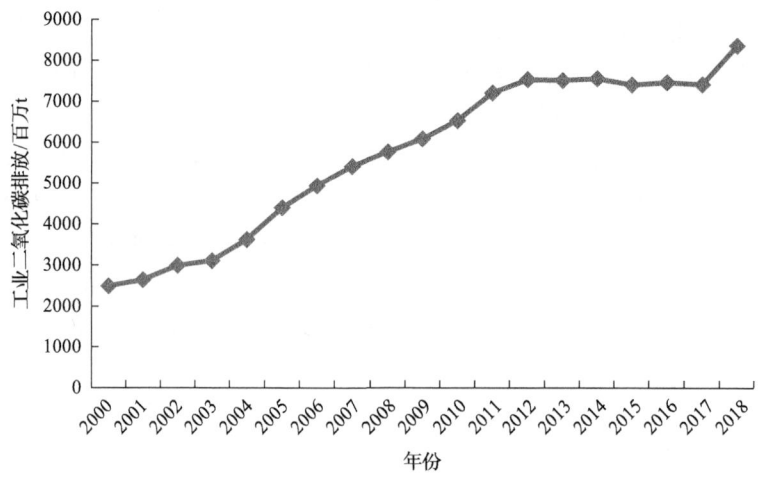

图 2.10 2000~2018 年中国工业二氧化碳排放变化图
数据来源：作者计算所得（根据 IPCC 提供的二氧化碳计算方法）

权交易的定价也有参考价值。例如，一方愿意购买低于其边际减排成本的排放许可证来排放额外的二氧化碳，而另一方则愿意以高于其边际减排成本的价格出售许可证来减少污染；许可证的交易将继续下去，直到边际减排成本在各个地区和部门之间实现平等。简而言之，与行政法规和排放许可交易相比，包括碳税在内的环境税更具灵活性，赋予企业更多的选择。企业可以根据自身的碳排放边际减排成本选择排放并纳税或者减少排放并避免缴纳碳税，因此，碳税使企业能够以一种经济的方式对市场信号做出反应，在纳税和减少排放之间做出选择，为减排所必需的技术进步或创新将获得额外利润，企业将会始终保持着进一步提高碳减排能力的动力。已有研究绝大多数都表明，征收碳税明显有利于降低工业二氧化碳排放，但对轻工业和重工业的作用有明显差异。碳税可以直接通过提高能源价格、提高能源效率等促进碳强度减排，并可以间接地调整收入再分配，对低碳技术进行再投资，调整传统的税收制度的扭曲等。此外，征收二氧化碳税对工业产出的影响仅在短期内存在负向影响[18]。从长远来看，二氧化碳税的征收对产出的影响将是积极的。因此，碳税对经济和环境影响利大于弊。

2.5.3 碳税制定的建议

（1）碳税征收的比例。根据已有研究，碳税征收的比例越高，对碳减排的边际效应也越来越低[19]。如果碳税设置不合理，尽管征收很高的碳税，可能也无法达到较好的碳减排效果。挪威的碳税征收经验显示，在 1990~1999 年期间，挪威的温室气体排放总量在高碳税情境下比零碳税情境下只减少了 2.4%。借鉴挪威的碳税机制设置的经验，我国需要设置合理的课征主体、碳税征收比例、税收减免条件等。此外，在不同的发展阶段要征收不同比例的碳税，避免碳税设置不合理对经济造成较大的负面影响。碳税比例的设置要考虑在不对经济产生重大负面影响情况下，产生最大的减排效应。

(2) 碳税与碳交易的协调。我国其实早在2010年就对碳税征收的必要性和可行性进行了很多分析和探讨，但由于当时各方面的条件还不成熟，碳税征收的事宜也暂且搁置。目前我国已开始碳税征收，考虑到我国已经先行开启了碳市场交易，为了保证与碳市场交易协同促进碳减排，避免双重管制出现的额外负担和问题，中国的碳税征收制度设计应协调碳交易制度。

参 考 文 献

[1] Hosseini S E. 2020. An outlook on the global development of renewable and sustainable energy at the time of COVID-19[J]. Energy Research & Social Science, 2020, 68: 101633.
[2] Govindaraju V C, Tang C F. The dynamic links between CO_2 emissions, economic growth and coal consumption in China and India[J]. Applied Energy, 2013, 104: 310-318.
[3] 国际能源署. Iron and steel[R]. [2021-3-2]. https://www.iea.org/reports/iron-and-steel.
[4] 世界钢铁协会. 世界钢铁统计数据[EB/OL]. [2021-3-12]. https://www.worldsteel.org/internet-2017/steel-by-topic/statistics/steel-data- viewer/MCSP_crude_steel_monthly/CHN/IND/RUS.
[5] 贺克斌. 打赢蓝天保卫战需要加快钢铁行业超低排放改造[R]. [2019-5-6]. http://www.mee.gov.cn/xxgk2018/xxgk/xxgk15/201905/W020190505657985649751.pdf.
[6] 中国钢铁工业协会. 钢铁行业"十三五"煤控中期评估与后期展望[R]. [2019-5-23]. http://coalcap.nrdc.cn/Public/uploads/pdf/1559097268757375782.pdf.
[7] 中国钢铁工业年鉴编辑委员会. 中国钢铁工业年鉴[M]. 北京：冶金工业出版社, 2019.
[8] Bataille C, Åhman M, Neuhoff K, et al. A review of technology and policy deep decarbonization pathway options for making energy-intensive industry production consistent with the Paris Agreement[J]. Journal of Cleaner Production. 2018, 187, 960-973.
[9] 生态环境部, 国家发展和改革委员会, 工业和信息化部, 财政部, 交通运输部. 关于推进实施钢铁行业超低排放的意见[EB/OL]. [2019-04-28]. https://www.mee.gov.cn/xxgk2018/xxgk/xxgk03/201904/t20190429_701463.html.
[10] 国家发展和改革委员会. 产业结构调整指导目录（2019年本）[EB/OL]. [2019-11-06]. http://www.gov.cn/xinwen/2019-11/06/content_5449193.htm.
[11] 证券日报网. 工信部：钢铁行业提前两年完成"十三五"去产能1.5亿吨目标[N]. [2020-10-23]. https://finance.sina.com.cn/roll/2020-10-23/doc-iiznezxr7684367.shtml.
[12] 祝嫣然. 6.2亿吨粗钢产能完成超低排放改造，"十四五"节能目标将明确[N]. [2020-10-31]. https://www.yicai.com/news/100819758.html.
[13] Zeng M, Zhang X H, Zhang P, et al. Overall review of China's thermal power development with emphatic analysis on thermal powers' cost and benefit[J]. Renewable and Sustainable Energy Reviews, 2016, 63: 152-157.
[14] 余壮雄, 陈婕, 董洁妙. 通往低碳经济之路：产业规划的视角[J]. 经济研究, 2020, 55(05): 116-132.
[15] 孙天阳, 陆毅, 成丽红. 资源枯竭型城市扶助政策实施效果、长效机制与产业升级[J]. 中国工业经济, 2020(07): 98-116.
[16] 谢杰, 陈锋, 陈科杰, 等. 贸易政策不确定性与出口企业加成率：理论机制与中国经验[J]. 中国工业经济, 2021(01): 56-75.

[17] Chen S Y. What is the potential impact of a taxation system reform on carbon abatement and industrial growth in China?[J]. Economic Systems, 2013, 37(3): 369-386.

[18] Lin B Q, Li X H. The effect of carbon tax on per capita CO_2 emissions[J]. Energy Policy, 2011, 39(9): 5137-5146.

[19] Tan R P, Lin B Q. The influence of carbon tax on the ecological efficiency of China's energy intensive industries—A inter-fuel and inter-factor substitution perspective[J]. Journal of Environmental Management, 2020, 261: 110252.

第3章 碳中和目标下新能源行业的发展

3.1 碳中和目标下中国新能源产业的机遇与挑战

2030年碳达峰和2060年碳中和承诺,展现了中国为应对全球气候变化的决心与信心,彰显大国风范与勇于承担责任的大国形象。新能源以其充足性、清洁化、可再生等特点,近年来在中国经历了飞跃发展。新能源不仅有利于中国的能源革命与清洁发展,促进节能减排,对于中国经济和社会的可持续也有着重要的推动作用。因此,要在2060年前实现碳中和的目标,中国必须大力发展新能源产业。然而,中国新能源产业由于对政府补贴长期的依赖性,发展过程中还存在一系列的问题。因此,在碳中和目标下,中国新能源产业既拥有着前所未有的发展良机,也面临着巨大的挑战。新能源产业的发展态势,将是影响中国碳中和目标实现的重要因素。

3.1.1 碳中和目标下中国发展新能源产业的重要性

全球气候变暖的最重要原因是温室气体的大量排放,其主要来源是化石燃料的燃烧,而经济高速的发展带来大量的能源消耗。近年来,石油、天然气较高的对外依存度使中国在能源安全上面临着前所未有的挑战。随着全球气候变暖与极端天气频发,化石能源的大量使用带来的环境问题使得中国受到国内与国外的双重压力。根据联合国环境规划署的数据显示,2018年中国的碳排放量高达137亿t,约占全球总排放量的25%以上。经济增长、能源安全与环境的可持续发展迫使中国的能源结构亟须向"低能耗、低污染、低排放"转型,进入低碳经济时代。

欧洲国家从二氧化碳达峰到实现碳中和目标大约要经历70年的时间,美国二氧化碳排放量于2005年达峰,预计2050年实现碳中和,中间也有45年的时间,而中国预计于2030年前实现碳排放达峰,2060年前实现碳中和目标,中间只有30年的时间,这就要求我国的产业结构升级与能源转型的速度与力度都要比欧美国家要大,任务不可说不艰巨。

从进出的角度来看,实现碳中和的路径无非就是控制必要的二氧化碳的排放量和增加CCUS技术、森林碳汇。据统计,电力、热力生产和供应业是中国二氧化碳排放量最高的行业,想要降低二氧化碳的排放,最主要的是要降低化石燃料的发电比例,提高新能源的发电及消纳比例,实现电力清洁化。控制二氧化碳的排放还包括通过产业结构升级优先发展高新技术产业,减少高耗能产业比例以提高能源利用效率等手段。中国是煤炭丰富的国家,一直以来,中国的能源结构都是以煤炭为主。为在实现碳中和目标的过程中经济能稳步发展,中国应保持一定的煤炭消费比重以避免一些矿业省份的经济衰退与就业问题,因此,中国政府应大力发展 CCUS、森林碳汇、海洋碳汇以抵消煤炭消耗带来的二氧化碳增加。

碳中和目标会为新能源的发展带来新的契机。2030 年二氧化碳排放达到峰值后,二氧化碳的排放保持稳定或者开始下降,意味着 2030 年后维持经济持续发展的能源消费增量应该以新能源、可再生能源为主。近年来,在政策的扶持与激励下,中国新能源产业经历了不可思议的发展,中国已经是利用新能源、可再生能源的第一大国。据 BP 世界能源统计年鉴,中国是 2019 年全球可再生能源增长的最大贡献者。如果中国想要实现 2060 年碳中和的目标,化石能源占比大约为 20%～30%,非化石能源占比将达到 70%～80%。

根据国际可再生能源署和万联证券的数据(图 3.1),2010～2018 年太阳能光伏的成本变化是最大的,8 年来下降 77%,聚焦式太阳能发电的成本下降也有 46%;风电的成本下降也十分可观,其中陆上风电成本下降 35%、海上风电成本下降 21%;生物质能的成本下降也有 18%。相比之下,地热能和水电的成本却在 8 年间大幅度提高,且水电由于受到水力资源的限制,未来可开发的空间十分有限。核电由于其经济性、安全性,生物质发电由于其高成本,均无法达到大规模普及的程度。因此,未来要通过可再生能源实现碳中和,太阳能和风能是最具潜力的。

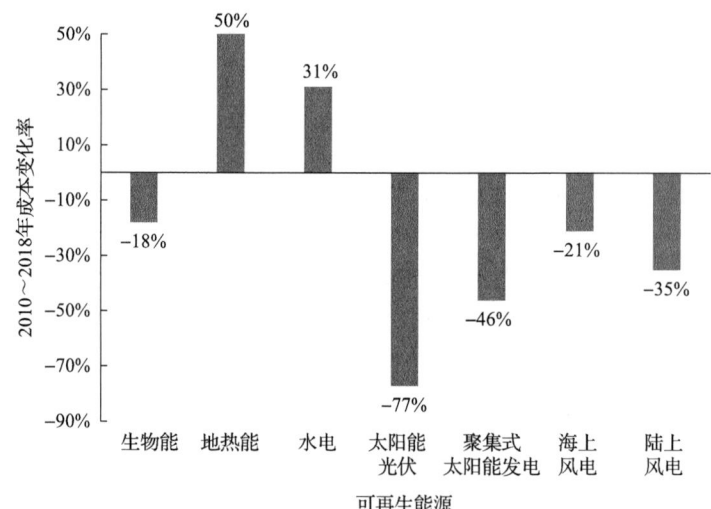

图 3.1　2010～2018 年主要的可再生能源成本变化情况

数据来源:国际可再生能源署,万联证券

3.1.2 碳中和目标下中国新能源产业面临的机遇与挑战

(1) 中国新能源目前的体量相比实现碳中和目标的体量较小。2015~2019年，中国能源消费中非化石能源的消费占比逐年提升，2019年中国非化石能源的消费占比达到15%左右(图3.2)，尽管提前实现了《可再生能源发展"十三五"规划》针对非化石能源消费占比的目标，但想要在2060年前实现碳中和，以目前中国新能源的体量是远远不够的。据万联证券的测算，未来，光伏还有近30倍的发展空间，风电还有近15倍的发展空间。政府应继续适当扶持新能源、可再生能源的发展，新基建投资于新能源与可再生能源的基础设施建设，加速能源转型。新能源产业能够吸纳的劳动力是传统能源产业的1.5~3倍，形成新的经济增长点和就业机会。

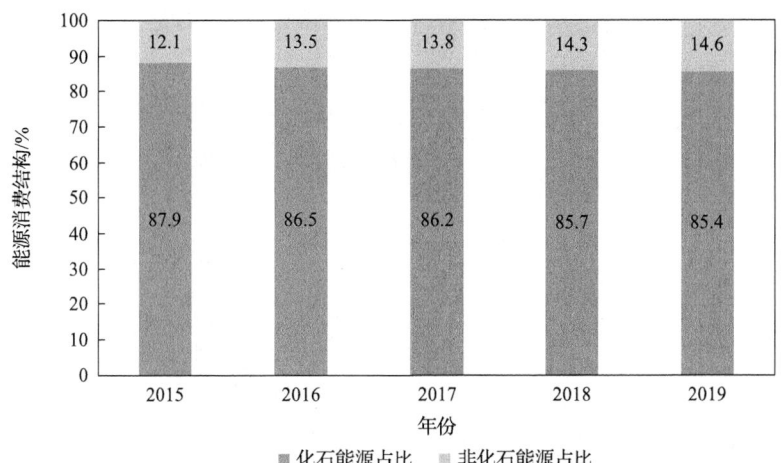

图 3.2 2015~2019 年中国能源消费结构变化情况
数据来源：国家统计局，兴业证券经济与金融研究院，笔者整理制图

(2) 加快可再生能源发展基金改革，解决新能源补贴难题。2007年，我国设立可再生能源发展专项资金，用于补贴中国的新能源发电。随着我国新能源装机容量越来越大，加之可再生能源电价附加收入的不足，补贴缺口不断累积，直到2019年我国可再生能源补贴缺口高达千亿。顶着巨大的补贴缺口，企业由于没有及时得到补贴导致资金流紧张，极大地影响了企业的正常运营，同时也降低了资本对新能源项目的信心与投资热情。碳中和目标下，我国新能源产业未来拥有巨大的发展前景。然而，补贴是政府激励新能源产业发展最有效的手段之一，优化新能源的补贴模式以更好地支持未来大体量新能源的发展也是中国政府面临的前所未有的挑战。

(3) 提高新能源企业竞争力，加快市场化发展。新能源市场鱼龙混杂，一些小企业为了"骗补"抢夺资源,极大地破坏了市场,未来新能源产业应从过去补贴发展的模式中解脱出来,利用市场这只"看不见"的手来淘汰一些落后产能。新能源企业应开拓多元化的市场,增加国外业务占比,增强国际竞争力,在国内政策发生震荡时,能够有其他方面给予补偿。中国的未来是低碳经济的未来,谁掌握了低碳技术,谁就掌握了经济的未来,因此,新能源企业也应当加大研发力度,为可持续发展增添动力。

3.1.3 碳中和目标下中国新能源产业的发展建议

1. 加强新能源的规范管理与消纳

现阶段,中国的经济仍保持较快发展,电力增速仍保持足够速度,且波动较GDP更大,而中国电力的基本问题还是首先保障供给,因此,中国仍然需要加速发展新能源,逐步降低新能源发电补贴,以期在一定年限后,电力供给基本稳定时,新能源的成本可与传统能源相比拟,脱离补贴,满足充分竞争的条件,建立电价市场化竞争的基础。因此,要以新能源发电补贴退坡为切入点,厘清真实发电成本,同时转变补贴机制,将补贴从发电转向并网,从发电侧主体向消纳侧主体倾斜。

新能源产业发展成本高,中国光伏产业在市场中的迅猛发展引起了欧美等国家的关注,遭受反倾销和反补贴,企业的发展被大大限制。因此,政府扶持的手段要实现多样化,比如全面发展碳交易市场等,利用市场来倒逼新能源企业进行技术创新、引导企业向低碳绿色领域投资。另外,新能源产业是背负着环境保护的使命应运而生的,但环保效益不能只看到新能源产业链的某一个环节。在未来,为实现碳中和目标,社会对新能源电力的需求将带动整个产业链的发展。因此,不能顾此失彼,应力争实现新能源整个产业链的碳中和。

有关新能源的消纳,可以从需求侧和供给侧来分析。从需求侧来看,碳中和目标的实现需要全民参与,涉及政府、企业、个人,政府应通过加强电气化来推动能源转型,大力普及新能源的相关知识,鼓励公众用新能源电力来取暖做饭、外出交通等,提高民众的接受度。随着民众接受度的提高,新能源真正被应用的比例和需求才会不断加大。从供给侧来看,在发展新能源的同时,应当加强对储能及智能电网的重视。新能源发电系统往往受到天气等的影响呈现出一定的不稳定性,且我国风能、太阳能资源较为丰富的地区多聚集在中西部,而这些地区其电力消纳十分有限。因此,要解决好可再生能源的消纳问题,不仅要加大对可再生能源本身的投资,也要建立起配套的储能系统与智能电网,以保证新能源发电系统的稳定与有效消纳。

2. 优化新能源补贴模式

我国的补贴政策在很大程度上促进了新能源的发展，特别是上网电价政策促使我国新能源从无到有，越做越大。新能源发电上网价格高于当地脱硫燃煤机组标杆上网电价的差额部分是可再生能源补贴的重要部分，然而，研发力度的不断加强促使新能源的技术成本不断下降。因此，随着新能源的发展，补贴应该适时得到调整。政府应该给风电和光伏发电补贴一个下调的预期，防止资本过度流进，造成产能严重过剩。下调的预期也可以一定程度上避免一旦真正下调补贴，造成风电和光伏发电行业的剧烈震荡，能给一些风电和光伏发电企业，特别是小型风电和光伏发电企业缓冲的时间以及时做好准备。提前制定和发布补贴下调和取消的明确时间，可有利于让风电、光伏发电行业有一个预期，从而抑制抢装等行为。然而，补贴的下调和取消需要根据装机成本的下降及时调整，这不仅可以有效抑制低效装机，还可以倒逼风电和光伏发电制造商和投资者更积极地降低成本，鼓励他们选择更经济的项目，特别是消纳较好的项目，能更好地实现发电与用电的结合以保证项目收益。

国家还应该通过试行可再生能源配额制和可再生能源绿色电力证书核发来完善风电和光伏发电的补贴制度，有效增加补贴的来源，一定程度激励风电和光伏发电的发展，这项政策也标志着风电和光伏发电行业补贴方案由政策强制向绿证等更市场化方向过渡。可再生能源配给制和可再生能源绿色电力证书作为国家可再生能源补贴的一种补充，能有效缓解补贴退坡甚至取消带来的问题，也避免了补贴缺口的不断扩大。

3. 促进新能源发展由集中式向分布式转变

我国能源资源与生产力逆向分布的消费特征决定了我国必须在用电集中地区建设风力和光伏发电，而分布式是中东部、南部等消纳能力较强地区较集中式更为适宜的新能源发展方式。另外，近几年国家政策不断鼓励发展分布式风电和光伏。2018年4月国家能源局在《分散式风电项目开发建设暂行管理办法》（国能发新能[2018]30号）里指出，分散式风电项目申请核准时可在"自发自用、余电上网"或"全额上网"中选择其中一种模式，以推动分散式风电建设。2017年中国分布式光伏迎来规模化发展的新局面，并强调"十三五"规划中对集中式和分布式光伏发电年度规模的确定。然而，《分布式发电管理办法》于2018年3月和4月两次进行征求意见，分布式光伏项目将经历由之前的不限规模指标到未来的限制规模指标的重大变化。尽管分布式光伏在规模上有所限制，但是分布式光伏仍旧是光伏发电未来的发展趋势。未来应该积极有序地发展风电、太阳能发电，坚持集中式与分布式相结合，促进集中式向分布式转变。通过分布式的发展，较好地解决由于资源与负荷不匹配导致的消纳问题，以便减少"弃风弃光"现象。

3.2 平价上网时代下风电光伏产业的发展

要在2060年前实现碳中和的目标，意味着中国现有的经济结构和能源结构都将进行重大变革，从排放端必须考虑工业和电力的能源效率、可再生能源的使用[1]。此前，中国已经设定目标，在2℃目标路径下，2020年、2030年、2035年和2050年的非化石能源消费占总消费的比重将分别为16%、26%、31%和45%，非化石能源占总发电量的比重也由2020年的37%大幅上升至2050年的80%以上。但是，在非化石能源中，水能由于受资源限制而发展缓慢，核能由于安全性备受争议也不适宜大规模发展，而且除了风电、光伏发电以外的其他能发电也因为开发难度较大未能实现大规模开发，所以目标中非化石能源部分的增量大部分依靠风电、光伏实现[2]。面临如此艰巨的目标，必须全面贯彻"四个革命、一个合作"能源安全新战略，建设清洁低碳、安全高效的能源体系，实现风电、光伏发电技术进步和成本降低，实现高质量发展。风电、光伏发电这类新能源发展初期在政府补贴支持下从无到有，目前产业链规模居全球首位。随着风电和光伏发电的规模不断扩大和技术水平的不断提高，风电和光伏发电的技术成本也在不断下降，已经达到去补贴的标准。以光伏发电为例，2007年光伏组件价格为30元/W左右，2012年就下降至10元/W左右，2017年价格已经降至2元/W以下，大致相当于累计装机容量每翻一倍，产品成本降低35%。在"能源'十三五'规划"中，新能源平价上网被提出，并明确了"到2020年，风电要实现与煤电上网电价基本相当，光伏发电力争实现用户侧平价上网"的目标。2020年也是风电、光伏发电项目获得国家补贴的最后一年，2021年后起进入平价上网时代。平价上网时代的到来，风电、光伏又将如何实现高质量发展以助力碳中和的实现，这是一个值得探讨的问题。

3.2.1 基本情况

我国风电和光伏发电的发展很大程度上依赖于补贴政策，特别是卓有成效的上网电价政策促使我国风电和光伏发电从有到无，越做越大。上网电价政策的最大优点是能锚定发电品种全生命周期的收益，给予投资者明确的价格信息，在行业发展初期有效地支持启动。然而，不断加强的技术研发力度促成了风电和光伏发电的技术成本大幅度下降，补贴退坡势在必行，因此在这几年里风电和光伏发电补贴也不断得到调整。以风电为例，表3.1展示了中国风电上网电价/指导价调整情况。

表 3.1 中国风电上网电价/指导价调整情况

执行时间	陆上风电				海上风电	
	I类资源区	II类资源区	III类资源区	IV类资源区	近海风电	潮间带风电
2009年8月1日	0.51元/kW·h	0.54元/kW·h	0.58元/kW·h	0.61元/kW·h		
2015年	0.49元/kW·h	0.52元/kW·h	0.56元/kW·h	0.61元/kW·h	0.85元/kW·h	0.75元/kW·h
2016年	0.47元/kW·h	0.50元/kW·h	0.54元/kW·h	0.60元/kW·h	0.85元/kW·h	0.75元/kW·h
2018年	0.40元/kW·h	0.45元/kW·h	0.49元/kW·h	0.57元/kW·h	0.85元/kW·h	0.75元/kW·h
2019年	0.34元/kW·h	0.39元/kW·h	0.43元/kW·h	0.52元/kW·h	0.8元/kW·h	通过竞争方式确定的上网电价,不得高于项目所在资源区陆上风电指导价
2020年	0.29元/kW·h	0.34元/kW·h	0.38元/kW·h	0.47元/kW·h	0.75元/kW·h	通过竞争方式确定的上网电价,不得高于项目所在资源区陆上风电指导价
2021年及以后	平价上网				对2018年底前已核准的海上风电项目,如在2021年底前全部机组完成并网的,执行核准时的上网电价;2022年及以后全部机组完成并网的,执行并网年份的指导价	

资料来源:根据官方文件,笔者整理。

根据 2018 年的情况看,风电标杆电价在 0.4~0.57 元/kW·h,光伏发电的标杆电价在 0.5~0.7 元/kW·h,而煤电标杆电价在 0.2~0.5 元/kW·h,平均销售电价在 0.3~0.8 元/kW·h,工商业销售电价一般会稍高于平均销售电价,居民和农业销售电价因为受到交叉补贴的影响会稍低于平均销售电价。由此可见,在用户侧,特别是在工商业侧,风电项目基本可以实现平价上网,部分光伏发电项目也可以实现平价上网,在发电侧,部分风电项目可以实现平价上网,但光伏发电项目仍然存在差距[3]。

特别是,国家发展和改革委员会、国家能源局于 2019 年 1 月 7 日印发了《关于积极推进风电、光伏发电无补贴平价上网有关工作的通知》,从多方面明确了风电、光伏发电的无补贴平价上网的工作开展,重点突出推进平价上网和加大力度实施需国家补贴项目竞争配置的两大方向。由此可见,国家在推进平价上网方面的决心,2020 年实现全面平价上网,补贴逐步退坡已成定局。随后,国家发展和改革委员会、能源局发布的《2019 年第一批风电、光伏发电平价上网项目的通知》中,公示了平价上网项目,其中风电项目 56 个,光伏发电 168 个,分布式交易试点 26 个,合计 250 个,总装机规模 2076 万 kW。

在"平价上网"正式开启的 2019 年,国家统计局数据显示,在装机容量方面,全国风电新增并网装机容量达 2574 万 kW，其中陆上风电新增装机容量为 2376 万 kW、海上风电新增装机容量为 198 万 kW，全国风电累计装机容量达 2.1 亿 kW，其中陆上风电累计装机容量为 2.04 亿 kW、海上风电累计装机容量为 593 万 kW，风电装机容量占全部发电装机容量的 10.4%，而全国新增光伏发电装机容量达 3011 万 kW，其中集中式光伏新增装机容量为 1791 万 kW，分布式光伏新增装机容量为 1220 万 kW，光伏发电累计装机容量达 2.04 亿 kW，其中集中式光伏累计装机容量近 1.42 亿 kW，分布式光伏累计装机容量为 6263 万 kW；在发电量方面，2019 年风电发电量达 4057 亿 kW·h，首次突破 4000 亿 kW·h，占全部发电量的 5.5%，而 2019 年全国光伏发电量达 2243 亿 kW·h，同比增长 26.3%。由此可见，风电和光伏发电仍旧是增量主力。2020 年是风电、光伏发电获得国家补贴的最后一年，风电、光伏发电行业很可能会迎来新一轮"抢装"。然而，2020 年初，新型冠状肺炎疫情对中国经济社会的正常运行产生重大影响，在 2020 年第一季度里，企业生产经营活动一度暂停，各行业主要经济指标大幅下降，对电力行业发展带来前所未有的冲击，风电、光伏行业也受到影响。在党中央、国务院防控疫情和复工复产下，2020 年第二季度后，各行业经济运行指标逐渐趋稳。截至 2020 年上半年，在装机容量方面，全国风电新增并网装机容量达 632 万 kW，其中陆上风电新增装机容量为 526 万 kW、海上风电新增装机容量为 106 万 kW，全国风电累计装机容量达 2.17 亿 kW，其中陆上风电累计装机容量为 2.1 亿 kW、海上风电累计装机容量为 699 万 kW，而全国新增光伏发电装机容量达 1152 万 kW，其中集中式光伏新增装机容量为 708.2 万 kW，分布式光伏新增装机容量为 443.5 万 kW，光伏发电累计装机容量达到 2.16 亿 kW，其中集中式光伏装机容量为 1.49 亿 kW，分布式光伏装机容量为 6707 万 kW；在发电量方面，风电发电量 2379 亿 kW·h，同比增长 10.9%，增速比上年同期回落 0.6 个百分点，而全国光伏发电量达 1278 亿 kW·h，同比增长 20%，增速比上年同期回落 10 个百分点[4,5]。由此可见，相比于风电行业，光伏发电行业受到疫情的负面影响更为明显。2020 年 3 月，国家能源局发布了《关于 2020 年风电、光伏发电项目建设有关事项的通知》，总体上 2020 年风电、光伏发电项目建设管理延续了 2019 年的思路，继续积极推进平价上网项目，并有序推进需国家财政补贴项目，推进风电、光伏发电向平价上网的平稳过渡，实现行业的健康可持续发展。而且，后续经论证具备建设条件的平价上网项目仍可以继续报送，未来还可能会有更多风电、光伏发电平价上网项目。

3.2.2 存在的问题

1. 平价上网项目面临技术成本与非技术成本的双重压力

风电、光伏发电为了获得平价上网项目，首先需要通过技术创新进一步降低技术成本,才能使风电、光伏发电与煤电在发电成本上能有竞争力。另外,风电、光伏发电项目都需要占用土地,因此非技术成本中的土地利用成本是一个不可忽视的部分,然而,目前地利用的相关收费存在不合理,从而为风电、光伏发电项目的建设增加了土地成本。对我国而言,降低技术成本和非技术成本,是关系风电、光伏发电的平价上网项目高质量发展的重大议题之一。

2. 平价上网项目面临并网运行的挑战

可再生能源等波动性、间歇性电源的大规模发展和接入,给电力系统稳定性和安全性带来严峻挑战,电网的调度也会受到很大影响。随着电源结构调整中可再生能源发电占比的增加,电力系统对灵活性电源需求不断提高。

3. 平价上网项目也将面临"弃风弃光"和消纳问题

以风电为例,"弃风限电"是指在风机处于正常运作中,但因为电网消纳能力不足、风力发电不稳定、建设工期不匹配等而使风电机组停止运作的现象。弃风率主要是受到发电禀赋与用电需求逆向分布、技术不完备、政策激励不足的影响。在禀赋与需求方面,虽然三北地区风能资源丰富,但是当地电力需求有限,又远离中东部、南部等负荷中心,就地消纳困难,风电在三北地区产能过剩,弃风率高。技术上的问题主要体现在两方面:①风能的随机性和间歇性的特点会影响电压和电网的稳定性,目前检测技术和调节技术等不完备,使风电并网电量受到限制;②配套的电源建设与风电规划不匹配和电网调度不合理,特高压网架的输送能力始终有限,建设周期长,都会影响风电的消纳能力。政策激励方面体现在电网侧收购风电的补贴不足,收购政策不合理,未能使电网和用户对消纳风电形成激励。目前具备平价上网的风电也多在三北地区,因此平价上网项目也不可避免面临消纳问题。

4. 平价上网项目不再依靠国家补贴,但获得收益补偿的其他方式尚不健全

随着可再生能源的规模不断扩大,尤其是风电和光伏的装机急速扩张,可再生能源补贴量也急剧增长,国家可再生能源补贴的压力越来越大。如表3.2所示,国家发展和改革委员会分别于2006年、2008年、2009年、2011年、2013年和2015年对电价附加进行调整,即0.001元/kW·h、0.002元/kW·h、0.004元/kW·h、0.008元/kW·h、0.015元/kW·h和0.019元/kW·h。尽管可再生能源的电价附加不断上调,但是可再生能源电价附加在早期中,由于征收、拨付和监管分属不同政府机构,各个主管机关相互推诿,造成可再生能源电价附加征收难度大,此外可再生能源电价附加费应收尽收难度也较大,缺口主要是部分用电单位因政策优惠或缴纳拖欠造成,或是一些自备电厂未能足额上缴导致。

表 3.2　可再生能源电价附加征收标准调整情况

文件下发时间	征收标准/(元/kW·h)	执行时间
2006 年 6 月 28 日	0.001	2006 年 6 月 30 日
2008 年 6 月 29 日	0.002	2008 年 7 月 1 日
2009 年 11 月 18 日	0.004	2009 年 11 月 20 日
2011 年 11 月 29 日	0.008	2012 年 1 月 1 日
2013 年 8 月 27 日	0.015	2013 年 9 月 25 日
2015 年 12 月 27 日	0.019	2016 年 1 月 1 日

资料来源：根据官方文件，笔者整理。

正是征缴过程中征收不力等原因导致可再生能源电价附加补贴存在一定程度缩水的迹象，目前，国家通过试行可再生能源配额制和可再生能源绿色电力证书核发来完善风电和光伏发电的补贴制度，有效增加补贴的来源，一定程度激励风电和光伏发电的发展，这项政策也标志着风电和光伏发电行业补贴方案由政策强制向绿证等更市场化方向过渡。其中，国家能源局关于《可再生能源电力配额及考核办法》于 2018 年 3 月进行第二次征求意见，从配额指标、义务主体、考核标准、实施准则和配套绿证等方面对可再生能源配给制进行设计，也提出了 2018 年中国各省非水电可再生能源电力配额指标和 2020 年中国各省非水电可再生能源电力预期配额指标。在可再生能源绿色电力证书方面，2017 年 7 月 1 日，国家正式首批核发 230135 个可再生能源绿色电力证书，并在绿证自愿认购平台以自愿方式购买，竞价确定交易价格，而出售绿证的风电、光伏发电等可再生能源企业将不再获得可再生能源补贴，因而绿证在一定程度上是可再生能源补贴的一种补充形式。截至 2020 年 11 月，风电累计核发量 23686234 张，光伏累计核发量 3845823 张，风电累计挂牌量 5738252 张，光伏累计挂牌量 550409 张，风电累计交易量 40204 张，光伏累计交易量 166 张。因而不可忽视的是，目前绿证在整体上供大于求，而且随着风电和光伏发电的平价上网和低价上网项目的开展，该方面的绿证交易方式还尚不明确，需要进一步通过多种措施引导风电、光伏发电平价上网和低价上网项目的绿证市场化交易。

3.2.3　有关建议

1. 从技术成本与非技术成本两头下功夫

风电、光伏发电应从高速发展尽快过渡到高质量发展上，要注意将高质量和平价上网结合起来，不能因为技术成本降低，反而导致风电、光伏发电发展的质量变差了。因此，必须要在规划、选址、机型的选择，还有制造、运行维护等各个环节上来降低成本,通过技术创新在以上每一个环节上进一步降低成本,以此保证风电、光伏发电高质量发展。首先中央放权于地方政府,地方政府可以通过在土地利用上鼓励按复合型方式用地,以及在土地相关收费予以支持,避免不合理收费,从而降低项目的土地成本[6];其次要鼓励发挥地方自主性,允许风电、光伏发电平价上网项目享受地方政府性补贴,切实降低新能源项目的非技术成本。

2. 加快风电、光伏发电顺利并网运行

随着风电和光伏发电平价上网项目的建设,配套的电网需要做好衔接。大规模的新能源接入电网就需要电网不断提高稳定性,因此,为了平价上网项目建成之后能够顺利并网运行,政府新能源补贴的重点应该转向微网、分布式能源和电网稳定性上[7]。

3. 对风电、光伏发电平价上网项目实行保障优先发电和全额保障性收购

对风电、光伏发电平价上网项目的发电量实行优先调度全额上网,保障项目的收益和电量消纳,而对于存在"弃风弃光",则是将限发电量核定为可转让的优先发电计划,在全国范围内参加发电权交易,这也将一定程度降低项目的非技术成本。另外,储能技术能够较好地解决风电、光伏发电的间歇性、不稳定性、不可控性等问题,是风电、光伏发电在未来大规模发展的重要支撑,也能增强电力系统的灵活度。目前,电储能技术包括了机械储能(抽水蓄能、压缩空气储能)、电池储能(铅酸电池、锂电池、氢电池等)和电磁储能(超级电容)等方式。随着技术进步,电池储能成本的确不断下降,部分地区已经开始将电池储能应用于电网侧,但是由于较高的成本和其他技术因素,储能技术尚且无法实现大规模商业应用,储能技术在未来仍应该得到国家的研发机构和研发投入的重视,以期实现大规模商业应用。

4. 改变补贴方式,推动平价上网项目高质量发展

原来的补贴方式已经不能满足新能源行业的可持续发展,政府新能源补贴的重点需要改变,今后应该将补贴的重点转向微电网、分布式能源和电网稳定性,以应对新能源装机大幅增加对电网的技术和成本的影响。将来并网成本是新能源平价上网的主要障碍,倘若平价上网项目建设未能与配套的电网衔接好,平价上网项目将不能很好地大规模开展,另外,实现分布式发电市场化交易以及就近直接交易需要智能微电网的支持。此外,政府应该改变补贴设计,采用份额补贴。换而言之,政府应该合理地设置能够获得补贴的规模限额,为尚不具备实现平价上网项目提供国家补贴,推进风电和光伏发电产业有序发展。通过改变补贴设计,转变为份额的形式,将一定程度减小政府的补贴负担。针对以往存量项目部分,

政府可以根据实际情况增强可再生能源电价附加征收力度，来满足风电和光伏发电等可再生能源的补贴需求，但对于目前存在的可再生能源电价附加费应收尽收的困难，政府还应该重视简化可再生能源电价附加的征收、申报、审批和拨付的方式，并加强对附加费的收缴监管，来提高可再生能源补贴的征缴和管理水平，以缩小补贴缺口，使风电、光伏发电企业能够及时拿到补贴，能够更好地提高企业的积极性。对于未来增量部分，通过竞争配置，优先建设补贴强度低的项目，有效降低新建项目补贴强度，还要积极完善价格形成机制推动补贴强度降低。当然，还应该通过可再生能源配给制和可再生能源绿色电力证书等其他政策为可再生能源电价附加费政策做补充。政府应鼓励风电、光伏发电企业通过可交易的可再生能源绿色电力证书(绿证)的交易获得合理收益补偿。目前绿证在整体上供大于求，而且随着风电和光伏发电的平价上网项目的开展，该方面的绿证交易方式还尚不明确，需要进一步通过多种措施引导风电、光伏发电平价上网的绿证市场化交易，从而能更好地保障平价上网项目的建设。

3.3 碳中和背景下的可再生能源消纳问题研究

3.3.1 可再生能源发电消纳问题的背景

近年来，中国可再生能源开发技术日益成熟完善，可再生能源的装机容量也在经历了大幅增长后进入了稳步提升的阶段。根据国家能源局发布的数据，2019年我国可再生能源发电量达到2.04万亿 kW·h，同比增加1761亿 kW·h。如图3.3所示，2019年中国可再生能源发电量占比28%，同比增加1.2%；其中，水电占比18%，风电占比6%，太阳能占比3%。在装机容量不断增加的同时，利用及消

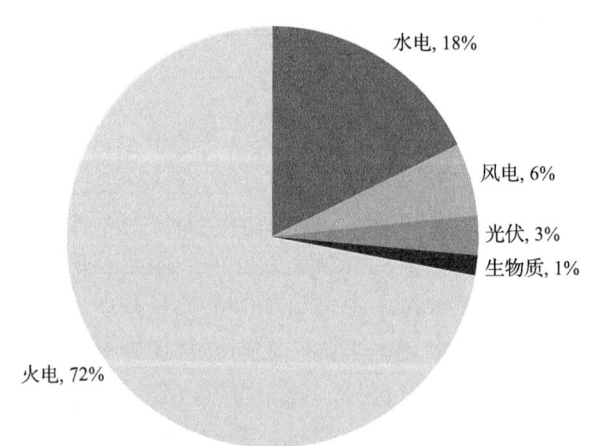

图 3.3　2019 年全国发电构成情况

数据来源：国家能源局

纳可再生能源已经变成了制约可再生能源发展的重要问题。现阶段，可再生能源最主要的利用途径为可再生能源发电，因其清洁无污染的特征也被称为绿色电力，例如早期发展的小水电，以及近年来迅速发展的风力发电、太阳能发电及生物质发电等。

目前中国可再生能源电力存在严重的供需发展不平衡问题，供给侧通过国家政策及补贴，基本形成了较为良好的生产结构，但在需求侧，中国绿色电力市场仍然处于起步阶段。因此，从可再生能源发电发展至今，消纳问题一直是制约可再生能源发电的一个重要因素。

可再生能源的消纳能力是指电力系统调用各种资源配合可再生能源运行，在不显著增加系统成本的前提下能够接纳可再生能源的容量，整体而言分为电源侧、电网侧、负荷侧以及市场和政策等四个方面的因素[8]。2006年颁布的《可再生能源法》促成了中国光伏和风电的快速发展，全球占比从2006年的3.5%增长到了2015年的33.4%，并在2015年超过了美国和德国成为了全球风电光伏排名第一的大国。高速发展的背后是政府补贴政策的支持，高额补贴引爆了风力发电和光伏发电投资，但给政府财政资金造成巨大压力，还带来了不断加剧的"弃风弃光"等问题。之后，可再生能源消纳问题显露了出来。在国家尚未进行调节管控之前，全国"弃风弃光"等问题非常严重。2015年全国的平均弃风率15%，弃光率10%，造成了极大的能源浪费。截至2020年，尽管"弃风弃光"问题已经得到较好控制，但如何合理地解决可再生能源发电的消纳问题依然是可再生能源发展的重中之重。

3.3.2 绿色电力消纳面临的问题

从供给侧来看，一直以来绿色电力的消纳主要面临三个问题。

首先是成本问题。过去可再生能源电力的高成本问题一直是制约其发展的重要原因之一，高昂的成本使它无法与技术成熟且大规模投运的火电竞价上网。然而，近年来可再生能源发电的技术进步及规模经济带来了绿色电力成本大幅下降。2010年至今，太阳能发电和陆上风电作为国内最具竞争力的两种可再生能源电力，其成本分别降低了82%和39%。根据IRENA报告，到2021年，太阳能发电和陆上风电的成本将会低于最不具备竞争力的500GW燃煤发电，可再生能源电力替代这部分火电可以节省230亿美元的电力成本，减少二氧化碳排放量18亿t[9]。可再生能源电力成本的降低意味着能源转型的转折点已经来临，无论从经济还是环境的角度，可再生能源电力都具备了大规模推广的条件。并且，根据预计，可再生能源电力成本的下降仍然在持续。因此，即使目前其成本依然不能满足与传统火电进行自由竞争上网，但是从经济性来说，可再生能源电力大规模替代传统能源电力如火电的思路是正确且可行的。

可再生能源电力的成本主要分为两部分,一部分是发电成本(generation cost),如上所述的部分就是发电成本,是存在逐年下降的趋势的,另一部分是整合成本或称为系统成本(integration cost),也是电力系统消纳可再生能源电力的困难的原因所在,也可以说是可再生能源电力的消纳成本。整合成本主要又分为三部分:第一部分是使用成本,主要是指因为可再生能源输出存在间歇性,其出力与负荷曲线不同步会存在负荷偏差,需要将常规电厂来补足,造成常规电厂的能源转换率降低;第二部分是平衡成本,这一部分成本来源于绿色电力输出的不确定性,短期内可能存在供需不平衡,需要常规电厂作为随时备用所导致的成本;第三部分是电网成本,也就是最直观的电网运输成本及可再生能源并网成本。据 2015 年 Scholz 等[10]对风电和光伏的测算,目前欧洲电力系统消纳每兆瓦时的可再生能源电力的消纳成本大概在 11 到 40 欧元,可再生能源电力比例越低,其消纳成本越低;可再生能源比例中光伏占比越高,系统消纳成本越高。可再生能源电力比例为20%时(其中光伏 20%,风电 80%),其消纳成本约为 11 欧元/MW·h(折合人民币为 87 元);可再生能源比例为 80%时(光伏 80%,风电 20%),其消纳成本最高,将上升为 40 欧元/MW·h(折合人民币约为 317 元)。中国 2019 年可再生能源装机占比大概为 39%,随着可再生能源电力的发电成本下降,整合成本的问题逐渐凸显出来[10]。

其次是技术问题。远距离大容量输电能力不足及电网调峰能力不足是制约区域新能源消纳的关键问题。中国可再生能源分布不均衡,太阳能资源主要分布在西北部地区及部分中部地区,例如山西北部、河北北部,陆上风能主要分布在东北和西北地区,这些地区大部分不属于经济发展迅速人口密集的区域,造成了资源禀赋与消费的逆向分布,而这些可再生能源贮藏丰富的省份,也是"弃风弃光"问题较为严重的省份。西北区域"弃风弃光"的最主要的两个原因就是电网调峰能力不足及远距离传输容量有限。针对远距离输电问题,应有规划的进行特高压电网建设,打破省间电力输送的壁垒,达成跨省份跨地区的电力输送。而应对可再生能源发电调峰能力不足的问题,主要解决方案是可以在光伏电站和风电站的上网关口增加发电侧储能设施,作为调峰容量实用。另外,可以通过电力市场的建设,将调峰的功能转向用户侧,利用峰谷电价、电动汽车充电站等需求侧措施,完成部分调峰任务。

最后是电网可靠性的问题。从电网可靠性及电网结构来说,大容量的绿色电力尤其是分布式能源上网,对于地区的电网稳定性是一个巨大的考验。光伏和风力发电的输出是不稳定的,且存在一定的不可预测性。在大负荷期间,高比例的不稳定负荷可能造成电网的停电事故甚至电网解裂。2020 年美国大选期间,加利福尼亚州电力运营商因负荷压力决定采用滚动式停电的方式来保证电网安全,致使加利福尼亚州电力系统出现了大面积的"轮停"事件。除了疫情和高温带来的影响外，风力发电和光伏电力的大面积接入也是造成加利福尼亚州电网压力的原因。我国电网对可靠性的要求比欧美国家更高，一是因为我国采用的是区域大电网的模式，电网连接紧密，一旦发生地区频率失调，事故影响的范围可能更大；二是我国政府对电网可靠性提出了较高的要求，几乎不允许此类停电事故的发生，尤其是在一些政治保电区域，提出了例如"零事故、零闪络"等高要求。大型的可再生能源发电厂出力不均衡，对电网调频提出了更高的要求，分布式上网尽管对电网潮流冲击较小，却对电网的二次安全自动装置的要求更高，尤其在设备事故或者停电检修的情况下，给电网调度部门增加了很大的困难。因此，为保证绿色电力的有效利用，电网应该加强其负荷侧配置结构的灵活性，例如配置调峰机组、增加电网侧储能设备、通过电价政策平滑负荷曲线等。而针对分布式电源的上网，电网公司应当合理的制定规范，加强对其接口的控制并对其设备进行审批，在合理利用的同时有效保证分布式电源上网的安全性。

从需求侧来说，目前绿色电力市场发展的首要问题就是如何利用市场机制，促进可再生能源电力的消纳。绿色电力市场是保证绿色电力有效利用的基础。美国是世界上绿色电力发展最为迅速的国家，其最早起源于20世纪90年代，经过20年发展与完善，基本形成了一个强制市场与自愿市场并存的完整的绿色电力市场体系。美国的电力市场主要分为两种，一个是配额制，针对我们说的强制市场，其目的是达成可再生能源电力的消纳指标，这部分市场是绿色电力市场的主体，从2000年到2016年，美国可再生能源的装机增长120GW，其中56%是由配额制所消纳的。另一个是自愿交易市场，一般是指部分消费者出于环境或其他偏好，可以自愿选择使用可再生能源电力的市场[11]。

3.3.3 碳中和背景下绿色电力市场的复兴

中国需求侧绿色电力市场的起步较晚。2020年5月18日，国家发展和改革委员会、国家能源局联合发布了关于印发《各省级行政区域2020年可再生能源电力消纳责任权重的通知》（发改能源〔2020〕767号），通知首次发布了各省份的可再生能源电力消纳指标，标志着中国可再生能源电力配额制进入正式实施阶段。在此之前，国家每年均有发布相关指标的检测结果，但是并未强制实施。根据国家能源局对通知的解读，消纳权重的核算主要遵循三个原则：首先是确保非化石能源的占比，这也是设定本责任权重的基本前提；其次是逐年增加各省消纳责任权重的目标比例，保证其在合理范围内稳步上升；再次是做到留有余地，松紧适度，合理确定各地的消纳责任，在逐年增加的同时，也不盲目增加任务，确保可再生能源消纳任务的有序平稳实施[12]。

通知中规定了各省总量消纳权重以及非水电消纳权重，其中，四川和云南的总量消纳权重最高，均要求新能源电量占比80%，主要原因是四川和云南水电丰富,水电在发电结构中占比本身就很高。另外有 8 个省份要求最低总量消纳责任权重超过 30%。而非水电消纳责任权重中,北京市、山西省、内蒙古自治区、吉林省、黑龙江省、云南省、甘肃省、青海省、宁夏回族自治区共 9 个省区市,非水电消纳责任权重超过 15%,相对来说责任较重。国家能源局数据表明,2020 年,中国全国非水电可再生能源消费占比将达到 10.8%。2016 年的可再生能源"十三五"计划提出了"2020 年非化石能源占一次能源消费比重 15%"的目标。目前看来,截至 2020 年底指标已经完成。

除配额制外,绿色电力的自愿交易市场也是支撑可再生能源电力需求侧发展的重要部分。居民部门对于绿色电力的支持能够增加可再生能源电力的竞争力,并且进一步减少政府补贴,改善绿色电力市场中的价格扭曲。2003 年,上海市正式启动绿色电力市场建设,成为中国首个建立绿色电力市场的示范城市,并在 2005 年开放了企业认购,2006 年开放了居民认购,但之后绿色电力市场的发展却并不理想,其主要原因为绿色电力的价格昂贵,每 100 度电为一个单位,居民需为 100 度电多支付 53 元的电费[13]。但这部分电费却并不能说明居民使用的是绿色电力,而仅仅是从电费中体现绿色电力的部分。另外,政府对绿色电力市场的宣传也不够,购买的居民多是能源相关行业的人和企业,大部分用户将绿电的购买认为是一种捐赠行为。最重要的是,2006 年中国居民的年度可支配收入远远低于西方发达国家,出于自愿选择绿色电力的居民占比很低,这也是制约绿色电力自愿交易的最主要的原因。

3.3.4 促进中国绿色电力市场的布局和发展的政策建议

可再生能源电力的发展是从源头端减少碳排放,是实现碳中和目标的最有效途径。为了达成 2060 年的碳中和目标,加大可再生能源电力的利用和消纳,绿色电力市场的建立、发展和完善刻不容缓。针对绿色电力市场的布局和发展,提出以下政策建议:

(1)加强对可再生能源电力的成本分析。可再生能源发展的经济学分析对于新能源的发展至关重要,尤其是针对于可再生能源可持续发展的成本和时间分析。目前中国的数据分析最艰难的一部分就是数据的来源问题。政府应系统的对可再生能源电力数据进行收集整理,替换陈旧的数据,以便于更深入正确地了解可再生能源技术的成本趋势,为绿色电力市场的建立奠定基础。

(2)改革电价机制。中国正在进行新一轮的电价改革,目前中国的电价机制不利于绿色电力成本的分摊。目前中国的电价是由发展和改革委员会制定,电力公司无权将可再生能源上网电价带来的高昂成本转移给消费者,即使可以申请提高部分可再生能源电力的价格,也需要一定时间的审批,而这又进一步增加了更多的交易成本,因此,放开售电端的市场是中国绿色电力市场发展的基础。绿色电力市场的建立，又可以通过市场竞争，建立分时电价机制，引导用户在高峰时间减少用电，在低谷时间增加用电，平滑负荷曲线，减少可再生能源输出波动性给电网带来的影响。

(3) 加强绿色电力的宣传。不管从政府层面还是从各个发电及电网公司层面，对绿色电力的宣传一直在进行，但反馈却一直不甚理想，其主要原因是没有进行有针对性的宣传。笔者认为，首先观念的形成不是一朝一夕的事情，因此加强青少年对绿色电力的认知和接受度，是实现绿色电力普及的基础。其次，在成本问题没有完全解决的前提下，绿色电力的消费在目前看来，主要针对人群依然是部分企业以及大多数的高收入人群。因此，有目标、有针对性的宣传和营销手段才能达到更好的效果，例如针对企业及个人的适当减税以及给予其他荣誉等。

参 考 文 献

[1] 林伯强. 2060 年中国碳中和目标的路径、机遇与挑战[N]. 第一财经日报. 2020-11-19(A11).
[2] Chen Y F, Lin B Q. Slow diffusion of renewable energy technologies in China: An empirical analysis from the perspective of innovation system[J]. Journal of Cleaner Production, 2020, 261: 121186.
[3] 林伯强. 新能源平价上网进程加快 政府补贴重点应改变[N]. 第一财经日报. 2019-03-14(A11).
[4] 国家能源局. 2020 年上半年风电并网运行情况. http://www.nea.gov.cn/2020-07/31/c_139254298.htm. 2020-07-31.
[5] 国家能源局. 2020 年上半年光伏发电并网运行情况. [2020-07-31]. http://www.nea.gov.cn/2020-07/31/c_139254346.htm.
[6] 林伯强. 光伏政策应有益于产业健康发展. 第一财经日报. 2019-01-30(A11).
[7] 林伯强. 储能技术渐行渐近[N]. 中国社会科学报. 2015-09-30(4).
[8] 张宁, 康重庆, 王毅, 等. 能源互联网与可再生能源消纳[M]//能源互联网研究课题组. 能源互联网发展研究. 北京: 清华大学出版社, 2017: 88-98.
[9] 孙一琳. IRENA 报告: 可再生能源发电成本击败最便宜的化石燃料[N]. [2020-6-11]. https://www.china5e.com/news/news-1091738-1.html.
[10] Scholz Y, Gils H C, Pietzcker R C. Application of a high-detail energy system model to derive power sector characteristics at high wind and solar shares[J]. Energy Economics, 2017, 64: 568-582.
[11] 袁敏, 苗红, 时璟丽, 等. 美国绿色电力市场综述[R]. 世界资源研究所, 2019.
[12] 国家发展改革委, 国家能源局. 关于印发各省级行政区域 2020 年可再生能源电力消纳责任权重的通知[EB/OL]. [2020-6-1]. http://www.nea.gov.cn/2020-06/01/c_139105250.htm.
[13] 上海市经济委员会, 上海市发展和改革委员会. 上海市绿色电力认购营销试行办法[EB/OL]. [2021-4-1]. http://news.eastday.com/eastday/zfgb/qk/node72105/node72106/node72107/userobject1ai1233686.html.

第4章 碳中和目标下CCUS及储能的发展

4.1 储能行业在能源转型趋势下的机遇与挑战

面对能源转型和减少碳排放、实现碳中和的发展趋势,能够为新能源保驾护航、提高电网整体稳定性和运行效率的储能行业在未来有着很好的发展前景。传统抽水蓄能技术已经比较成熟,新型电化学储能及储热技术也逐渐满足商业化应用要求,储氢技术也在不断发展。目前全球储能装机绝大部分为抽水蓄能,新型服务类储能设施处于起步阶段。中国储能行业发展迅速,在碳中和目标激励下,能在供给侧、电网侧、用户侧等不同领域发挥作用,但目前中国储能行业在政策规范性、完整性、技术成本控制、商业模式建立、产业生态建设、社会认知度等方面仍然存在很多问题和挑战。储能行业的未来机遇与挑战并存,需要学界、业界和政府部门共同努力,尽快使行业成熟起来,在能源转型进程中贡献力量。

在当今环境问题日益严重、全球减碳压力越来越大的形势下,中国体现出了大国的担当和责任,率先明确具体减排目标,在人类绿色发展的道路上勇担先锋。当前中国经济仍处在快速发展阶段,经济发展带来了不断增长且刚性的巨大能源需求,目前煤电仍然占据中国供电主力地位(约60%),能源供给结构不够合理,与减排目标相矛盾。2020年中国二氧化碳排放总量为98.94亿t,较2019年增加了0.88亿t,在保持经济发展的同时要逐渐推进能源转型,控制碳排放,碳中和目标可以说是任重道远。

"十三五"计划期间中国新能源行业发展迅速,风力、光伏等绿色能源得到了大力发展,传统的火力发电占比进一步降低,2019年中国风力和光伏电力装机容量在总发电装机容量中占比分别为14%、17.4%。"十四五"规划将会进一步强调新能源发展的重要性[1],推进能源转型,使能源结构更加绿色合理。电网方面,为保障用电平稳可靠,目前长期处于电力产能过剩状态,电网缺乏足够的调控能力来提高整体运行效率,加强电网辅助功能建设也是优化整体能源结构的一大要点。

能源转型要求提高绿色能源在能源结构中的占比,目前风力、光伏等新能源发电技术越来越成熟,发电成本也已接近传统煤电成本,但这类新能源发电的可控性和稳定性表现难以与传统火力发电相比。受天气条件等影响,风力、光伏等绿色能源难以提供长时间稳定的能源供给，这是能源转型所面临的一大挑战。储能设施能够在电力系统中起到削峰填谷、平稳输出的作用，可以有效缓和新能源的间歇性[2]。储能的加入能有效提高新能源的可靠性，推进能源转型进程[3]，同时储能在电网调频等服务领域也有优异表现，能够帮助优化电力系统整体性能，平衡供给，提高电网运行效率[4]。

4.1.1 储能技术简介

储能可以说是一个"古老又新潮"的技术，从烧炭到抽水蓄能、电池、储热、储氢，储能一直在服务着人们的生活，满足人们对能源的需求，解决能量匹配相关的问题。随着技术不断进步，储能已经越来越多的运用于电力、余热回收等领域。目前能源行业常见的储能技术种类有抽水蓄能、电化学储能、飞轮储能、压缩空气储能等，此外储氢、高低温储热储冷等技术也在快速发展并得到应用。

现代电力系统中，抽水蓄能很早就得到了应用，并在电力负荷"削峰填谷"中有着良好的表现，抽水蓄能电站也已经形成了较为成熟的利用峰谷电价盈利的商业模式，但限于建设场地条件、响应速率、整体效率等因素，抽水蓄能的发展前景受到限制。近年来，电化学储能发展迅速，从大规模电化学储能电站到移动式车载锂电池，电化学储能的容量和效率都在不断提高。电化学储能的具体应用方式除了常见的电动车电池等还可按部署方式大致分为三类：一是在供给侧，随发电设施一同布置，平稳电力输出的同时还能通过峰谷价差提高电站盈利能力；二是在电网侧，能够起到调频、平负荷等调节作用，提高电网运行效率[5]；三是在用户侧，可以减少电费，控制负荷需求，同时分布式储能也可以伴随分布式新能源发电部署，推进新能源普及进程。

储能的应用在能源结构合理化进程中有着很大的潜力，建立成熟的储能行业产业链和生态，对于能源转型乃至碳中和目标的达成都有重要意义。未来储能行业将会渗透各个能源领域，像润滑油一样使整个能源结构更加平稳、合理，尤其在电力系统中，储能将很大程度地增强新能源的可靠性和稳定性，并提高整个电网的效率和电力质量[6]，供给侧储能电站、调峰调频储能设施、分布式储能部署等都有很好的发展前景，电动车电池也将进一步保持强势劲头不断发展。此外，储热储冷、储氢等新型储能方式的技术突破也将给能源行业带来更多的变革[7]。图4.1给出了常见储能技术目前的发展情况。

4.1.2 储能行业国内外发展现状

各国对于储能行业的重视都在不断提高，截至2020年6月底，全球储能装机总容量达到185.3GW，同比增长1.9%，储能项目3500余个。中国储能装机总容量约 32.7GW，同比增长 4.1%。目前抽水蓄能占国内外储能装机总量的绝大部分，全球抽水蓄能占储能总容量的 96%，中国抽水蓄能在储能装机总容量中占比达 98.7%。电化学储能为目前发展劲头较高的储能方式，至 2020 年 6 月底，全球已投运电化学储能项目累计装机规模为 10112.3MW，中国电化学储能累计装机规模达到 1831.0MW，同比增长 53.9%。图 4.2 给出了中国各类储能装机占比。除了随电动车普及迅速发展的车用电池之外，拥有着快速响应和调节能力的集中式及分布式电化学储能设施也在逐渐由试点运行转向产业化。

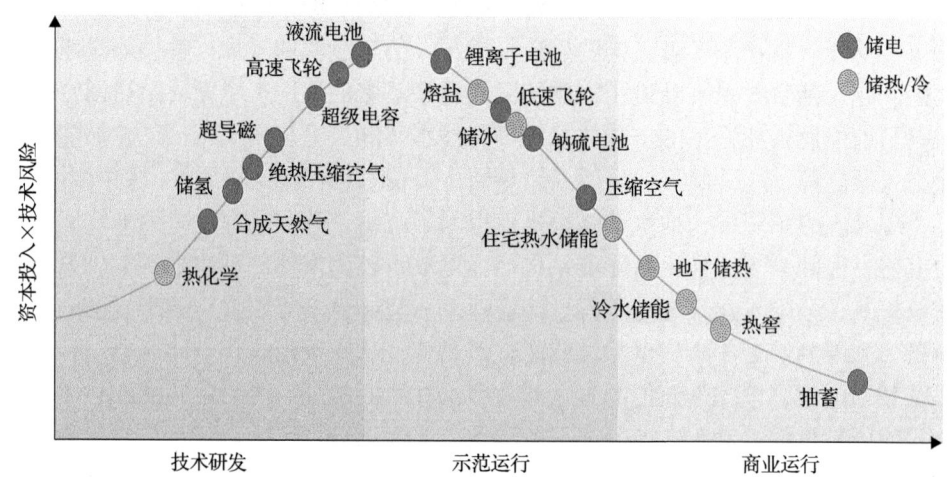

图 4.1 常见储能技术发展情况

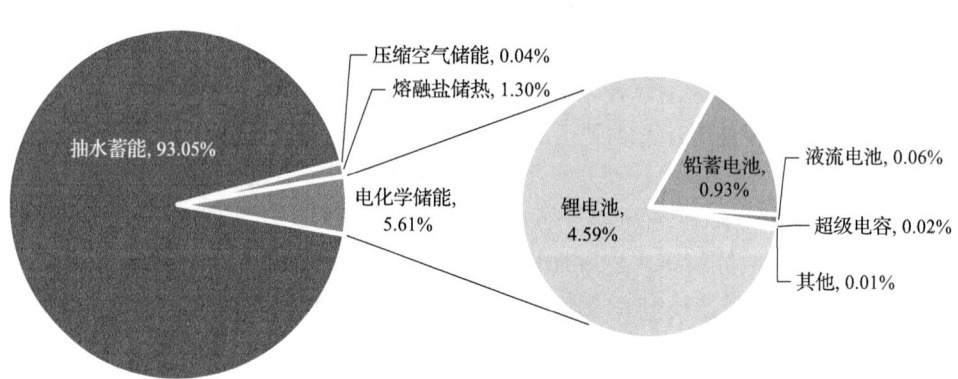

图 4.2 中国各类储能装机占比

数据来源：中关村储能产业技术联盟

国外很多发达国家对于储能行业都颁布实施了相关的激励及补贴政策，并对市场进行相应调整以帮助储能行业更好地适应市场。美国采取了分阶段投资补贴方式，按照技术指标而非技术类型考察并发放补贴，并采用非一次性支付的方式来对分布式储能进行补贴，此外还对用于调频的储能设施设置了个性化的按照电力质量而非容量估价的市场规则，能够更好地评价储能在电网调控方面的价值；日本从 2012 年开始就对锂电池产业给予了连续多轮补贴，帮助日本锂离子电池产业快速成熟应用，并在全球市场拥有一席之地；德国从市场方面，针对调频竞价进行相关调整，提高辅助型储能设施的市场竞争力。各国在对储能产业进行政策性补贴的同时，大多都在努力从市场角度帮助储能产业尽快形成成熟的产业链，推进市场化进程，拥有自己的市场竞争力，在电力市场中站稳脚跟。

近年来中国也越来越重视储能产业的发展，国家发展和改革委员会在 2017 年发布了《关于促进储能技术与产业发展的指导意见》，意见指出中国储能发展应遵循"政府引导、企业参与；创新引领、示范先行；市场主导、改革助推；统筹规划、协调发展"的发展原则，在"十三五"期间主攻技术研发，初步建立标准体系，并建立一批试点、示范项目，打好储能产业未来长久发展的基础；在"十四五"期间掌握先进技术，形成较为完整的产业体系，发展成熟的商业模式并在全球市场掌握话语权。各级政府组织积极响应国家发展和改革委员会意见，相继发布各类政策法规及扶持方案数百余项，各地也陆续建成一批储能试点工程项目，"宁德时代"等电池生产厂商在电动汽车的迅猛发展带动下也表现优异。

传统的抽水蓄能电站已经结合峰谷电价形成了较为稳定的商业模式，车用电池方面在目前的电动汽车潮流带动下也有很大的盈利空间，而其他类型的储能设施目前国内总体规模仍然不大，试点项目较多，盈利多依靠政策补贴，部分可利用峰谷电价盈利。国外部分地区针对储能设施快速响应，输出质量高的特点制定了按照质量而非数量定价的市场规则，使储能行业能够更好地发挥自身优势，增强营收能力。

4.1.3　储能行业未来具有很大发展空间

随着技术进步和产业化水平提高，风力、光伏等新能源发电成本不断降低，已经基本实现了和传统煤电平价上网，国家对于风光的补贴也基本结束。失去政策补贴后，新能源行业盈利将主要通过市场竞争，行业发展将会以更高程度的商业化市场化为方向。面对能源转型趋势和碳中和目标，清洁能源想要增加市场份额，需要提高自身在市场中的竞争力。当前电力市场越来越重视"质"而非仅仅是"量"，除了进一步突破技术降低成本之外，还需要努力解决新能源与生俱来的间歇性问题，才能在与传统煤电的竞争中取得优势，发展储能就是应对这一问题的主要解决方案[8]。图 4.3 展示了储能利用方式的结构。

长期以来，中国电力系统都以稳定性和可靠性而非效率和利润为主要关注点，为保证用电，供给侧长期处于产能过剩的状态，即使不考虑经济性，这样的运行状态也会带来大量的资源浪费，不符合绿色发展的要求。储能的加入有望解决这一供需不平衡问题，保证稳定性的同时有效提高电网运行效率，使整体能源结构运行更加合理[9]。

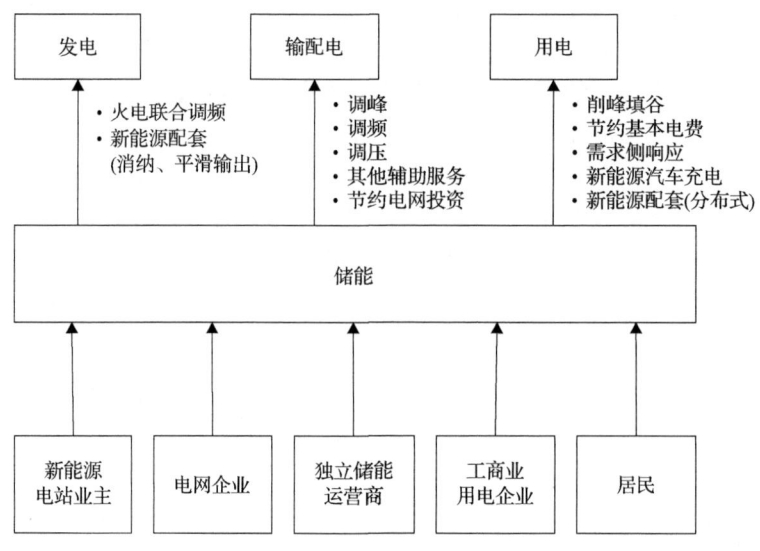

图 4.3 储能各类利用方式

从供给侧来看，中国能源供需地理分布差异明显，东部地区供不应求和西部地区产能过剩带来的能源调配压力很大，"弃风弃光"现象一度十分严重。风、光等新能源输出的电力因为高成本、不稳定、供需不平衡等问题利用率并不高，近些年随着成本的降低及政府部门和企业的共同努力，"弃风弃光"现象得到了一定的改善，但新能源的不稳定性仍然是能源转型的一大阻碍[10]。储能设施可以有效地平稳新能源电力输出，在发电输出高时储存并在发电输出低时输出，同时也起到稳定电压、频率等作用，提高新能源上网时的可靠性和稳定性，"新能源+储能"的运营方式在国内外都有很大热度，也已经有了一些成功的商业化案例[11]。目前电化学储能等新型储能技术成本不断降低，效率和性能不断提升，使其作为新能源配套设施具有更好的经济性和可行性。

从输配侧来看，在电力调配过程中，电网负荷随时都在变化，平衡供给和需求的压力很大，尤其我国长期以来以舍弃经济性保证可靠性为主要运营目标，电网运行效率较低。提高电网系统稳定性和运行效率，减少能源浪费，对于能源结构的优化有重要意义。建设专门的服务型储能设施，能够平衡能源供给和需求侧的峰谷变化，快速响应电力调频等需求，发挥储能的"润滑油"作用，帮助电力系统更加平稳有效的运行。随着储能成本越来越低，电力市场也越来越重视电力质量，相关政策也在不断出台，电网侧专用的辅助型服务型储能设施已经逐渐具备商业化的条件，未来的市场空间也已经逐渐显现出来[12]。

从需求侧来看，"分布式储能"主要是在用户端开展储能部署。分布式储能目前在美国、欧洲、日本等发达国家已经有了一定的发展，截至2019年，全球分布式储能所占电化学储能总规模的50.6%。分布式储能常与小型光伏发电等用户端新能源发电方式相结合，能够提高用户端能源独立性[13]。相比于集中式的大规模布置，分布式储能布置拥有更高的灵活性，广泛推广后可以有效降低电网负担，推进能源转型。随着技术进步，储能设施成本的降低及市场生态的逐渐形成，未来中国也势必会出现很大的分布式储能市场。

此外还有一些其他类型的新型储能技术也具有一定发展潜力。氢能作为"未来能源"，储氢也是一种具有很大潜力的储能方式，未来成熟的储氢技术可能使能源供应和调配方式产生很大的改变。目前储氢仍然处于技术研发和试点阶段，重点在于降低生产和存储成本、提高安全性等。由于氢能具有清洁、可存储、调配损耗低的特点，一旦技术成熟，势必会在能源市场拥有独特的发挥空间。熔融盐储热、各类物理化学储热储冷等储能方式也都在不断突破相关技术，并越来越多的投入试点工程中运行。未来几十年，以电化学储能为主，结合储氢、储热等各类新型储能技术的储能行业，必将拥有巨大的市场空间，在能源转型进程中也有着很大的用武之地。

4.1.4 当前储能行业存在的问题

虽然在能源转型和碳中和目标的激励下，未来储能行业有着理想的发展前景，但从目前市场及政策状况来看，储能产业的前进道路并非一马平川，在无数机遇在前方招手的同时，储能行业也在面临着来自各方面的挑战。

储能相关政策法规目前仍不完善，国家在政策方面对于新能源和储能等行业的支持力度并不小，但是从2017年国家发展和改革委员会颁布《关于促进储能技术与产业发展的指导意见》之后，虽然出台了很多储能相关的支持鼓励政策，但总体来说缺乏统一、明确、具体的行业规范，各地区储能设施的建设规范、补贴方案不一致，这使储能行业的规模化发展面临无规可循无法可依的窘境。当前很多储能项目的建设都是"一事一议""一场一策"，行业发展亟须建立细致、具体、完善的规定规范，相应的激励补贴政策也应结合国情和当地情况尽快合理化，同时政策在储能行业市场化引导方面也仍有不足。新兴产业在起步阶段难免都会有此类问题，但在迫切的能源转型趋势下，储能行业所面临的政策不完整、不系统问题需要所有从业主体和政府部门共同努力尽快解决。

成本仍然是储能行业发展的主要制约因素，近年来储能技术发展很快，商用储能设备已经较为成熟，但成本问题依然显著。储能作为定位偏向服务和优化的行业，其需求弹性较大，只有当储能带来的高质量能源效益高于低质量能源带来的效益损失时，储能才具有市场竞争力。目前中国储能在不考虑补贴时，全生命周期度电成本远未达到电网平价水平，欠缺市场化可行性。此外，技术规格不统一与技术竞争力不足的问题也阻碍着储能技术的进步，由于缺乏规范，元件厂商良莠不齐，目前的储能电站使用的设备差异较大，这给行业统筹管理带来很大麻烦，进一步出现的"劣币驱逐良币"现象也逐渐明显，这些技术问题都会对产业长期向好发展造成阻碍[14]。图4.4展示了各类储能技术的成本。

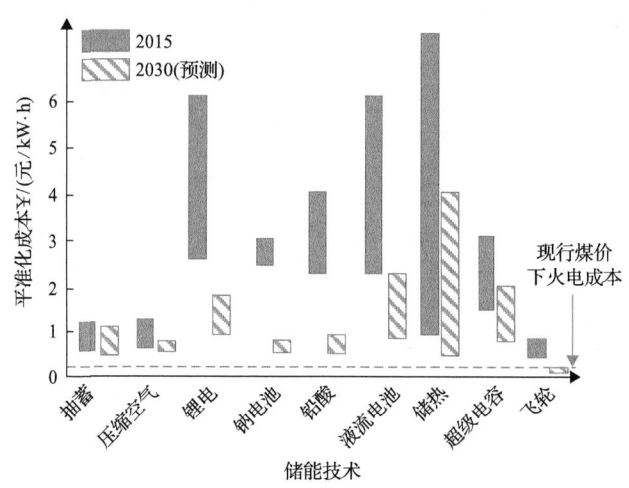

图 4.4　各类储能技术成本

数据来源：World Energy Council:World Energy Resources-E-Storage 2016

储能行业尚未建立成熟的商业模式。一个行业想要长期稳定发展，一定需要拥有适合自己、有长期生命力的商业模式。目前中国的储能行业的盈利能力并不理想，尚未成为独立的市场主体，缺乏自己独特的市场竞争力。传统的抽水蓄能成本较低，可以通过峰谷电价套利，但对地理条件的要求和较慢的响应速度限制了其进一步发展；作为未来发展趋势的电化学储能等新型快速响应、辅助型储能设施，其在调控、响应方面的优秀性能在当前电力市场上尚不能得到足够的识别。目前的储能盈利方式更多的还是通过作为新能源电站附属设施或是通过峰谷差价套利，且对于政策补贴的依赖程度较高，适合储能竞争的市场生态尚未形成，储能在市场中的竞争力也并未很好地发挥出来。国外现行一些规定能够根据储能带来的能源质量改变来对其做出评价，例如美国推行的 FERC Order 755，能够根据储能电站调频的速度和精度来估价，这样的商业模式将有利于储能发挥其优势，更好地融入能源市场并占据一席之地。

从市场和社会整体层面来看，目前储能产业相关的产业链也尚不够成熟，供货标准不一，货源质量参差不齐，与上游供货方和下游收购方的对接也缺乏完整具体的规范[15]。社会对于储能的认知程度也较低，作为一类能源产业，想要更好地融入市场，扩大规模，并不是仅仅依靠相关部门和从业主体的努力就能够达到，还需要整个社会足够的认同度，发展之路才会更加畅通[16]。

4.1.5 政策建议

政府部门和行业主体加强联络沟通，尽快完善储能行业的统一规范，制定具体的行业发展相关法律法规、奖惩政策等。新兴产业都会面临规范缺乏的问题，在当前能源转型趋势越来越迫切的形势下，相关部门要加强与业界的联系，总结已有的实践经验，借鉴国外相关政策的同时也要结合中国的国情和市场特色，尽快出台足够具体且利于储能行业规范发展的相关政策法规。

在行业初期发展阶段应当给予足够的激励和补贴，但要明确帮扶的目的是让储能行业尽快融入市场，建立行业生态。风力、光伏等新能源发展初期，很多企业将补贴作为主要利润来源，着眼短期收入而非长期盈利能力，这并不利于行业长期发展。储能行业的补贴激励政策一定要建立合适的评估体系，确保对行业长期市场化运营有利。在初期规范难以统一时可以根据效用指标而非设备规格来给予补贴，尽快让储能在能源市场中发挥其作用。

引导市场建立适合储能行业的评价体系，通过调整市场机制帮助储能行业尽快发挥其竞争力，找到合适的商业模式。储能的价值不止在于在电力负荷上削峰填谷，其对电力系统的调控、平稳作用是其独特的价值和竞争力，应当引导市场建立能够识别储能调控能力的评价机制，按照"质量"而非仅仅"数量"来支付，真正形成利于储能行业竞争的商业模式。协同相关产业共同发展，加快产业链的形成，同时注意储能行业的宣传普及工作，提高社会整体认知度。加强储能行业与上下游产业的对接，形成紧密产业链共同发展，同时也要结合当下如"互联网+""区块链"等拥有巨大潜力的热点领域，尽快将储能行业融入能源市场和人们的生活中，建立成熟的行业生态。

4.2 现代煤化工产业与CCUS技术低碳耦合发展路径

现代煤化工产业是构建国内经济大循环发展格局的重要环节，是提高能源及国家安全水平的必要手段，也是实现煤炭清洁高效利用的有效途径。在实现2060年碳中和的气候目标框架下，现代煤化工产业面临着不可回避的压力和挑战，必须科学审慎地论证其深度低碳发展的技术路径。CCUS技术为现代煤化工产业避免"碳锁定"制约提供了重要的技术保障，现代煤化工产业作为大规模固定碳排放源，与CCUS技术也具有巨大的耦合潜力和应用空间。但是，目前二者协同推进和耦合发展还存在着高昂技术应用成本带来的经济性不足、战略定位与发展规划不明晰、政策激励强度不足、产业示范项目少且总体规模小等挑战。未来，煤化工企业应加快CCUS技术示范应用，推进产业碳减排进程。政府应该明确"煤化工+CCUS"发展模式，给予更大力的政策支持，同时建立灵活融资途径，鼓励资本进入产业链培育阶段。

4.2.1 发展现代煤化工产业的重要性

现代煤化工行业是指以煤为主要原料生产多种清洁燃料、基础化工原料和替代石化产品的煤炭加工转化产业，主要包括煤制油气、煤制化学品等。现代煤化工产业的发展既是保障能源供给安全的现实之需，也是构建清洁、低碳、安全、高效的现代能源体系的应有之义。近年来油气对外依存度连年攀升，导致中国能源的安全稳定供应受外部环境影响较大。中美贸易摩擦以来，国际能源市场不确定性增加，能源供需格局也发生了新变化。在此背景下，依托中国优势煤炭资源，发展煤制油气等现代煤化工产业对构建国内经济大循环发展格局、拓展油品自主供给多元化、提高国际油气贸易话语权、保障国家能源安全、实现煤炭清洁高效绿色高质量发展等具有重要意义（图4.5）。

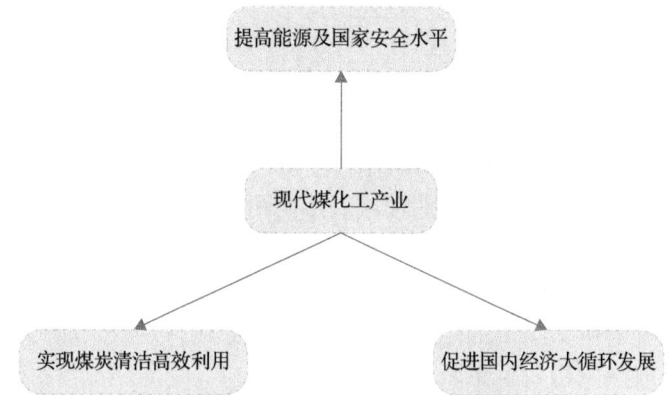

图 4.5　发展现代煤化工产业的重要性

（1）现代煤化工是构建国内经济大循环发展格局的重要环节。2019年中国油气对外依存度分别达到70.8%和43%。逆全球化国际环境下，油气进口对整体宏观经济发展的制约性影响凸显。在"内循环为主、双循环相互促进"的战略导向下，发展现代煤化工产业有助于化解国内煤炭过剩产能并转化为油气替代进口，减少能源对外依存度。作为构建国内大循环的重要抓手，产业发展还将孕育系列高收入岗位并带动就业，提升中国在国际原油市场的议价能力，减少亚洲溢价。

（2）现代煤化工是提高能源及国家安全水平的必要手段。煤制油、煤制气等行业肩负保障国家能源安全重任，能有效减少重大能源安全风险性事件对经济的冲击。煤制油品的超清洁性和在极端天气条件下的适应性，契合军用及航空航天特种油品需求，有助于中国能源应急保障系统建设，提升国家整体安全水平。

（3）现代煤化工是实现煤炭清洁高效利用的有效途径。煤制烯烃、煤经甲醇制油、煤间接液化等现代煤化工工艺流程实现了煤炭产业链的清洁高效化延伸，促进了煤炭产业的低碳转型升级。未来煤化工产业将以环境友好型的方式发展，实现煤炭的清洁低碳利用和污染物排放的有效控制。

4.2.2 碳中和目标下产业结合 CCUS 技术发展的必要性与挑战

现代煤化工项目由于规模较大会产生大量碳排放，面临着较为严峻的碳减排压力，煤制烯烃、煤制芳烃、煤经甲醇制油、煤间接液化等现代煤化工技术二氧化碳排放量明显高于焦炭、半焦、电石等传统煤化工产品生产过程中的二氧化碳排放。作为高排放行业，煤化工产业对碳排放政策非常敏感，偏高的碳减排成本将减弱产业竞争力。在"碳排放 2030 年前达峰"和"2060 年前碳中和"的双重外部约束下，未来产业碳排放标准将日趋严格，现代煤化工项目审批和运行面临着碳排放总量的制约，倒逼企业加大节能减排设施和技术的投入，导致现代煤化工产品的成本提高，进而影响产业的整体竞争力。煤化工企业将承受相应的高额碳减排成本，无法达到碳排放标准的企业可能被整合或关停，现代煤化工的行业布局将发生变革。此外，即将全面开展的碳交易市场将推动能源企业调整投资方向，加大对低碳能源的投资力度，现代煤化工行业会面临投资少、融资难等外部紧约束。

(1)气候变化问题正从科学认识转变为政治承诺和具体行动。未来碳排放控制将日趋成为影响经济发展和能源转型的紧约束。在应对气候变化的目标框架下，现代煤化工产业面临着不可回避的压力和挑战。因此，在 2060 年碳中和目标下，必须综合系统地考量煤化工产业可持续发展的战略意义，科学审慎地论证其深度低碳发展的技术路径。CCUS 技术是指将二氧化碳从排放源中分离后或直接加以利用或封存，以实现二氧化碳减排的工业过程。CCUS 技术为现代煤化工产业避免"碳锁定"制约提供了重要的技术保障，可以支撑产业继续有效使用已经是沉没成本的基础设施并以低碳和环境友好的方式发展，避免因减排而造成的化石能源资产"贬值"。

(2)现代煤化工产业作为大规模固定碳排放源，与 CCUS 技术具有巨大的耦合潜力和应用空间。综合考虑捕集成本及捕集技术成熟度，CCUS 技术在煤化工产业上的应用前景广泛。首先，由于固有的工艺流程和生产特性，导致煤化工行业尾气中二氧化碳的浓度较高。高浓度的捕集源往往具备低成本捕集的特性，从而能够显著提升 CCUS 技术的研发和示范进程，因此煤化工行业适宜作为 CCUS 技术发展的早期应用领域。根据测算结果，煤化工产业结合 CCUS 技术可以实现以低于 60 美元/t 的成本减排 34 亿 t 二氧化碳。其次，未来煤化工产业发展呈现出转化利用规模向大型化发展，碳排放源更加集中等特征。在碳中和目标的显性压力挑战下，规模庞大、覆盖范围广的煤化工产业与 CCUS 技术具有先天耦合发展的优势。适合碳捕集的大规模集中排放源类型多样且分布广泛，完备的煤化工产业链也为二氧化碳利用技术发展提供了多种选择。煤化工产业结合 CCUS 技术，可以通过二氧化碳强化石油开采(CO_2-EOR)、二氧化碳强化咸水开采(CO_2-EWR)、二氧化碳驱替煤层气(CO_2-ECBM)等利用方式快速减少成本和实现技术的规模化应用，达到产业发展和碳减排的双赢局面。

现代煤化工产业给 CCUS 技术的应用提供广阔的市场需求，CCUS 技术也给现代煤化工产业的低碳绿色发展提供了切实可行的现实选择。但是，二者之间的协同推进和耦合发展还存在着诸多挑战。

(1) 高昂的技术应用成本带来的经济性不足。能源"不可能三角"理论认为，任何能源技术的应用都无法同时实现清洁环保、价格低廉和稳定供应(图 4.6)。同样，煤化工产业结合 CCUS 技术发展可以达到减少二氧化碳排放和保障能源安全的双重目标，但目前二者的耦合发展仍然受到经济成本的制约。根据 2019 年发布的中国 CCUS 发展路线图的相关测算结果，中国当前的二氧化碳平均捕集成本为 300~900 元/t，罐车运输成本约为 0.9~1.4 元/(t.km)。封存技术的成本则主要受源汇匹配距离和技术水平影响而差异较大。总体而言，现阶段 CCUS 技术成本偏高，暂不具备较强的经济性实现大规模推广应用。

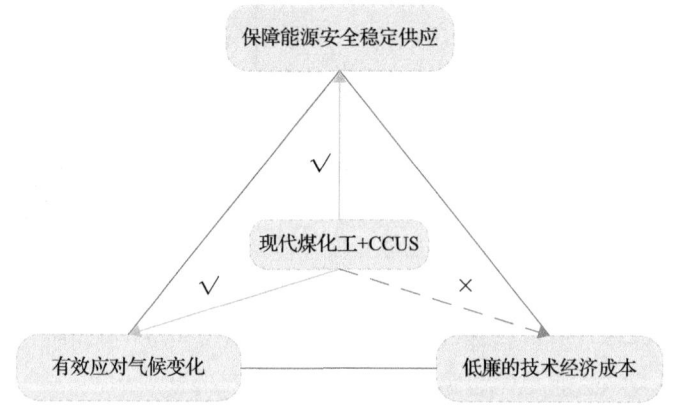

图 4.6 现代煤化工与 CCUS 耦合发展的能源"不可能三角"困局

(2) 战略定位与发展规划不明晰。清晰完善的技术发展规划尚未制定，战略定位模糊背景下投资方存在不确定市场预期。中国 CCUS 项目实践过程中，面临所有权不明确、管辖部门及审批程序不明确、相关技术规范缺乏等亟待解决的问题。与之相反，近期美国国家石油委员会发布了受美国能源部委托完成的《迎接双重挑战：碳捕集、利用和封存规模化部署路线图》报告，提出未来 25 年通过启动、扩张和规模化应用三个阶段实现 CCUS 技术大规模部署的发展路线图。规划期内 CCUS 累计投资达到 6800 亿美元，CCUS 规模增至 5 亿 t/a，通过持续的技术研发和示范力争使 CCUS 技术成本降低 10%～30%。

(3) 政策激励强度不足。相关法律法规仍未出台，CCUS 商业化应用面临融资难约束。当前中国仅公布一项 CCUS 发展的技术指南文件，而并未出台有关 CCUS 减排补偿和投资支持的政策。缺乏市场化激励政策，社会资本"望而却步"，难以实现技术成本快速下降。相比之下，美国能源部在"煤炭优先(COAL FIRST)"框架下持续进行资金投入支持 CCUS 技术发展，美国国会也更新 45Q 税收抵扣法案加大 CCUS 技术激励政策力度。在享受 45Q 政策优惠的基础上，符合条件的项目还可以享受其他州级或各地方的投资税收优惠、补助资金资助及优惠的贷款计划。

(4) 产业示范项目少且总体规模小。目前中国共部署 10 个全流程示范项目，累计封存二氧化碳量约 200 万 t，年封存量 10～100 万 t，CCUS 技术整体仍然处于前期试点及示范阶段。高排放企业建设 CCUS 项目的积极性弱，并未形成产业规模及集聚效应。受益于强有力的 45Q 税收减免政策，美国示范项目在总体规模、产业成熟度、行业覆盖、专用管道等方面实现了对中国的全面领先，中国同美国等发达国家 CCUS 技术发展水平的差距可能正在被拉大，未来有被进一步"卡脖子"的风险。

4.2.3 现代煤化工产业与 CCUS 技术耦合发展策略

作为推动煤化工产业低碳转型与可持续发展的核心减排技术，CCUS 技术是未来中国履行国际气候变化承诺、保障能源安全、构建生态文明的重要手段。推动现代煤化工行业与 CCUS 技术的耦合发展，除了依赖于技术进步带来的成本下降，还需要合理的政策机制设计、成熟的商业模式和灵活的融资渠道。

首先，煤化工企业应加快 CCUS 技术示范应用，推进产业碳减排进程。通过"CCUS+煤化工"重点示范项目建设，实施源头二氧化碳减排控制，提高能效节能减排，探索煤炭的清洁高效转化的新路径，减轻全国碳交易市场放开后，企业发展所面临的减排压力。可以选择资源条件良好、源汇匹配条件适宜、地方政府态度积极的地区(如陕西、内蒙古、新疆等地区)，优先采用高浓度排放源与强化石油开采相结合的方式，积极有序开展 CCUS 全链条工程示范。抓住煤化工产业这一高浓度碳源对于 CCUS 技术发展的重要机遇，加快推进中国 CCUS 技术学习曲线，培育 CCUS 产业链。

其次，政府应该明确"CCUS + 煤化工"发展模式，给予更大力的政策支持。对相关项目进行财政补贴、税收减免或提供政策性贷款。参考新能源产业的发展路径和模式，通过强有力且持续的政策支持推动"CCUS + 煤化工"的部署和更广泛的商业化。设置 CCUS 示范项目基金，给予使用 CCUS 技术的煤化工企业补贴电价，降低企业捕集系统、二氧化碳运输管线建设等方面的成本负担，提升和凸显行业的低碳竞争力。

最后，政府应该建立灵活融资途径，鼓励资本进入产业链培育阶段。综合利用金融工具，通过公私合营示范项目、CCUS 信托基金等方式，为 CCUS 技术与现代煤化工产业耦合发展创造良好的政策环境与融资环境。加大国家对集成示范项目的财政支持力度，配套低息和无息贷款等多方面财税激励政策，明确将 CCUS 技术纳入碳交易市场和绿色信贷支持目录，给予投资者明确的市场盈利预期，鼓励企业与私人资本进入产业链培育阶段。

第5章 如何从消费侧推动碳中和目标的实现

5.1 碳中和背景下消费侧的减排政策选择

碳中和目标对中国未来减排形势提出了较高要求，我国政府迫切需要更加完善的减排政策设计加以应对。受技术条件限制，生产侧的减排潜力短期内难以释放，并且当前我国碳交易覆盖范围仅包括电力、水泥、建筑等少数工业生产领域，而家庭住宅、交通旅行等消费侧碳排放具有逐年上升的趋势，日益严格的减排背景下消费侧的减排政策设计势在必行。

5.1.1 碳中和背景下消费侧减排的必要性

碳排放引致的全球气候变化逐渐成为人类可持续发展的巨大威胁，控制和减少碳排放已经成为国际社会各界的共识。继《京都议定书》《巴黎协定》以来，中国陆续提出了"2020"、"2030"减排目标和2060年前实现碳中和的目标，为应对全球气候变化做出了积极贡献。与"2020"和"2030"目标相比，碳中和目标明显更加严格，标志着我国的减排承诺跨出了从总量控制到净零排放的关键一步。碳达峰是碳中和的基础，2021年10月24日，国务院印发的《2030年前碳达峰行动方案》提出构建"1+N"政策体系，重点实施"碳达峰十大行动"，其中第九条指出"绿色低碳全民行动"，这表明了碳中和背景下消费侧减排的重要性与必要性。

当前碳排放的源头主要是化石能源的直接或间接消费，因而碳排放可以简单分为生产侧碳排放和消费侧碳排放。由于工业生产领域碳排放量大、可操作性强，世界范围内的大多数碳减排手段针对工业生产领域。早期的减排政策主要采取行政命令控制手段，政府强制企业进行减排，但由于存在信息不对称等问题，以碳税、碳交易为典型的市场化规制手段因信息成本优势逐渐成为主流的碳减排手段。截至目前，全球范围内实施碳税的国家超过20个（芬兰、挪威、瑞典、意大利、德国、英国、日本、美国和加拿大等），征收范围主要为煤炭、石油、天然气等化石燃料的消费。碳交易市场也已建设近20个，覆盖30余个国家（欧盟、新西兰、日本、美国、中国、韩国等），主要规制行业包括工业、电力、建筑等行业。

我国的碳减排措施则只针对生产领域。我国于2013年开始陆续建立了8个碳交易试点省市，主要覆盖部门为工业、电力、建筑等部门，2017年底进一步提出建立全国统一碳市场，并以排放占比最高的电力生产行业为首要试点。但是，当前试点地区的规制门槛较高，涉及的行业主要是高耗能工业企业，部分试点涵盖了服务企业和大型公共建筑等，截至2019年合计覆盖企业近2900多家，年配额总量仅约12亿t二氧化碳。显然，相对全国近120亿t/a的碳排放量而言，当前碳交易体系的减排作用还比较有限。尽管相关研究预期随着全国统一碳市场的逐步完善，据测算，纳入首批碳市场覆盖的企业碳排放量超过40亿t二氧化碳，但这也仅相当于全国碳排放的30%左右。即使未来全国碳市场进一步纳入其他重点排放行业，预期其所覆盖的碳排放量也只是占到全国碳排放总量的50%左右[1]。

随着经济社会的发展，相关研究表明，个人消费领域的碳排放增速逐渐超过工业领域，个人能源消费的增长逐渐成为全球碳排放增长的主要原因之一，但是当前全球范围内却鲜有针对个人领域碳排放的规制手段。一些发达国家消费领域碳排放量占据国内碳排放量的40%~50%，其中交通、食物和住宅的碳排放占消费领域碳排放总量前3位[2]。以美国为例，80%以上的能源消耗和碳排放源于消费者需求，居民通过家庭和旅行所排放的二氧化碳排放总量占比高达41%[3]。还有研究数据显示，全球居民生活消费产生的二氧化碳占到全球二氧化碳排放总量的72%[4]。中国居民生活碳排放在碳排放总量中的比例也在逐步提高，据测算居民生活碳排放量占比已达30%左右。2019年中国碳排放约在115亿t二氧化碳当量，约为美国58亿t、欧盟35亿t的2~3倍，但是人均与欧盟相当，不到美国的一半。随着中国城市化进程的推进，人均碳排放将会进一步提升。因此，在2060年碳中和背景下，随着生产侧碳减排空间的缩小，亟须对逐渐攀升的消费侧碳排放进行规制。

更具体地，消费侧碳减排的必要性还体现在以下两个方面。一是针对生产侧的减排措施无法覆盖所有的碳排放，消费侧碳减排是必要的补充手段。不管采取什么样的规制措施，都是需要成本的。尽管在碳中和的背景下，未来会进一步扩大碳减排政策的覆盖范围，但由于建设成本、核算成本等，终究很难覆盖所有碳排放源，尤其是相对较小的排放源。目前中国电力行业、交通行业、建筑和工业碳排放占比分别为41%、28%和31%。以交通行业为例，公共交通实施减排相对较容易，而私人交通减排则相对较难，主要原因包括此部分碳排放核算难度大，同时居民对额外碳成本的接受性较低。二是针对生产侧的碳约束很难对最终消费行为产生实质性的影响。针对生产侧的碳减排政策通过市场化手段对生产行为施加碳约束，这一额外的碳成本迫使生产企业进行低碳技术升级等降低碳排放。但是，这一碳约束对最终消费的影响却并不能顺利传导至消费端，一方面，碳成本的传导受到需求价格弹性的影响；另一方面，化石能源行业大多受到政府严格的价格规制。这两方面因素导致生产企业不能无限制转嫁碳成本，针对生产侧的碳约束很难对最终消费行为产生实质性的影响。

亚当·斯密曾指出，消费是所有生产的唯一目的。中国经济体制改革研究会副会长樊纲也认为，碳排放的根源是消费，不是生产。消费者偏好很大程度上主导着市场价值取向，消费行为对生产环节具有引导和制约作用，加之消费领域具有很强的碳锁定效应,消费侧碳排放很有可能抵消掉其他领域的碳减排成果[2]。因此,在日益紧迫的碳减排形势下,如果消费者行为不转向低碳方式,生产企业就很难真正实现低碳转型,碳中和目标的实现难度将大大增加。换言之,面对逐渐增加的消费侧碳排放比例,只有加快针对消费侧碳减排的政策设计,才能确保碳中和目标的顺利完成。

5.1.2 消费侧减排政策的对比分析

从理论上讲,碳排放既可根据庇古的观点视为负外部性问题,也可根据科斯的观点视为公共品问题,即不完全产权问题[5]。问题产生的主要原因是缺乏对二氧化碳排放的定价机制,市场机制在解决这类问题上便无法充分发挥作用,所以需要政府干涉以减少排放[6]。狭义上的碳减排措施直接作用于碳排放,如强制减排命令或通过碳定价手段促使其主动降低排放。而广义上的减排措施还包括低碳补贴,如可再生能源补贴、新能源汽车补贴等手段促使排放主体转向低碳型生产生活方式。

从实践来看,相对于生产侧碳减排来讲,消费侧减排没有使用过命令控制手段,多以碳税、低碳补贴等市场化手段为主,少数地区试行碳交易机制。相比于市场化手段,强制性的命令控制手段不适合消费侧减排。主要原因包括两方面:一是由于信息不对称的广泛存在,市场化的政策工具具有明显的信息节约优势,不仅可以节约行政监管成本,而且可以降低由不同排放主体间的减排成本差异所导致的总减排成本。二是微观消费者对于命令控制手段的接受性是最低的,不利于政策实践。因此,本书关于消费侧减排政策的对比包括低碳补贴、碳税和个人碳交易三种工具。

1. 低碳补贴

消费领域补贴政策主要表现为节能家电补贴、新能源家电补贴、节能和新能源汽车补贴[7]。低碳补贴通过促进低碳产品的消费,在降低使用过程中碳排放的同时也促进上游生产者增加生产低碳产品供给,从而实现减排目标。例如,中国在2012年对空调、平板电视、电冰箱、洗衣机、热水器五类高效节能家电进行了为期一年的补贴;瑞典、日本、美国和中国等均对购买新能源汽车的消费者进行补贴。

2. 碳税

碳税是直接作用于碳排放的减排工具之一,主要征税对象为化石燃料使用。碳税通过碳定价提高能源的相对价格,促使消费者降低能源消费或选择其他清洁能源,达到减排目的。例如,20世纪90年代开始,芬兰、瑞典、荷兰、丹麦等欧洲国家对碳排放进行征税,征收范围主要为家庭能源消费。以世界上第一个征收碳税的国家芬兰为例，其规定对所有的化石燃料按照 6.10 美元/t 的标准征收碳税。

3. 碳交易

不同于生产侧，尽管消费领域碳交易的概念提出较早，但消费领域的碳交易还处于建设探索期。Fleming 于 1996 年提出个人碳交易的概念，它是一种针对消费者的总量管制与交易机制，具体设计与生产侧碳交易类似，可视为生产侧碳交易的下游延伸。考虑到政策初期的居民接受性，当前的个人碳交易体系多为居民自愿参与。例如，2012 年，澳大利亚诺福克岛首次进行了个人碳交易实验；2015 年 7 月，广东省陆续在广州、中山等 7 个城市正式开展"碳普惠"试点建设，通过个人碳足迹计算量化居民日常生活中的低碳行为，并规定可以将其转换为碳积分，用以兑换商品或折扣券等[8]；2019 年芬兰拉赫蒂成为世界上首个实施个人碳交易的城市，当前已经开始以自愿参与的方式试行。

那么，在这三种减排工具中，哪一种最具减排潜力和可行性呢？如表 5.1 所示，本书给出了三种减排工具的简单对比。

表 5.1 消费侧减排工具的比较

		低碳补贴	碳税	碳交易
效率	实施成本	较小，主要为补贴发放核算成本	较小，可依托现有税负体系征收	较大，主要为交易市场建设成本
	运行成本	较小	较小	较大，包括核算、监管等成本
	减排成本	最大，可能造成严重财政负担	较小，减排成本较确定	较大，减排成本有很大不确定性
效果	减排效果	最低，减排效果不确定	较小，减排量较难控制	较大，总体减排目标严格控制
	经济效果	不确定	对消费和生产均可能产生较大影响	主要影响消费行为
	低碳激励	短期最直接，长期不确定	短期相对低，长期可能激励强	短期相对低，长期可能激励强
公平	排放平等	不影响排放	平等	平等
	福利分配	较为公平	可能会导致累退性	较为公平
	政策接受性	较大	最小	较高

效率、效果和公平被认为是评价环境政策工具的三大准则[9]。效率是指环境政策能否以较低的总成本实现减排目标，主要包含实施成本、运行成本、减排成本等[2]。效果主要指其减排效果，同时包含经济效果、低碳激励效果等。公平是指个人拥有平等的污染排放权，以及环境政策实施后不同群体之间福利分配的公

平性[2]。

从表 5.1 可以看出，低碳补贴政策的减排成本相对最大，很可能给财政造成较大负担，政策持续性和稳定性较差。一旦补贴政策停止，减排效果的不确定性将会严重影响最终减排效果。此外，由于回弹效应的存在，补贴通过降低相对能源价格可能会引起更多的能源消费，从而导致更多的碳排放。在严格的碳中和承诺背景下，长期来看，低碳补贴政策不适合作为消费侧减排的核心工具。

因此，消费领域的碳税和个人碳交易主要是近年来学者争论的焦点，如表 5.1 所示，二者的减排总成本存在较大差异。首先是实施成本，碳税可依托现有税负体系加以征收，而个人碳交易的建设流程与生产侧类似，但由于参与个体较多，建设成本可能更大。运行成本方面，个人碳交易涉及更多的核算和监管及交易成本，相对较大。

减排成本方面，碳税的税率相对稳定，最终消费者可根据税率水平和自身情况选择最优的减排路径，减排成本相对确定；而碳交易价格，由于受排放额度分配、交易规则和市场等因素的影响，可能会产生较大的波动性，减排成本有一定的不确定性[1]。因此，综合来看，碳税的政策总成本相对较小。

政策效果方面，二者主要在减排效果和经济效果方面存在差异。碳税在降低二氧化碳排放量、实现既定减排目标上确定性程度较低，主要与产品需求价格弹性相关；碳排放权交易机制可以有效量化减排目标，一旦确定了总的排放配额，总体减排目标就得以确定[1]。因此，碳交易的减排效果可能更为明显。经济效果方面，碳税直接作用于含碳商品，不仅对消费者行为具有直接影响，还会由此导致上游生产决策的改变，而个人碳交易下消费者对碳价格信号的敏感性较弱，对生产侧的影响相对较小。

最后是与公平相关的政策可接受性问题。不管是碳税还是个人碳交易，二者均规定消费者具有平等的排放权，但由于碳税往往采取统一税率，相关研究指出这可能导致收入再分配上的累退效应，而个人碳交易下消费者的收入再分配是基于自身约束条件下的最优决策，相对更为公平。此外，与生产侧类似，碳税相当于直接提高含碳产品价格，而碳交易配额往往免费发放，政策可接受性比碳税较高。

综上，个人碳交易相较于碳税和补贴政策具有较强的碳减排约束，具有更大的碳减排潜力；但较低的减排总成本是碳税政策实施的绝对优势[2]。基于此，未来消费侧减排政策要更多考虑个人碳交易和碳税机制。

5.1.3 中国消费侧减排的政策选择

碳税和碳交易都是解决负外部性的市场性制度。如图 5.1 所示，理论上，在完全竞争、完全信息和零交易费用的条件下，碳税和碳排放交易机制都能以较低的减排成本达到相同的政策效果,市场均衡时的碳价格和排放量分别对应碳税税率(t^*)和碳交易的配额总量(Q^*)。但现实世界里完全竞争、完全信息、零交易成本的假设很难满足,碳税和碳交易机制的政策效果存在一定差异[10]。那么,在2060碳中和的背景下,中国应该如何选择消费侧减排政策?

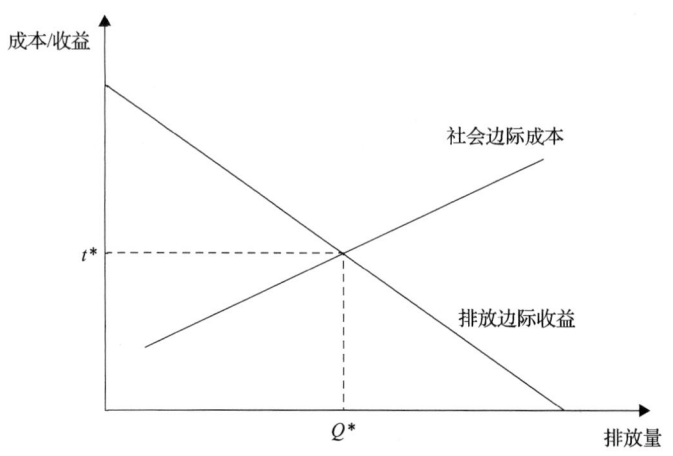

图 5.1　碳税与碳交易机制减排效果比较

Weitzman指出,当减排成本不确定时,碳税和碳交易的效率差异由边际减排成本和边际减排收益共同决定[11]。如果边际收益曲线相比边际成本曲线更平坦,价格政策(如碳税)更有效,反之则数量政策(如碳交易)更有效,但现实中,边际减排成本曲线无法准确获得,因而碳税和碳交易之争目前仍然没有定论。但需要指出的是,虽然减排政策的效率是评判政策优劣的主要指标,对于消费侧碳排放来说,碳减排政策的实施要更多考虑政策可行性,主要包括政策可接受性和政策灵活性。

一是政策可接受性。由于征收碳税相当于提高产品价格,直接影响居民福利,可能会招致较大的实施阻力。此外,碳税在收入分配方面存在累退的可能性,加重低收入群体的税负,在一定程度上降低了政策实施的政治可行性[1]。而在往往以免费形式发放配额的个人碳交易机制下,消费者拥有更多的自由决策权和更大的减排灵活性,也意味着收入分配的相对公平,实施的阻力相对较小。

二是政策灵活性。碳中和目标下未来碳排放形势充满了更多的不确定性,碳税税率一经确定不会随时调整,很难及时反映实际排放成本的变化,即使可以适时调整税率,但往往具有一定时滞,灵活性相对较小。而个人碳交易市场下的碳价格波动往往可以及时反映市场供需、市场预期等诸多信号,政府可据此灵活调整机制设计方案,对减排形势变化的适应性较强。

当然,个人碳交易也存在成本和方案设计方面的争论。一是成本收益问题。

个人碳交易自提出提来，最主要的阻碍就是被认为减排收益不能覆盖建设成本。但随着信息技术的快速发展，不管是个人碳交易碳市场的平台建设成本，还是排放行为的核算成本，抑或是具体交易成本，在未来都将不再是主要问题。2019年芬兰拉赫蒂采用的一款手机应用程序，不仅安装方便，操作简单，并且能够实施检测用户出行方式，进而结合出行时间、距离等计算出相应的碳排放量，这使拉赫蒂成为世界上首个试行"个人碳交易"的城市。这也意味着个人碳交易机制的实践在技术方面不是问题，同时技术的快速发展会大幅度降低单位运行成本。二是方案设计问题。个人碳交易机制的运行涉及覆盖范围、配额核算、分配方案、排放监测及交易机制等多方面的方案设计，任何环节的不合理都可能导致市场交易体系的失败。在这方面，虽然当前并没有过多的直接经验可以借鉴，但是生产侧碳交易已有多年，积累了丰富的经验教训，可以给予许多有价值的参考。未来只要有足够多的消费者参与进来，个人碳交易机制就可以不断完善。

因此，在日益明确且严格的减排背景下，本书建议中国消费侧减排可以首先尝试个人碳交易试点机制。试点初期，建议采取自愿参与、免费分配、物质奖励等多种方式促进更多的消费者参与，增强消费者的碳感知水平，形成有效的减排激励。后期可以逐渐过渡到小范围强制参与、一定比例的配额拍卖等方案，提高个人碳交易机制的减排潜力。随着个人碳交易机制的逐步完善，碳市场的价格信号将更加真实地反映消费者实际减排成本，政府可据此选择更具效率和政策可行性的减排机制。

5.2 居民低碳出行是实现碳中和的重要组成部分

2020年9月22日，中国在第七十五届联合国大会一般性辩论做出碳达峰和碳中和承诺，这是中国在《巴黎协定》之后第一个长期气候目标，也是第一次提到碳中和。中国作为全球最大的排放主体，交通部门作为主要的二氧化碳排放部门，实现碳中和的过程中需要各部门各经济主体的积极参与，而居民作为重要的微观主体，出行方式的选择是实现碳中和的重要组成部分。

5.2.1 碳中和概念

碳中和是指整个经济体在一定时间内实现二氧化碳的"零排放"，即经济体在一定时间内直接或者间接产生的二氧化碳排放总和等于其在一定时间内通过植树造林和二氧化碳捕获、吸收再利用等手段吸收减少的二氧化碳量。

工业化以来，化石能源的大量使用导致大气中的二氧化碳浓度增加过多，据相关统计，大气中的二氧化碳浓度在过去的100年增加了四分之一，从1959年的315.97ppm增加到2018年的408.52ppm，近20年来几乎每年以10%的速度增加。

随着大气中二氧化碳浓度增加，类似温室气体通过形成一种可以使太阳短波辐射透过大气层进入地面而阻挡地球向外层空间放出热辐射的薄膜来形成温室效应，进而导致全球变暖，由此带来的冰川融化、疾病流行等恶劣结果会在未来严重影响人类的生存，二氧化碳减排刻不容缓。人类活动的各个方面都涉及二氧化碳排放，为了实现碳中和，直观的解决办法有两条路径：降低生产生活过程中的二氧化碳排放，通过增加自然碳汇或者相关技术手段实现的人工碳汇来增加二氧化碳的吸收与利用。现阶段由于国际社会中有很多国家仍处于经济发展的初期或完善阶段，无法承担迫切进入碳中和带来的成本压力，无论是国际社会还是中国，实现碳中和都需要通过"实现碳达峰—降低碳排放—深度脱碳"三个阶段循序渐进，并配合产业结构优化，各部门协调配合，政府、企业和居民个人全体参与的方式。

5.2.2 交通运输部门与碳排放

1. 交通运输部门的发展

改革开放以来，中国将大量的投资投入到交通基础设施领域中，完成了大规模的交通基础设施建设，实现了各种运输方式的快速发展。建成了包括现代化的高铁路网、四通八达的高速公路网和超级桥隧工程在内的交通运输系统，高速铁路、高速公路和城市轨道营运里程都位列世界第一。图 5.2 展示了改革开放以来中国公路里程和铁路营运里程的变化，从图中可看出，铁路营运里程从 1978 年的 7.17 万 km 增长到 2019 年的 13.99 万 km，同比增长 171%，铁路覆盖了 65%以上的百万人口城市，造就了世界上最优现代化的铁路网和高铁网；公

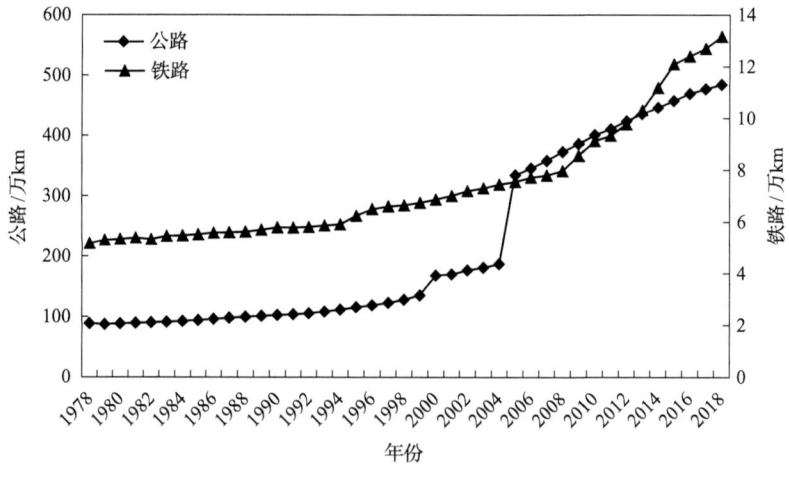

图 5.2　1978～2019 年中国公路里程和铁路营运里程

数据来源：CEIC 数据库

路总里程从1978年的89.02万km增长到2019年的501.25万km,同比增长463%。根据交通运输部的统计公报中显示,2020年中国铁路、高速公路对城区常住人口20万以上城市的覆盖率均超过95%,具备条件的乡镇和建制村已实现了100%通客车。

除了陆地交通之外,中国的航空交通也发展迅速,成为中国综合运输体系的重要组成部分,国内国际航线开通数量、民用航空机场数量及定期航班通航城市逐年增加,民用航空逐渐发展为一种大众化的交通工具,图5.3为1990年以来中国的航线开通数,增长非常迅速。此外,中国还建成了诸多先进的大型港口、通畅的水道运输、纵横交织的油气管网和发达的城市公共交通,健全的交通基础设施丰富了居民日常出行的选择,居民出行的幸福感和获得感也不断增强。

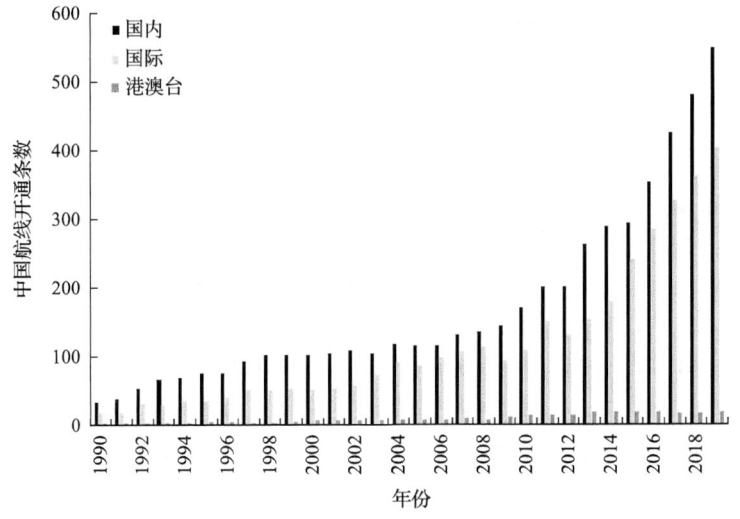

图 5.3 1990~2019年中国航线开通条数
数据来源: CEIC 数据库

随着交通基础设施建设完善和社会经济、科学技术发展,人民生活水平不断提高,中国的汽车拥有量也迅速增加。从图5.4的数据可以看出,1984年以来中国汽车拥有量从260万辆增长到2019年的2.54亿辆,整体翻了97倍;而私人汽车的拥有量也从1984年的17万辆增长到2019年的2.25亿辆,整体翻了1297倍之多,增长速度惊人。而在此过程中,私人汽车拥有量的占比也从1984年的7%增长到如今的89%,越来越多的居民实现了购买私家车的自由。尽管汽车总量和增长幅度都很大,但是相较于其他发达国家,由于中国巨大的人口基数,人均交通服务使用量相对较低,无论是人均公路里程还是人均汽车保有量乃至于人均的飞行里程都远低于美国和欧洲等发达国家水平。随着中国经济的进一步发展,交通基础设施建设和私人汽车拥有量仍有进一步增长的巨大空间。

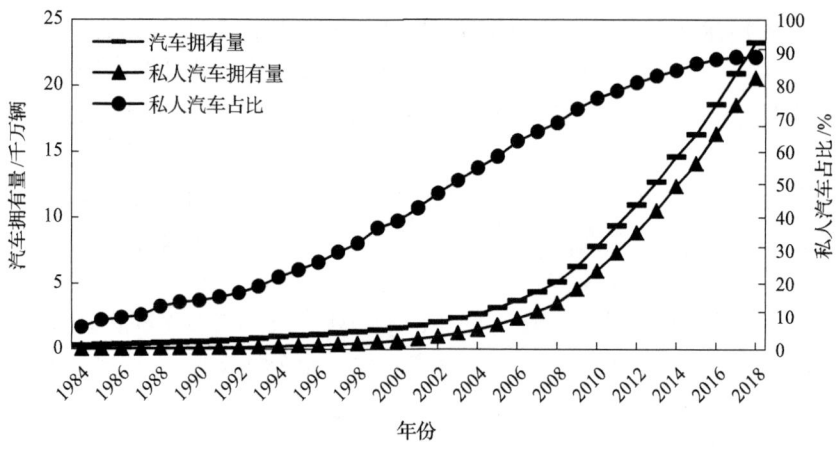

图 5.4　1984~2018 年中国汽车拥有量和私人汽车拥有量及其占比
数据来源：CEIC 数据库

2. 交通运输部门的二氧化碳排放

交通部门是重要的二氧化碳排放源。根据 IEA 的统计数据显示，2018 年全球交通部门的二氧化碳排放量占排放总量的 24.64%，而在 IEA 设置的各种情景中，交通部门的二氧化碳排放仍有逐年上涨的趋势。就中国来看，根据 CEADs 的数据显示，2000 年以来，中国交通运输部门的二氧化碳排放逐年上涨，从 2000 年的 2 亿 t 到 2017 年的 7 亿 t，增长了 3.5 倍；在全国总排放中的比例也一直保持在 6% 以上，并保持平稳上升的趋势，如图 5.5 所示。2017 年，交通运输部门的二氧化碳排放占全国总排放量的 8%，合计当量约为 7 亿 t。伴随着中国交通基础设施

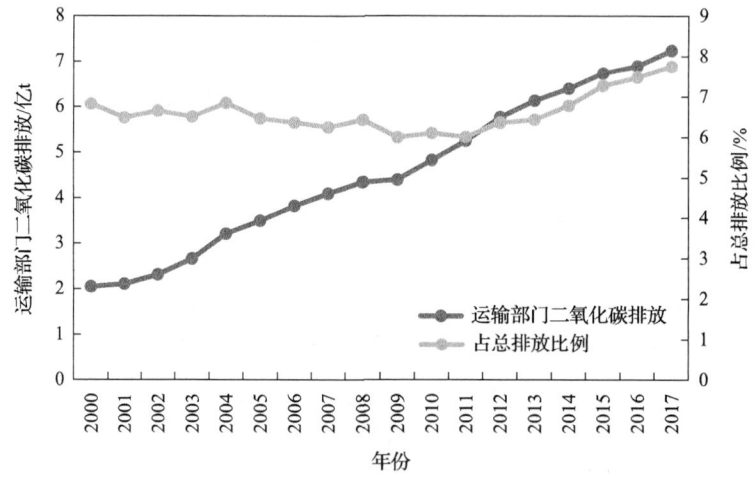

图 5.5　2000~2017 年中国交通运输部门二氧化碳排放量及其占比
数据来源：CEADs 数据库

建设的日益健全和完善，社会经济的快速发展带来人民收入的增加，人们日常的生活方式也在转变，出行需求的进一步增加也会导致汽车购买和保有量的迅速增长，交通部门的二氧化碳排放将进一步增加。

此外，除了在运输过程中使用燃料的二氧化碳排放，交通基础设施投资建设过程中会消耗大量的钢筋、水泥等建筑材料，其在生产过程中会产生大量的二氧化碳。作为二氧化碳排放重要组成部分的交通部门，在实现碳中和过程中起着至关重要的作用。

3. 不同交通工具的二氧化碳排放差异

不同交通工具的单位里程人均二氧化碳排放存在巨大差异。居民日常出行现有可选择的交通工具有飞机、火车、自驾私家车、出租车、网约车、轨道交通、公交车、摩托车、电动车、自行车和步行等，由于各个交通方式可搭载人数和使用的燃料品种不同，单位里程人均的二氧化碳排放有所差异。现有 IPCC 关于移动源(交通部门)二氧化碳排放核算方法可分为两类：自上而下的通过交通工具燃烧消耗的统计数据计算，即交通碳排放=出行车辆燃烧消耗×每种燃料的碳排放系数；另一种是自下而上的根据不同类型的交通工具的车型、保有量、行驶里程和单位行驶里程燃料的消耗等数据计算，即交通碳排放=出行车辆行驶里程×各种交通方式的碳排放系数，该方法又称为距离理论。距离理论虽然可以准确测度出所有运行车辆的温室气体排放，但是需要大量的追踪调研数据，如果想进一步测得个人单位里程的二氧化碳排放，则需要对个体的日常出行进行追踪调研。

绿源电动车有限公司发布的《中国大众交通变革与应对气候变化和节能减排的责任》中对于中国五类主要的城市交通方式的碳排放强度依据 IPCC 的标准进行了估算，步行和自行车的二氧化碳排放为 0，电动自行车的二氧化碳排放强度为最低，每人每公里仅排放 8g 二氧化碳；其次为摩托车，每人 48 gCO_2e/km；搭乘城市公交为每人 35gCO_2e/km，而驾驶私家车出行的二氧化碳排放则是高达每人 135g/km。

英国商务部能源与产业战略中心发布的 2019 年温室气体报告则是对英国各种交通工具人均碳排放强度进行了更详细的核算，具体数据如图 5.6 所示。从图中可以看出，在英国长途飞行的碳排放强度最大，头等舱每人 599gCO_2e/km，公务舱也高达每人 434gCO_2e/km，经济舱的人均单位里程的排放量有公务舱的三分之一。车辆的大小也会影响个人出行的二氧化碳排放强度，其中大型汽油车辆的单位里程人均排放强度是小型汽油车的 2 倍，电动车的排放强度会有较大幅度的减少。出租车和公交车的人均排放相对于汽车来说会有所降低，但是还要取决于该出租车和公交车使用的燃料品种。长途交通中，火车的人均单位里程的碳排放强度相对于其他交通工具很低，尤其是欧洲之星高速铁路，远低于飞机和汽车等。

城市内交通中,地铁和轻轨在减排方面有绝对的优势,总体而言,节能减排最有效的出行方式是步行和骑自行车,但如果中长距离无法通过步行和自行车到达,则地铁、无轨电车及自驾小型电动车是较优的选择,更长距离的出行中,选择火车会更低碳。此外,澳大利亚智能交通研究所(Institute for Sensible Transport)也根据墨尔本的实际数据进行了测算,虽然排放强度由于各地燃油标准和运输条件不同有所差异,但是整体的结论都类似,即短距离选择步行和自行车,中长距离选择地铁等公共交通,长距离选择火车会更加低碳环保。

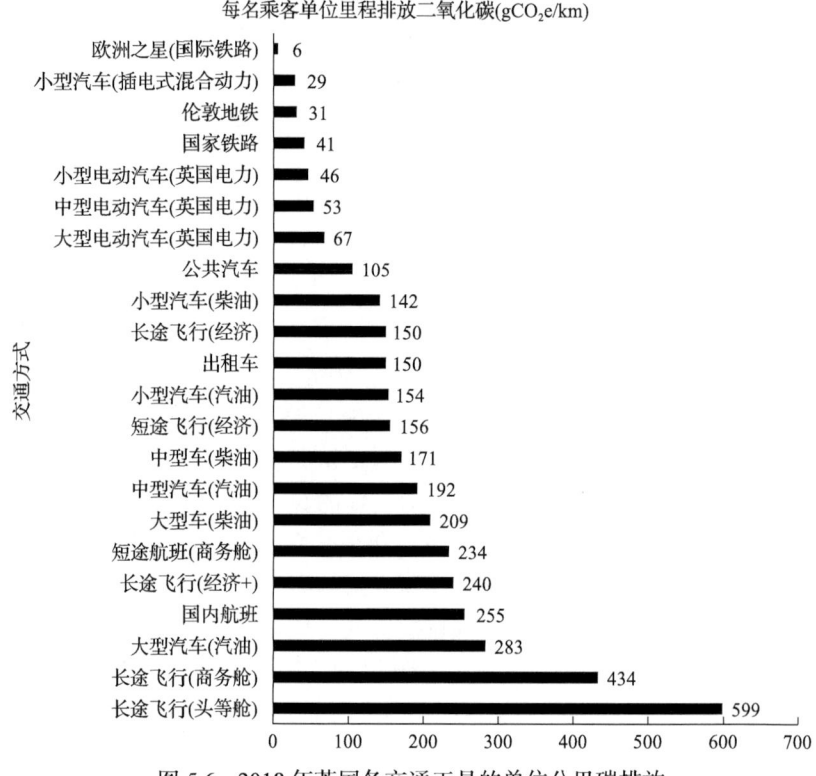

图 5.6 2018 年英国各交通工具的单位公里碳排放

数据来源:Our World in Data

4. 交通部门实现碳中和的主要路径

交通部门的碳减排需要多方参与多措并举。根据 IEA 的统计数据,交通行业碳排放的 96%都来自石油燃烧,故将替代能源应用到交通行业是减排的重要手段。现有技术可实现的主要有电能替代(电动汽车)、氢能替代(氢燃料电池汽车)和生物质燃料(生物燃油车),但是各自都有一定的技术的局限性。而 IEA 的报告 *Tracking Transport 2020* 指出,公路运输占据了交通运输部门二氧化碳排放的四分之三，航空和水运的二氧化碳排放量也持续上升，而公路运输中，汽车是主要的排放源。综合来看，运输电气化是实现交通部门碳中和的必要手段。以城市出租车的排放来看，有数据显示，行驶相同距离的情况下，燃油出租车的碳排放会比纯电动出租车的碳排放多 5t。这 5t 的二氧化碳排放则需要种植 18 棵树来进行吸收才可以达到碳中和。而"出行科技链接未来城市"研讨会中也有专家指出，如果要在 2060 年实现碳中和，则中国的卡车和汽车的电气化率则需要在 2050 年达到电气化率 80%的标准。2018 年，全球电动汽车超过 510 万辆，比上年增加 200 万辆，中国作为全球最大的电动汽车市场，占据了全球 45%的电动汽车数量(230 万辆)，欧洲其次，占据 24%，美国占据 22%，但根据中国汽车工业协会发布的数据，截至 2020 年 6 月，中国新能源汽车保有量为 417 万辆，仅占机动车总量的 1.16%。公路运输电气化有极大的发展空间，这给交通部门减排带来了巨大的潜力和机遇，在此过程中需要政府制定相关政策进行激励和引导，也需要企业积极进行研发相关技术，更需要居民个人的配合与参与。另外，城市居民作为公路运输的参与主体，选择低碳出行方式也是实现碳中和的重要组成部分。

5.2.3 居民低碳出行现状

近年来，中国一直在以各种方式促进城市居民的低碳出行水平。2020 年 7 月 23 日，交通运输部、国家发展和改革委员会联合印发了《绿色出行创建行动方案》，方案基于现阶段中国的城市交通发展水平和城市居民的出行诉求，提出要开展绿色出行创建行动。方案提出要倡导简约适度、绿色低碳的生活方式，积极引导公众出行优先选择绿色出行方式(公共交通、步行和自行车)，降低小汽车通行总量。在此基础上，各大城市也积极响应，努力提升中国整体的绿色出行水平。针对城市居民个体的微观调研可以从消费端清楚地了解居民低碳出行的现状。

通过 2019 年 9 月到 2020 年 3 月针对中国四个一线城市(北京、上海、广州、深圳)居民低碳出行情况的调研发现，现阶段中国一线城市居民低碳出行具有以下特征。

(1)城市居民低碳出行意识和行为普遍较高。调研合计回收有效样本 5223 份，样本中有 73.64%的城市居民都愿意在日常通勤中选择低碳出行的行为方式(公共交通、步行和自行车等)，有 51.89%的城市居民在日常出行中经常或总是选择低碳出行的行为方式。

(2)城市居民出行意识主要受到以下几个因素影响：出行者的教育水平、通勤距离及是否拥有私家车和驾照；所在城市的公共交通设施完善程度、交通拥堵状况、环境污染状况及政府对于低碳出行的号召程度；出行者关于低碳出行的主观规范、行为态度和知觉行为控制，其中主观规范对于城市居民的影响程度最大，城市居民关于低碳出行的意识在一定程度上促进其选择低碳出行。

(3) 城市居民低碳出行意识和行为之间存在一定的差距,有 46% 的城市居民低碳出行意识大于其行为,城市居民关于低碳出行的意识无法完全落实到行动中。而造成其知行不一的重要原因为城市的拥堵状况、政府的政策号召程度和其本人拥有驾照和私家车。

基于调研发现,现阶段城市居民能够感知到交通运输排放的二氧化碳对于城市环境的影响,也深刻意识到由于私人汽车保有量急剧增加带来的城市交通拥堵和生活环境恶化,愿意在日常的通勤中选择更加节能环保的低碳出行方式,但认为所在城市有关于低碳出行的政策号召还有待加强和完善,而城市公共交通的安全性、便利性和舒适性是城市居民选择低碳出行的重要考虑因素。

5.2.4 居民低碳出行是实现碳中和的重要组成部分

现阶段中国交通基础设施建设的快速发展,交通部门二氧化碳排放增加并有进一步增加的趋势,碳中和背景下要求实现二氧化碳的"零排放"。居民出行选择低碳方式是实现碳中和的重要组成部分,具体措施应从三个方面来考虑。首先居民个人须树立低碳意识,综合考虑到各种交通方式的碳排放强度差异,结合自身出行需求选择最低碳的行为方式,树立低碳出行意识。在个人和家庭私家车购买中也应考虑优先选择低排放的电动车,在日常出行中应选择公共交通或者拼车出行,远距离出行也可考虑高铁等交通方式;其次政府应制定相关措施,刚柔并济多措并举,一方面执行车辆限购限行等强制性政策,另一方面应大力发展和完善城市公共交通基础设施,构建安全、便捷、高效、绿色且经济的城市公共交通体系,并不断提升城市公共交通的服务水平;最后媒体必须发挥其引导作用,积极宣传低碳出行相关知识和背景,通过口号和号召形成"明星效应",进而引导全社会形成低碳出行的大环境。通过各微观个体的共同努力,让中国早日实现碳中和的宏伟愿景。

5.3 合理的电价是提高交叉补贴效率和促进居民碳减排的关键

从 2009 年到 2019 年,随着经济社会的发展,中国的全社会用电量从 36430 亿 $kW\cdot h$ 增长至 72255 亿 $kW\cdot h$,在 11 年间几乎翻倍,人均用电量从 $2729.9kW\cdot h$ 增加到 $5159.2kW\cdot h$,接近中等发达国家水平,如图 5.7 所示。其中,居民用电量在全社会用电量中的占比逐年升高,在 11 年间从 12.5% 上升至 14.18%,增长速度超过了第一产业和第二产业,2019 年,居民生活用电量对全社会用电量增长的贡献率达到 17.9%,是中国用电量组成中最具增长潜力的一个部分,但其在全社会用电中的占比与发达国家还存在着差距。随着经济社会的发展和居民生活水平的提高，居民生活用电还将扮演更加重要的角色，在应对全球碳减排和中国碳中和目标的时代背景下，分析当前居民用电政策的利弊，引导居民用电行为合理化，对于推进国家电力改革，保障民生水平和降低居民碳排放，具有重要的现实意义。

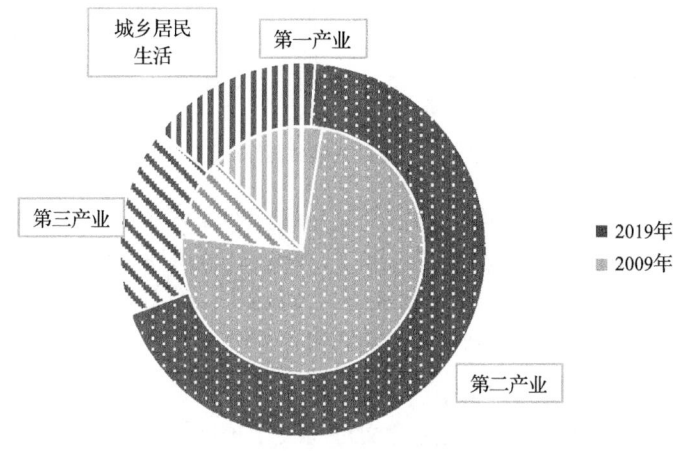

图 5.7　各部门用电对比

数据来源：国家能源局

5.3.1　过高的交叉补贴不利于实现居民碳减排

1. 居民用量上升将给电力服务带来更大压力

出于民生的考虑，为了发挥电力作为基础需求的公共服务职能，中国多年以来的用电格局是供电成本低的大工业和一般工商业用电收费较高，供电成本较高的居民用户电费较低，形成交叉补贴，这也和世界上工业化程度较高的国家情况恰恰相反。2018 年，中国居民部门的平均用电价格仅为 0.53 元/kW·h，远远低于美国居民用电价格 0.9 元/kW·h，也低于日本居民电价的 1.31 元/kW·h，如图 5.8 所示。

2019 年，中国的生活用电占电力消费的比重为 14.19%，而美国居民用电则占到电力消费比重的 40%。随着社会的发展和人民生活水平提高，居民部门的用电占比将会持续提升，如果保持价格不变，政府和电力企业将承受更大的压力。中国从 2012 年起全面实施阶梯电价，以引导居民合理用电及逐步减少交叉补贴。但从全国居民的平均用电价格来看，价格并没有提高。从 2013 年到 2019 年，中国居民的物价水平上升了 12.6 个百分点，而名义电价反而下降，对比居民消费价格指数、商品零售价格指数和居民电价等物价水平和居民电价的变化差异，在各大

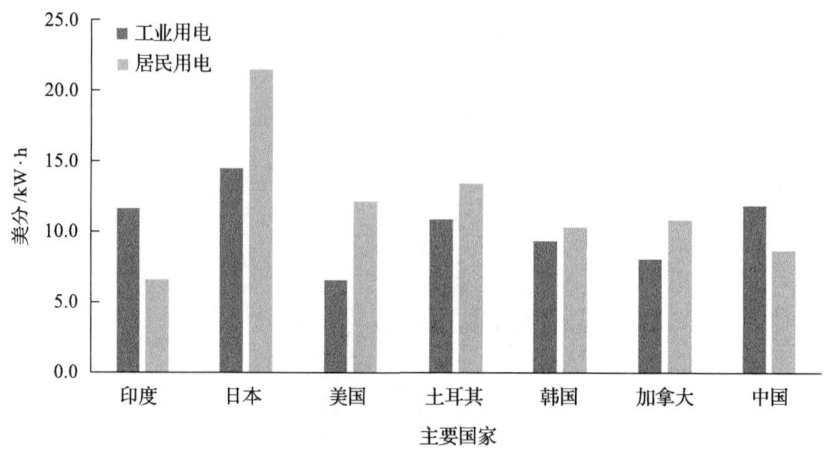

图 5.8 国内外工业用电和居民用电价格对比(2018 年)
平均汇率:1 元=0.163 美元
数据来源：Enerdata, https://www.enerdata.net

消费指数逐年增长的同时，居民电价相当于不增反降，这将给国企和财政带来更大的压力。按照国家电改 9 号文配套文件《关于推进输配电价改革的实施意见》中"分类推进交叉补贴改革"章节内容，要通过改革回归电力的商品属性，逐步解决价格倒挂、交叉补贴和不合理的费用分摊等问题，并将节省下来的开支用于可再生能源的投资和电网的开发等，以促进中国下一步近零排放的实现。基于对美好生活的向往，同时伴随着科技进步和家用电器在农村和低收入家庭不断普及，也由于居民对居住舒适度的要求不断提高，居民用电的增加看起来是必然的，如果保持居民用电价格不变，交叉补贴的规模只会越来越大，想要将缩减的补贴开支应用于清洁电力生产基础设施的建设，就更是无从谈起。

2. 目前交叉补贴的改革更多集中在补贴方

自 2015 年 9 日以来，梳理电力商品的价格和减少交叉补贴为改革的重点内容。新一轮的电力体制改革目前调整的角度主要是工商业电价的调整，而作为受补方的居民还没有相关的政策调整。2018 年以来，中央政府多次提出电力价格改革方案，变化频次最高的应属一般工商电价。2019 年，按照《政府工作报告》要求，分两批出台降电价措施，在 2018 年对一般工商业电价实施降价 10%的政策基础上，2019 年再降 10%，降低企业用电成本 846 亿元。2020 年 2 月 22 日，中国国家电网公司发布《国家电网坚决贯彻阶段性降低用电成本政策八项举措支持大工业和一般工商业企业》，出台八项举措，支持大工业和一般工商业企业，减免电费约 489 亿元，在 2 月 1 日至 6 月 30 日期间对非高耗能大工业企业及一般工商业企业电费减免 5%的电费。工商业电价多次下调，居民电价基本保持不变，目前缺口已经出现,并将持续增大,为之买单的国家财政、电网企业和电力市场又能否寻求解决成本问题的空间?中国人口众多,居民用电价格的分毫变化将引起国家和供电企业收益的巨大变化,同时由于涉及民生问题,即使处在大刀阔斧的电力改革阶段,中央政府对于居民用电价格的调整也十分谨慎。

3. 当前电价水平下的居民用电补贴更青睐高收入群体

根据国家能源局数据,2014 年居民用电量为 6928 亿 kW·h,用电平均价格为 0.557 元/kW·h,全国电力销售平均价格为 0.686 元/kW·h,全国范围内的补贴为 891 亿元,占到当年全国 GDP 总量的 0.14%,相当于两大电网当年营业收入的 3.47%。根据中国综合社会调查数据(CGSS2014),高收入家庭的平均每户用电量较高,几乎是低收入家庭的两倍,而由于当前电价设计的准则为"第一二档位电量覆盖 95%的居民用电",且两档电价均低于供电成本,必然将导致用电越多补贴越多的结果,从相关研究的结果可知,高收入家庭每月每户可以接收到约 35.65 元的用电补贴,补贴率达到 23.04%,远远高于中低收入家庭,而低收入家庭的户均补贴额度仅能接收到其三分之一不到,补贴率也低于平均水平,表明目前中国居民电力补贴是与政府电价补贴的初始目标相悖离的。

4. 能源贫困人群接收到的补贴较少

中国的能源贫困问题可以看作居民是否使用现代清洁能源来满足基本生活需求的问题,按照现有研究得到的能源贫困分界方法[6,7],当家庭用电量低于基本用电需求时,说明该家庭可能由于支付负担或生活条件的限制,无法购买足够的现代清洁家用能源来满足基本生活需求,转而通过使用散煤、秸秆等固体燃料来作为生活能源需求的补充,因此可以被认为是能源贫困程度较深的家庭,这类家庭的平均收入明显低于其他类型,但每户每月接收到的用电补贴仅为 7.85 元,相当于非能源贫困家庭的三分之一,而非能源贫困家庭的补贴率则高于平均水平,这也说明,一刀切的价格补贴模式,不仅没有使低收入家庭获益,也没有对在能源使用方面发展相对落后的家庭进行扶持,存在着明显的补贴泄露。

5.3.2 提高补贴效率和促进居民碳减排的建议

1. 价格调整有利于减轻补贴负担和提高补贴有效性

提高电价有利于减少居民用电和降低补贴,但相应地,居民福利也会下降。在中国目前实施的三阶梯递增式电价模式下,当第一阶梯价格不变时,二、三阶梯的价格变动对于福利总量的影响较小,明显小于第一阶梯电价的变化对居民总体福利的影响。这主要是由于中国第一阶梯的覆盖率较高,这样设计主要是为保障居民用电的公共服务职能,所以,如果保持第一阶梯价格不变,即使将第二阶梯的电价提升到供电成本，对于用电量、补贴、居民总体福利的影响都并不明显。三阶梯等比例涨价虽然能够有效降补，但不利于交叉补贴作为再分配，反而可能导致低收入家庭反补高收入家庭、能源贫困家庭反补非能源贫困家庭的不合理现象。适当拉开三阶梯的价格梯度，不仅有利于降低补贴和提高社会净效率，也更利于福利的再分配，还能将能源贫困家庭的去补率控制在较低的水平，而这类家庭恰恰又是改革进程中最为敏感的。但是，如果需要改变当下的补贴状况，重新设置第一阶梯电价或改变第一阶梯的用电区间在所难免，但与此同时，涨价所造成的居民福利下降又决不能受到忽视，配套的针对性扶持政策就应该派上用场。

2. 有针对性的照顾政策是促进能源贫困家庭生活低碳化的前提

能源贫困的家庭是对能源偏好最不稳定的家庭类型之一，一旦用电负担超过其承受范围，就有可能会增加其他能源的使用，而在广大的农村地区，当散煤、薪柴、秸秆、动物粪便等低成本的固体燃料获取难度较低时，农村的能源贫困居民很有可能会使用这些价格较低但风险较大的非清洁燃料来满足其基本的生活需求。国内外文献研究表明，这些固体燃料零散燃烧的风险，既包括环境风险，也包括健康风险，未经处理就直接向大气排放的燃烧烟尘，不仅造成北方地区的空气颗粒物问题，也成为居民零散碳排放的重要来源。为了缓解北方农村地区冬季取暖所带来的环境和气候困扰，国家近年来实施了"煤改电"和"煤改气"的能源替代工程，不仅对设备装置进行补贴，还对采暖用电实施特殊的优惠政策；为了缓解"一户多口"家庭的用电矛盾，各省市纷纷出台了关于增加该类型家庭第一档用电量的政策，避免"一户多口"家庭由于用电增加而导致的不必要电力负担；在此之前，作为阶梯电价实施方案的配套政策，各省对"低保户"和"五保户"给予每月每户10kW·h或15kW·h的免费用电。作为价格变化中最容易受到影响的群体，收入贫困和能源贫困的相应照顾政策是价格政策实施过程中不可忽视的一部分，否则将增加其使用非低碳清洁能源的风险。

3. 通过电力调配缓和不同地区居民节能潜力和碳减排潜力间的矛盾

根据国家生态环境部颁发的《中国区域电网基准线排放因子》，电量边际排放因子在区域电网间呈现出一定的差异，其中华东区域电网最低，为 0.8095kg CO_2/kW·h 用电，其次为南方区域电网和西北区域电网，而东北区域电网的电量边际排放因子最高，为 1.1281kg CO_2/kW·h。从促进碳减排和2060实现碳中和的角度来看，不同地区的居民也呈现出不同的减排潜力，并具有一定的复杂性。从调查数据看，南方地区、华北地区和华东地区的居民平均电力消费分别位列前三，从用电量看属于节能潜力比较大的地区，而南方区域电网和华东区域电网的二氧化碳排放因子实际上比较低，居民用电碳减排潜力不如东北区域电网覆盖地区以及华中和西北地区高。但是西北和东北地区的居民电力消费又相对较低,恰恰也是能源贫困比较集中的地方,节能潜力较低。因此,通过电力资源的合理调度以促进其实现在全国范围内的优化配置,让减排潜力和节能潜力有机地结合起来,是促进居民用电部门碳减排的合理手段。

4. 因地制宜的灵活定价有利于资源的优化配置

无论从长期看还是短期看,全国样本下居民用电需求对价格无弹性,但经济发展水平最低的地级市居民用电价格弹性小于–1,其电力需求不仅对电价敏感,还受到天然气等其他能源价格变化的影响,可见居民用电对价格的敏感程度在地区间存在着差异。目前来看,在各省阶梯电价的电量设置方面,东部地区的电量设置要比中西部地区高。在第一档电量的设置上,东部地区省份除了安徽省和江西省,第一档的电量设置都超过了200kW·h,第一档电量的上限在180~260kW·h,西部地区的用电量上限设置较低。从定价上看,由于第一档价格在设定之初均为延续之前的电价水平,存在一些发达地区电价低、欠发达地区电价高的情况,比如北京和天津的第一档电价分别为 0.4883 元/kW·h 和 0.49 元/kW·h,广西和海南的第一档电价分别为 0.5283 元/kW·h 和 0.6083 元/kW·h,各地应充分考虑阶梯电价的公平性目标,在电力成本的基础上,结合地区经济发展水平和居民生活水平,争取在全国范围内形成合理的资源配置。

5. 个人碳交易有利于对冲价格调整对敏感人群的不利影响

大量研究表明,中国目前的电价设定,由于偏离了用电成本,导致用电越多则受补贴越多的现状。如果假设用电量和收入成正相关关系,相当于低收入居民在补贴高收入居民,存在着补贴溢出的不合理性。然而,如果调整电力价格,低收入居民或已经陷入能源贫困的居民,比起其他普通家庭来说更容易受影响,容易导致能源贫困的程度加深。除非将阶梯电价的价格变化幅度拉开,才能让去补贴产生的消费者福利下降更多地由高收入居民来负担。但是价格的变化,一是可能导致价格接受者的不满而加大实施的难度,二是由于居民部门电力服务的公共职能作用,要求第一档保障性用电的覆盖率为百分之八十,如果在保证第一阶梯价格不变的前提下降低补贴总量,则需要对第二、三阶梯的价格进行较大幅度的调整,实施难度较大。因此,如果能够引入其他的补充机制,如个人碳排放权交易机制,相当于在电价之外,还能够间接对高用电量的居民实施价格控制,同时将这一部分的消费者福利转移到低耗电量的居民家庭,有利于福利的再分配。中国碳减排任务日益严峻,个人碳交易不仅能从侧面帮助解决直接价格调整方面的操作困难,更能对中国总体碳减排和未来碳中和的实现提供更加灵活可行的途径。

5.4 碳中和目标下中国碳标签的机遇与发展

在全球气候变暖和环境问题日益突出的背景下,如何降低温室气体排放,特别是降低二氧化碳排放成为全球各国亟待解决的问题。虽然 2015 年《巴黎协定》的出台对控制全球气温上升幅度做出了承诺,但气候变化的加剧已经为世界敲响了警钟,2018 年全球平均气温仍比工业化前水平上升了将近 1℃。根据世界气象组织发布的《温室气体报告》显示,2018 年大气中二氧化碳的全球平均浓度达到数百万年来未见的新纪录。表 5.2 列出了全球主要国家和地区的温室气体排放量及在全球的占比。

表 5.2　2019 年全球主要国家(地区)的温室气体排放量及占比

国家(地区)	温室气体排放量/亿 t CO_2eq	占全球的比重/%
中国	14	26.7
美国	6.6	12.6
欧盟	4.3	8.2
印度	3.7	7.1
俄罗斯	2.5	4.8
日本	1.4	2.7

数据来源:联合国环境规划署。

从表 5.2 中可以看出,中国在 2019 年的温室气体排放量占据世界总排放量的 26.7%,超过美国的 2 倍。作为世界上最大的碳排放国家,中国在联合国大会上承诺,努力争取 2060 年前实现碳中和。碳中和对中国而言并非实现"绝对的零排放",而是通过植树造林、节能减排等形式,抵消原来产生的二氧化碳排放量,实现二氧化碳"零排放"。作为推动绿色低碳消费的重要工具,碳标签的发展对未来实现碳中和目标将起到一定的作用。具体而言,"碳标签"是以标签的形式将商品在生产过程中所排放的温室气体量化展示出来,为消费者提供判断标准,从而引导消费者选择低碳环保的商品。这对于环境的可持续发展非常重要,因为人类活动是温室气体排放的主要原因,只有改变人类在生活中的各个方面,特别是人们的消费行为,才能进一步缓解全球变暖,实现碳中和目标。

5.4.1　中国碳标签的发展

中国碳标签的推动计划最早始于台湾省。2008 年 6 月,台湾省"行政院国家永续发展委员会"通过《永续能源政策纲领》,提出"一人一天减少一公斤碳足迹"的目标;2008 年 10 月,制定了《台湾碳足迹标识及碳标章建置规划》,确定台湾碳足迹标签的自愿标识及能力建置阶段以及推广阶段的计划。2010年4月，台湾碳足迹标签正式在产品中使用，目前已经涉及LCD显示器、光盘片、茶饮及夹心酥、牛轧糖等厂商。

中国内地对碳标签制度的施行相对较晚。2009年6月，中国标准化研究院和英国标准协会在北京共同主办PAS 2050中文版发布会，以推动建立碳标签制度在中国的试点工作。2009年10月，中国环保部宣布将实施产品碳足迹计划，对符合的产品加贴低碳标签。而中国"碳足迹标签"实际的推动计划始于2018年。2018年8月，中国电子节能技术协会低碳经济专业委员会牵头组织制定的《中国电器电子产品碳足迹评价》团体标准，全国碳排放管理标准化技术委员会副主任、原国家发展和改革委应对气候变化司副司长孙翠华提出"引导绿色消费"的目标。2018年11月，中国电子节能技术协会、中国质量认证中心及国家低碳认证技术委员会开展电器电子产品碳标签国际会议并发布《中国电器电子产品碳标签评价规范通则》团体标准，确定中国首例电器电子行业"碳足迹标签"试点计划，并将由独立于制造厂、销售商和消费者的社会第三方机构执行，受政府监督管理，为企业和消费者提供客观、公正的评价结果。此外，《LED道路照明产品碳足迹评价规范》的标准也在2018年11月15日发布。2019年4月，中国碳标签正式在部分产品上使用，主要包括LCD显示器、手机等电器电子产品。

5.4.2 中国碳标签发展的机遇

过去，政府和企业是减缓碳排放的主力军，具体而言，政府通过制定环境政策控制企业的化石能源消费，或鼓励提高清洁能源在能源消费结构中的比重，以减少二氧化碳排放。但鉴于中国煤炭丰富、石油匮乏、天然气不足的资源禀赋特点，依靠改变能源结构来实现温室气体减排仍然任重道远。中国正处于工业化和城镇化建设阶段，若仅仅依靠政府主导强制降低企业的能源消耗量来降低碳排放可能会牺牲经济的发展，因此，消费行为的改变是中国节能减排的关键。随着中国经济的发展，人们消费水平的提高，中国居民的消费需求也在大幅度增长，仅仅依靠政府的力量来实现的节能减排可能远远赶不上消费者日益增长的需求速度。因此，在控制供给侧节能减排的同时，也有必要发挥消费侧的力量，让消费者也参与到环境保护中来。近年来，环境问题严重影响了人们的生活和健康，随着人们环保意识的增强，消费者也越来越关注低碳生活。碳标签的出现可以有效地将产品的环境信息直接告知消费者，一方面，当消费者掌握了产品的信息和价值后，他们可以做出理性的决定，另一方面，碳标签传递给消费者的信息也使消费者了解到其消费行为在环境保护中的潜在作用，碳标签对低碳消费具有引导作用。这样一来，消费者也被纳入到参与碳中和的体系中。

对企业来说，企业通过在产品上贴上碳标签信息，可以增加消费者对产品环境信息的知情权。反过来，消费者对低碳产品的需求会引导企业注重绿色生产，推出低碳产品，这将形成一个减排的良性循环。因此，碳标签改善了企业和消费者之间的信息不对称，为企业和消费者共同参与低碳发展搭建了一座桥梁。

5.4.3 中国碳标签制度存在的问题

与全球其他国家相比，中国的碳标签起步较晚，仍处于发展初期阶段，目前碳标签制度的发展也存在着许多问题。

(1) 中国市场上大多数碳标签属于对低碳产品认证批准类的碳标签，而并非标明产品从原材料、研发设计、生产的整个生命周期所排放的温室气体排放量。因此消费者在选购产品时就无法根据碳标签来合理的评估自身直接或间接消费该商品所产生的温室气体。环境问题的日趋严重让人们意识到环境保护的重要与迫切，低碳生活的发展趋势是必然，但是由于碳足迹的缺失无法让消费者做出理性的判断，导致碳标签对消费者的引领作用大打折扣。尽管中国在碳标签的发展中做了很多的努力，但是低碳标签并不属于真正意义上的碳足迹标签。

(2) 碳标签的施行范围有限。虽然 2018 年《中国电器电子产品碳足迹评价》及《LED 道路照明产品碳足迹评价规范》的团体标准发布使部分产品被贴上碳足迹标签，但是目前中国内地施行的碳标签仅仅针对一些电子产品及 LED 显示器等，消费者在日常生活中的食品、纺织品及其他日用品并未涉及。作为倡导低碳消费的重要政策工具，碳标签的发展在未来还需要扩大产品实施范围，使碳标签更多的融入人们的消费生活中去，才能达到引导低碳消费的预期效果。

(3) 碳标签相关的配套政策制度仍有待进一步完善。目前中国还没有明确针对碳标签制度施行与推广的法律法规，关于碳足迹的核算标准也仅仅停留在电子产品及 LED 照明产品等中，碳标签在未来也将会涉及企业的进出口贸易，关于碳足迹的核算也应当与国际上有统一的评价标准。

5.4.4 中国碳标签的发展前景：基于消费者角度

碳标签作为倡导低碳消费，促进碳中和目标实现的政策工具之一，其未来的发展在很大程度上仍取决于消费者对碳标签产品的态度和购买意愿。因为碳标签产品的终端使用者是消费者，所以了解消费者对碳标签的看法和支付意愿对未来中国推行碳标签制度有着重要意义和参考价值。基于此，厦门大学中国能源政策研究院从消费者的角度对公众对不同碳标签的态度和支付意愿进行了研究，结果发现，在受访者中 80% 以上的消费者是愿意为碳标签产品多支付费用的，因此，可以认为，中国碳标签产品在中国具有较好的消费者市场和发展前景。

中国 2018 年出台的碳标签政策中主要是针对部分电子产品，而消费者在日常生活中接触到的产品种类其实很多，厦门大学中国能源政策研究院又进一步分析了消费者对食品，纺织品，电子产品以及其他日用品碳标签产品支付意愿的影响因素。研究发现，当消费者对碳标签有更多的了解或是认为碳标签有助于绿色环保时，则消费者愿意为购买碳标签产品花费更多。因此，政府应该加强对碳标签的宣传推广，可通过电视媒体、社区宣传海报、产品广告等普及碳标签知识，让公众了解碳标签对引领低碳消费的作用。在超市或商场中可以成立碳标签产品的试行专区，通过对一些产品加贴碳标签并成立碳标签专区来吸引消费者的关注，这有助于促进消费者低碳消费理念的形成，从长远看来对推动消费者的绿色低碳消费行为具有积极作用。

此外，笔者将受访者不愿意购买或多支付碳标签产品的原因进行了排序，结果列于表5.3。可以看出，认为政府应该为低碳消费买单是消费者拒绝支付的最大原因，因此，在碳标签试点初期，政府也可以给予生产碳标签产品的企业或购买碳标签产品的消费者适当的补贴，减轻企业的生产成本以及消费者为碳标签产品支付的溢价成本，这将进一步推进企业向清洁低碳的生产方式转变，也有助于碳标签产品在更多的消费者中推广开来，从而让政府、企业、消费者都为应对气候变化，实现碳中和目标做出贡献。

表 5.3 受访者不愿意购买/多支付碳标签产品的原因

排序	不愿意购买/多支付碳标签产品的原因
1	政府应该为低碳消费买单
2	家庭收入不高，无力支付
3	不想尝试新产品
4	碳标签产品的信息和认证不可信
5	碳标签产品带来的环境改善效果可能不明显
6	环境足够好，不需要改善

5.4.5 中国碳标签的发展策略

首先，制定碳足迹标签统一标准，提供技术支持。碳标签的标准化需要生产商具有完备的技术条件以精准测算产品在整个生产过程中的碳排放量。目前中国一些中小企业技术落后于发达国家，并不具备测度产品碳标签的完备技术，给商品加注碳标签的额外成本可能会给部分企业带来巨大的压力，因此，在碳标签施行初期，政府可以提供一定的技术支持和财政补贴，统一碳足迹标签的测算标准，为消费者提供准确有效的参考依据。

其次，完善并逐步出台对各类产品碳标签的配套政策法规。目前中国仅对电子产品及LED照明产品和服务有出台相关的碳足迹核算准则及相关政策，而消费者在生活中接触到的商品种类有很多。在未来，中国需要完善并逐步出台对各类产品碳标签的配套政策法规,只有完善针对各类消费品的政策法规,使每种产品的碳足迹有着明确科学的核算标准,才能普及并推广碳标签在各类产品中的应用。

最后,加快开展碳标签产品试点工作。碳标签对于中国而言是机遇也是挑战,在2060年实现碳中和目标的前提下,中国政府可以学习一些发达国家碳标签推广经验,可优先在一线城市展开碳标签产品的试点工作,积极宣传碳标签在促进低碳消费、减少二氧化碳排放方面的作用,发挥好碳标签制度在未来实现中国碳中和目标中的作用。

5.5 推动农村能源革命,赋能绿色低碳农业

农村能源基础设施建设不尽完善,农村能源有效供给,尤其是清洁能源供给仍然存在诸多不足,这很大程度上限制了农村地区的经济发展,因此,在乡村振兴战略的大背景下,推动农村能源革命,提高农村地区的能源服务水平成为当下解决三农问题,助力农村现代化发展的重要工作。同时,随着碳中和目标的明确,建设低碳农业也成为农村发展的重要议题。农村能源革命和低碳农业之间的关系并不是割裂的,一方面,能源革命为低碳农业发展提供了技术支持和发展基础,另一方面,农业低碳化乃至农业碳中和的发展目标给能源革命提供了明确的发展方向和突破口。

5.5.1 农村能源利用和低碳农业发展现状

作为社会经济发展的重要物质基础,能源一直是人们关注的焦点问题。保障能源安全、可靠供给,加快清洁能源转型是近年来能源发展领域的重要议题。但是,中国长期以来的城乡二元体制导致城乡的资源配置出现一定的不平衡问题,而这一问题同样体现在能源方面。一直以来,农村能源基础设施(电网、燃气管网等)建设和能源服务水平都远远落后于城市地区,而随着收入的提高,农村居民的用电需求基本保持增加趋势(见图5.9)。这一供需矛盾的存在既不利于农村居民生活条件的改善,也极大地限制了现代化农业的发展。作为传统的农业大国,中国一直将三农问题作为推动社会发展的重要发展方向。而作为农村现代化发展的关键基础,如何完善农村能源基础设施建设、提高农村能源供给水平、建设农村清洁能源体系更加值得我们关注。随着《乡村振兴战略规划(2018—2022年)》等国家政策的出台,建设农村能源基础设施、推动清洁能源消费升级、优化农村能源供给结构等措施逐渐提上议程。

同时,随着全球变暖问题日益加剧,与农业相关的温室气体排放问题也开始引起社会关注。农业温室气体已经成为全球碳排放的第二大来源,农业活动对于气候变化的影响不容小觑。改革开放后的30年中,中国的农业生产已从传统农业

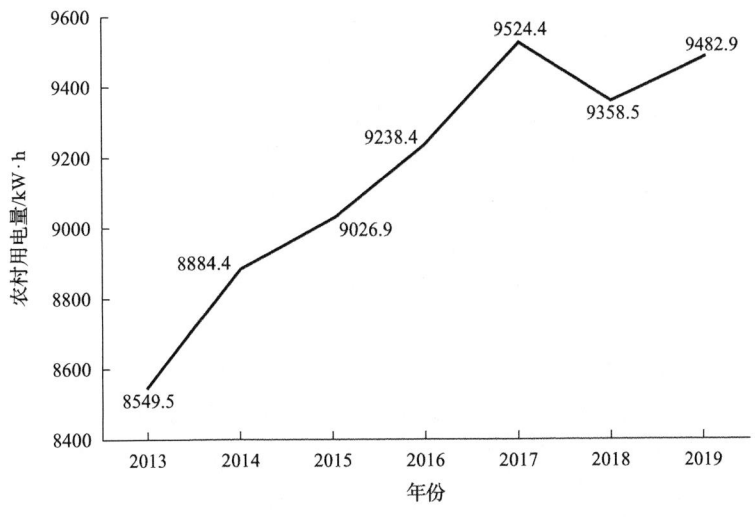

图 5.9 2013~2019 年农村用电量
数据来源：国家统计局

转变为现代农业，中国农业生产呈现高投入，高消费和高生产率的特点。尽管农业的发展极大地改善了中国面临的粮食供给压力，但也对生态环境造成一定损害。为了扭转这一局面，低碳农业已经成为农业现代化发展的重要方向。低碳农业是一种低投入、低耗能、低排放、高效益的资源节约型现代农业生产和经营模式，旨在提高资源利用率和农业产出率。

一方面，农业生产活动所排放的温室气体排放是导致气候变化的重要原因。据统计，2011 年全球农业的温室气体排放量已经超过 100 亿 t，占温室气体排放总量的 14%。农业温室气体已经成为全球碳排放的第二大来源。目前，农业碳排放源头呈现多样性特征：一是农业生产活动中化肥、农药等生产资料的投入、农业生产消耗能源（如中国北方地区使用大水漫灌的方式消耗了大量能源）等直接或间接产生的碳排放；二是水稻种植过程中所产生的甲烷及土壤中氮的直接排放；三是畜牧业在养殖过程中温室气体的排放，如粪便处理过程中产生的甲烷及二氧化氮；四是农业废弃物处理过程中所产生的排放，如农业秸秆在燃烧过程中所产生的二氧化碳。

另一方面，农业碳汇是捕捉大气中二氧化碳的关键自然途径。按照《联合国气候变化框架公约》中的定义，碳汇一般是指一种能够减少大气中二氧化碳浓度的固碳方法。目前，碳汇大致可以分为人工碳汇和自然碳汇。作为自然碳汇中最为重要的组成部分，农业碳汇具有巨大的减排潜力，具体地，农业碳汇还包括森林碳汇及农田碳汇等形式。在森林碳汇方面，最新研究表明，2010~2016 年，中国陆地生态系统年均吸收 11.1 亿 t 碳，约为同时期碳排放的 45%[8]。在农田碳汇方面，研究表明，中国主要农作物均显示碳汇效应，年净碳汇为 2.36 亿 t 碳，其中三大作物水稻、小麦和玉米占 70.14%[9]。

值得注意的是，农村能源转型与低碳农业发展之间的关系并不是割裂的，而是具有内在联系。能源革命为低碳农业发展提供了技术支持和发展基础，低碳农业也为农村能源转型提供了解决问题的新思路、新方法。一方面，农村能源革命带动生物质能、沼气发展，推动农村能源系统向分布式能源转型。废弃物处理的"资源化"可以有效消化农业废弃物，减少不当处理造成的碳排放。生产过程的"循环化"产生的生态肥料(如沼气处理剩余的沼渣)可以替代化肥等生产资料的使用，从而推动物资投入的"减量化"，减少农业生产资料使用产生的二氧化碳，此外，农村清洁能源的使用还可以减少森林的砍伐，增加森林碳汇。另一方面，低碳农业发展推动农业经营方式向绿色多元转变，比如结合传统的种植业与旅游业，开展农业旅游活动。在经营方式转变的过程中，可再生能源发展可以同样扮演重要角色，与新型农业经营模式结合，发挥更大作用。

5.5.2 农村能源转型与低碳农业发展中存在的问题

虽然农村地区的能源转型升级和低碳农业建设一直在稳步推进，但是农村能源转型以及低碳农业发展仍存在诸多问题。

(1) 农村能源基础设施建设存在较大短板，尤其是在落后偏远地区。目前，农村地区仅在电力基础设施建设方面较为完善，但是天然气管网、热力管网等设施建设仍然落后，天然气等设施在农村未能全面普及，导致农村居民在使用现代能源时受到极大约束。此外，尽管中国已实现"全民通电"，农村电力基础设施已经较为完善，但是依然存在电网规划不合理、电力结构不完善和设备水平落后的问题，无法有效满足居民用电的可靠和安全需求。

(2) 农村地区的现代能源利用水平较低，部分地区仍以传统能源为主。根据 2016 年第三次农村普查情况(表 5.4)，农民做饭取暖使用的主要能源中，以电为主的占比 58.6%；主要使用煤气、天然气、液化石油气占 49.3%；主要使用柴草的占到 44.2%；而使用沼气只占到 0.7%。根据国家能源局 2020 年 10 月公布数据显示，2018 年清洁能源占农村能源消费总量的比重为约为 21.8%，比 2012 年提高 8.6%，但是占比仍然较低。具体地，秸秆、薪柴等传统生物质能源仍然在农村生活用能中保持重要地位，占比达到 48.4%。此外，农村生产生活还大量消耗了散烧煤。由于农户利用传统生物质能源的方式粗放，利用效率较低，在使用过程极易产生大量烟尘，导致人体健康损害和空气环境污染。同时，农村使用的散烧煤质量差、灰分硫份高，是大气污染的重要来源，相对于电力、天然气等能源，秸秆、薪柴和散煤等固体燃料燃烧排放的室内污染物极易导致呼吸系统疾病及心脑血管疾病。

表 5.4　2016 年农村主要生活能源构成　　(单位：%)

类别	全国	东部	中部	西部	东北
柴草	44.2	27.4	40.1	58.6	84.5
煤	23.9	29.4	16.3	24.8	27.4
煤气、天然气、液化石油气	49.3	69.5	58.2	24.5	20.3
沼气	0.7	0.3	0.7	1.2	0.1
电	58.6	57.2	59.3	59.5	58.7
太阳能	0.2	0.2	0.3	0.3	0.1
其他	0.5	0.2	0.2	1.3	0.1

注：1. 数据来源于国家统计局；
　　2. 每户可选两项，故分项之和可以大于 100%。

(3) 农业生产方式粗放，比如过多使用化肥农药，造成大量二氧化碳排放。由于中国大部分的地区的土壤肥力较弱，农户倾向于在生产中大量使用各类化肥，以弥补土壤肥力的不足，从而尽可能地提高粮食产量。农户缺乏科学的种植施肥知识，盲目施肥很可能导致化肥使用过量，而化肥的过量使用会增加温室气体一氧化二氮的释放，加剧气候变化。

(4) 农林废弃物处理不当造成大量农业碳排放，同时加重农村环境污染。近年来，部分地区农户大量焚烧秸秆，释放了大量二氧化碳及污染物，严重损害了空气质量。在林业生产过程中，由于农户林地管理水平较差，造成林业废弃物堆积，如果处理不当极易引发山林火灾，造成大量碳排放。

5.5.3　农村能源转型与低碳农业发展的对策

推动农村能源转型要充分做好政策设计。能源转型政策的制定要依据不同地区农村的资源禀赋、农业的生产条件和农村居民生活习惯，有针对、有特色地设计方案。同时，农村能源转型政策也要结合"低碳农业"这一概念。在碳中和目标导向下，利用农村能源革命推动传统农业走上低碳农业发展的道路。针对农村能源转型与低碳农业发展，本书提出以下建议和措施。

(1) 完善农村能源基础设施建设，因地制宜发展分布式能源系统。分布式能源系统是一种高效的能源利用新模式，既有利于解决农村地区居民的能源需求，还能保障农村地区能源的清洁、稳定供给，减少农村地区的环境污染和生态破坏，建设农村分布式能源系统可以给农村地区带来较大的经济、社会和生态环境综合效益。在推动农村能源基础设施建设过程中，要充分考虑人口密度、生产生活方式、可再生能源资源禀赋、管网建设水平等差异，以分布式能源系统建设为导向，因地制宜开发利用农村可再生能源，推动农村用能清洁化，优化农村用能结构。

目前,中国农村地区范围广达,具备丰富的沼气、太阳能、风能、地热等可再生能源资源,但是,农村地区现有新能源利用规模较小且利用方式较为单一、技术支撑薄弱、基础设施建设不足。因此,各地政府应该扩大农村可再生能源开发利用规模和方式,为农村地区居民提供更加清洁、便利的能源供给,推动农村能源转型。同时,由于农村地区的气候条件、资源禀赋、经济发展水平以及能源消费现状等区域环境、社会、经济特征存在一定差异与不同,各地应当根据自身的实际情况有针对性地建设分布式、多能互补的可再生能源网络。在发展农村可再生能源的过程中,应因地制宜、找准方向,结合本地资源禀赋情况,合理、有序地开发光伏、地热、风能、水能等可再生能源,推动电、热、气等能源形态的灵活转换,实现梯级利用和互补优化。

(2)在发展分布式能源过程中,各地政府要注重基础设施建设和管理水平提高齐头并进,从而真正地提高农村地区的能源利用与供给水平。一方面,完善农村能源基础设施的资金保障机制,政府要加大对能源基础设施建设的支持,通过专项财政资金等方式向农村地区倾斜。同时,政府也要鼓励和引导更多社会资本参与到农村能源基础设施建设,推动政府财政和社会资本的通力合作,从而形成以财政优先保障为主、社会资本补充参与为辅的多主体运作机制。另一方面,加强农村能源设施的管理维护机制,完善农村基础设施的管理、维护和运营全过程,提高农村能源设施的使用寿命。针对经济基础较好的农村地区,可以开展先行试点示范项目,打造可推广、可复制的分布式能源系统项目,并作为示范项目向全国农村地区有序、逐步推广,从而实现分布式能源在农村地区的普及。

(3)借助农村能源转型和低碳农业发展,推动农业生产经营方式转变。农村地区可以结合自身资源禀赋和农业生产条件,利用可再生能源建设多样化农业生产经营方式,增加生产效益,助推低碳农业发展。例如,湖北多地农户引入新型沼气技术,实现了农业废弃物的资源化、无害化处理,并通过碳汇交易获取收入,从而有效地实现了农村清洁能源建设效益和生态环境保护效益的货币化。此外,结合光伏扶贫产业的发展,部分农村地区也开发了具备当地特色的农业经营模式。例如,2016年,湖南建成首个光伏农业一体化试点项目,该项目集合光伏发电、生态农业、观光旅游为一体,是适应农村清洁能源转型的新型农业产业化经营模式。项目建设运营后,预计年均减排二氧化碳56700t。

(4)推动清洁能源发展与废弃物资源化循环利用的协同发展,加大农业温室气体减排力度。首先,利用农业生产过程中产生的丰富的农作物剩余(如秸秆、畜禽粪便和林业剩余物等),推进生物质能发展,从而实现生物质资源向商品化能源的转化,并减少废弃物资源处理不当导致的碳排放。比如,通过分布式能源发展生物天然气+有机肥模式。以畜禽粪便、农作物秸秆、城镇生活垃圾、工业有机废弃物等为原材料,经过处理生产清洁环保可再生燃气,剩余废弃物制成有机肥还田。

其次，推进农村农业生产投入结构优化、减少高碳产品的使用，一方面通过种养结合、农牧循环、就近消纳、综合利用，降低农业生产对于化学肥料的依赖，提高生产要素的利用效率；另一方面通过秸秆就地还田、秸秆气化等多种方式和途径，进一步改善农业废弃物处理等环节的粗放处理。最后，借助能源革命最大限度地减少化肥等能源密集型产品的投入和使用，实现农业绿色低碳生产的转型，建设低碳农业。

5.6 环境保护税在碳中和过程中的作用和实施

2018 年 1 月 1 日起，中国开始征收环境保护税。作为中国第一项绿色税收，环境保护税有助于控制中国碳排放强度及碳中和目标的早日实现。环境保护税具有减排效应，可以在一定程度上促进环境成本外部化，减少碳排放量，抑制污染排放，促进环境保护。各地适用税率由各地政府结合自身经济社会生态发展目标、环境承载能力和污染物排放现状等研究制定。当前各地区税额标准存在着较大的差异，并呈现出人均可支配收入较高、污染物排放量较高、空气和地表水质量较差的地区税额较高的特点。在环境保护税实施的将近三年的过程中，暴露出了征收范围过窄、缺乏有效征管经验、污染物监测准确性不够和征管对象积极性不高等现实问题。为充分发挥环保税的政策效果，有必要从税制结构，税率设计和征管模式等方面进一步完善环境保护税。

5.6.1 征收背景和意义

在降低碳排放方面，欧洲许多国家自 20 世纪 90 年代开始实施环境保护税相关政策。芬兰、波兰、挪威、日本等国家减少碳排放的主要经济政策手段是征收二氧化碳排放税、基于碳含量的能源税与碳排放交易。中国自 2003 年 7 月 1 日起施行的排污收费制度在控制碳排放、防治污染、保护环境等方面起到了重要作用，但随着时间的推移，该制度的弊端逐渐暴露出来。资源环境税费体系缺失、征收范围较窄、执法不严、政府干预、滋生腐败等问题导致其环境治理效果不佳。

随着近年来中国环境污染问题的逐渐严重，为完善以环境保护税为代表的经济激励性环境政策工具，在国际环境浪潮推动下，学者们逐渐达成了有必要征收环境税的共识。2007 年 5 月，"研究开征环境税"首次出现在国务院发布的文件《关于印发节能减排综合性工作方案的通知》中。全国人民代表大会常务委员会在 2016 年 12 月通过的《中华人民共和国环境保护税法》中明确，将于 2018 年 1 月 1 日起，按照"税负平移"原则开征环境保护税，同时不再征收排污费。与排污收费制度相比，环境保护税沿用了其税额标准、纳税人、计税依据和税目等政策设计，但也增强了规范性，局部提高了正向激励机制和征收强度，个别条款放宽了原有要求。

《中华人民共和国环境保护税法》是中国第一部绿色税法，对保护环境具有里程碑意义，它的目的是加大环境治理力度，用严格的法律制度保护生态环境。它有助于更好地提升纳税人环保意识、减少污染排放和碳排放，激励污染企业增加治污投资，提高生产率，进而提高社会整体的福利水平，实现国家经济的绿色发展，加快生态文明建设。同时，作为地方税的环境保护税也更能提升地方政府环境保护的积极性，给发展低碳环保技术带来了资金上的支持和保障。

5.6.2 作用方向及路径

碳中和指通过自愿购买森林碳汇或清洁项目产生的核证减排量，把个人生活、工作或某项活动中的二氧化碳排放量抵消掉，使自己成为气候无害者或气候中性影响者[10]。中国目前碳排放的主要来源有：作为工业原料的能源导致的碳排放、航空和航海过程中的碳排放、农业碳排放、废物处理过程中的碳排放等。

2060年前实现碳中和的目标，展现了中国在全球气候治理领域发挥领导作用的决心，而环境保护税的开征对碳中和目标的实现具有积极的促进作用。对于能源需求侧来说，碳中和主要依靠节能减排来实现。大部分学者的研究结果表明，环境保护税是实现节能减排以及生态补偿的有效经济手段，可以在一定程度上促进环境成本外部化，减少碳排放量，抑制污染排放，促进环境保护。在一定的条件下，环境税率越高，企业排污量越低[11-14]。

环境保护税在抑制污染物排放的同时，还具有抑制碳排放的协同效果。在实现碳中和的第一阶段，主要任务是降低能源消费强度和碳排放强度，控制煤炭消费量，大规模发展清洁能源，提高工业和居民的能源使用效率[15]，而环境保护税恰好具有这样的政策效果。征收环境保护税会提高煤炭、石油的使用成本，控制煤炭和石油的消费量。有利于优化能源结构，刺激对天然气等相对更清洁低碳的能源的需求，从而减少碳排放；有利于优化要素投入结构，转变经济增长动能[16,17]。通过调节税率，可以有效控制二氧化碳排放峰值的大小及其到来的时间[18]。此外，提高污染物的环保税税负还会对非对应污染物产生外溢效应[19]。

实施严格的环境税费政策后，纳税企业会因为税收成本的增加而提高污染减排动机，主动有效的减少污染排放。同时还会增加清洁能源技术投入，提升绿色技术创新水平，显著促进绿色全要素生产率[20-23]。应该采取积极的态度对待环境保护税，坚信其征收管理有利于经济发展的绿色转型[22]。

5.6.3 实施现状与困境

环境保护税法规定的纳税人是直接向环境排放应税污染物的、在中国境内的企业事业单位和其他生产经营者，主要对四类污染物征税，其中大气污染物的税率为每污染当量1.2~12元，水污染物的税率为每污染当量1.4~14元，固体废物的税率为每吨5~1000元，工业噪音按照超过国家规定标准的分贝数征收，每月350~11200元。各地具体适用税率由各地政府结合自身经济社会生态发展目标、环境承载能力和污染物排放现状等制定。

2018年全国环境保护税征收总额为151.38亿元，2019年环境保护税的征收总额为221.16亿元，增幅达到46%。当前各地区税额标准差异较大，税收最高的六个地区，即江苏、河北、山东、山西、河南和内蒙古，占全国总税收的56%。由图5.10可以看出，主要水污染物和大气污染物税额较高的地区是北京、天津、江苏和上海。这些地区同时又是2017年人均可支配收入较高的地区。由图5.11可以看出，主要水污染物税额较高的地区是河北、江苏和河南。这些地区同时又是2017年主要水污染物氨氮排放量和化学需氧量排放量较高的地区。由图5.12可以看出，主要大气污染物税额较高的地区是河北、江苏和河南。这些地区同时又是2017年主要大气污染物氮氧化物和二氧化硫排放量较高的地区。由图5.13可以看出，2018年主要水污染物税额较高的地区是北京、天津和河北。这些地区同时又是2017年地表水水质较差的地区。由图5.14可以看出，2018年主要大气污染物税额较高的地区是北京、天津和河北。这些地区同时又是2017年空气质量较差的地区。

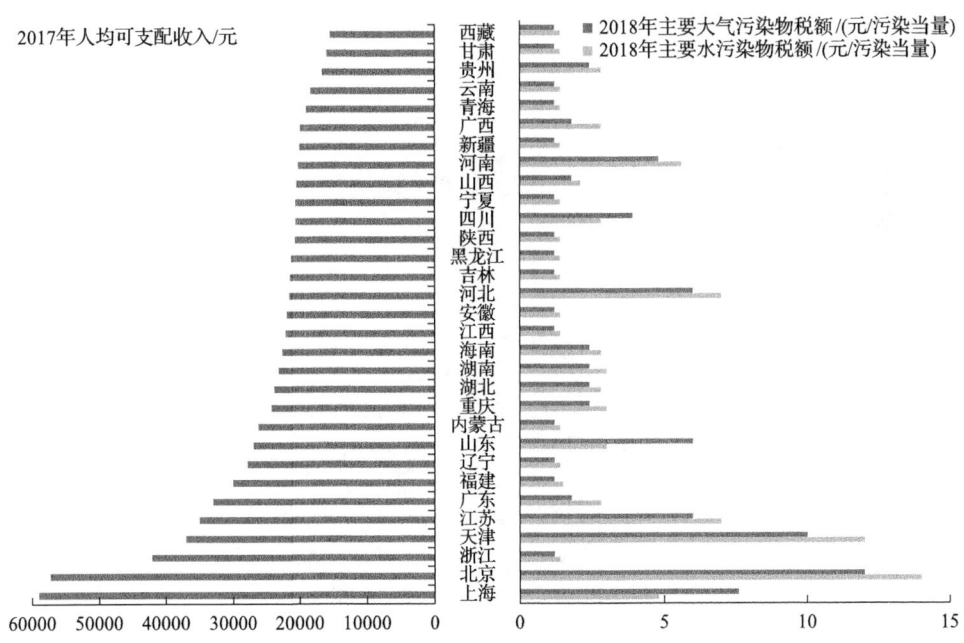

图5.10　2017年人均可支配收入与主要大气污染物和主要水污染物税额对比

数据来源：《中国统计年鉴2020》

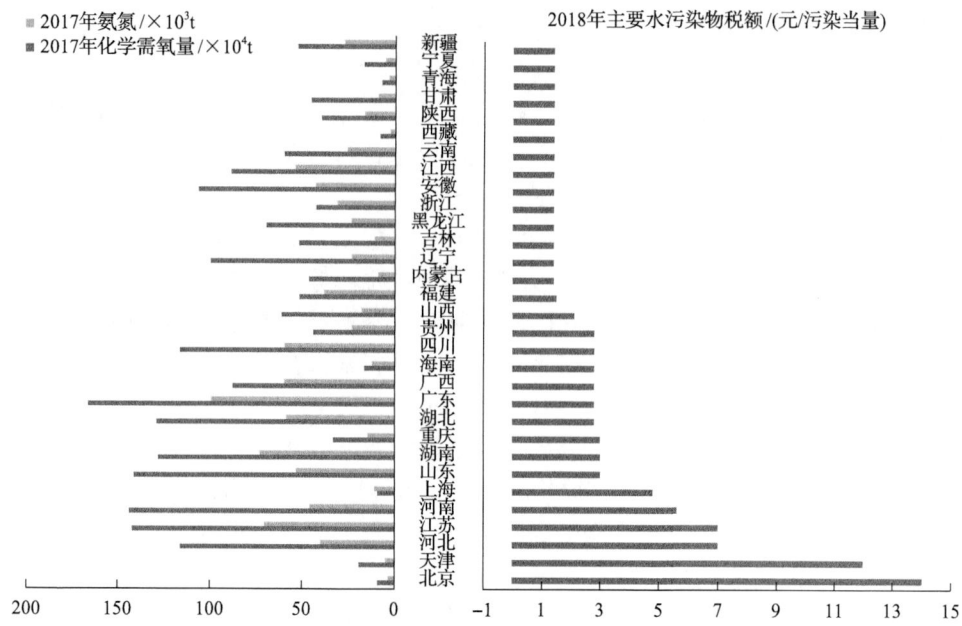

图 5.11　2017 年主要水污染物氨氮排放量和化学需氧量排放量与主要水污染物税额对比
数据来源：《中国统计年鉴 2020》

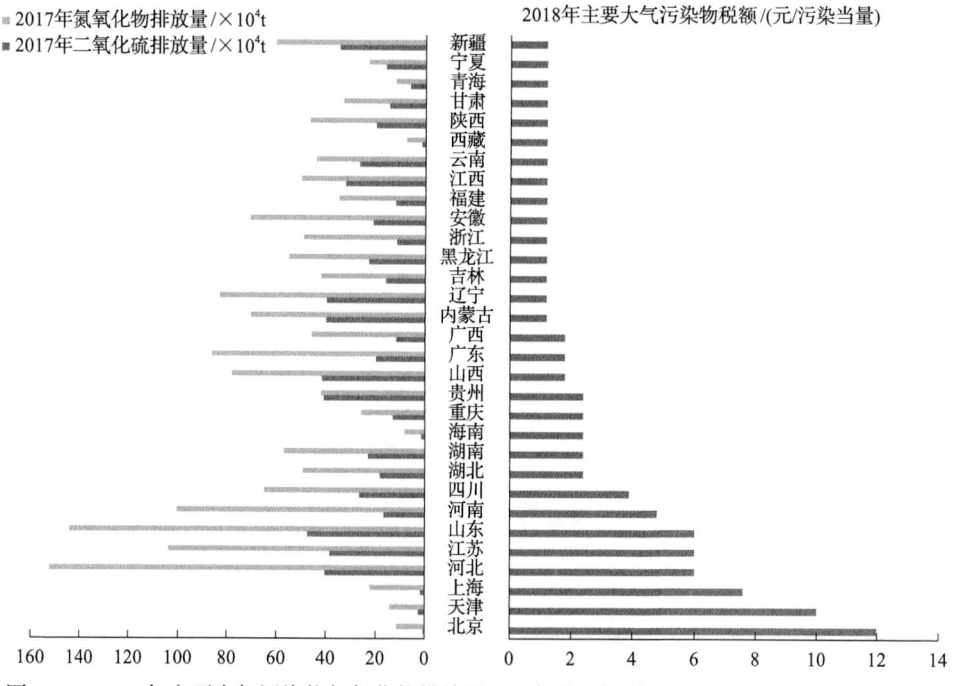

图 5.12　2017 年主要大气污染物氮氧化物排放量和二氧化硫排放量与主要大气污染物税额对比
数据来源：《中国统计年鉴 2020》

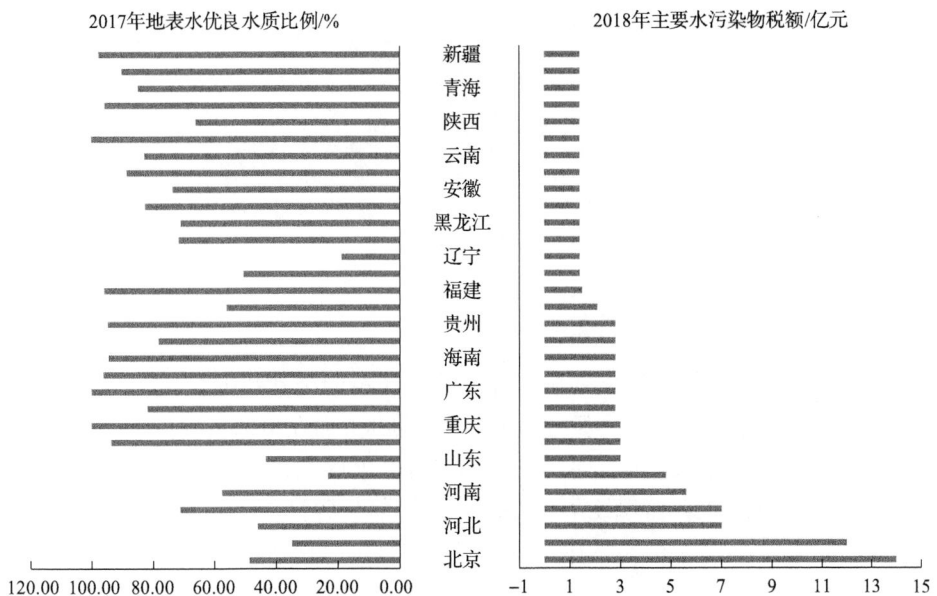

图 5.13　2017 年地表水优良水质比例与主要水污染物税额对比

数据来源：各地生态环境状况公报，其中北京、辽宁、甘肃和新疆为 2016 年数据

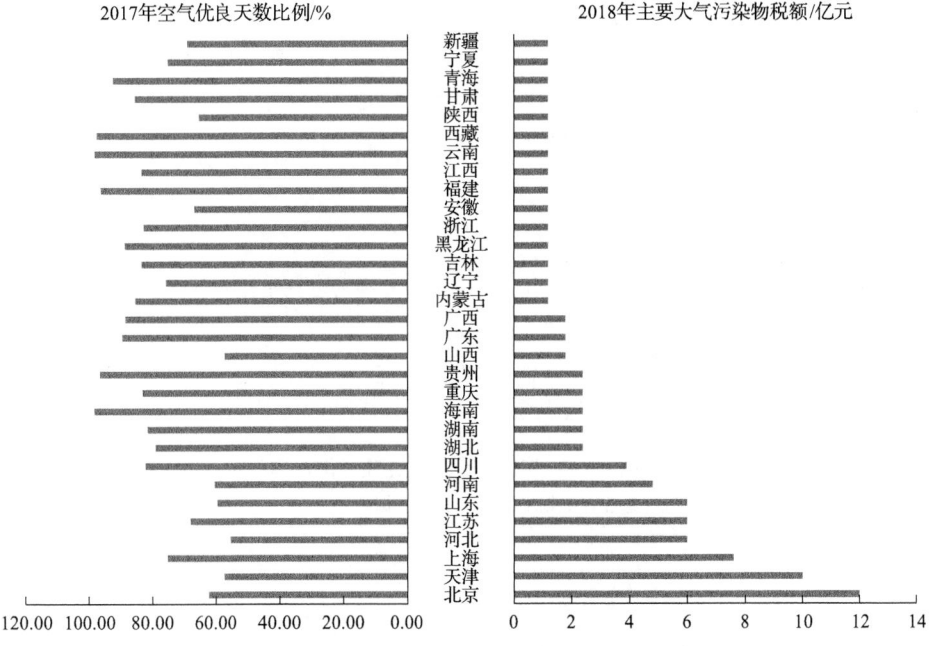

图 5.14　2017 年空气优良天数比例与主要大气污染物税额对比

数据来源：各地生态环境状况公报，其中宁夏为 2016 年数据

由图 5.15 和图 5.16 可以看出，与 2017 年相比，2019 年大多数地区的空气质

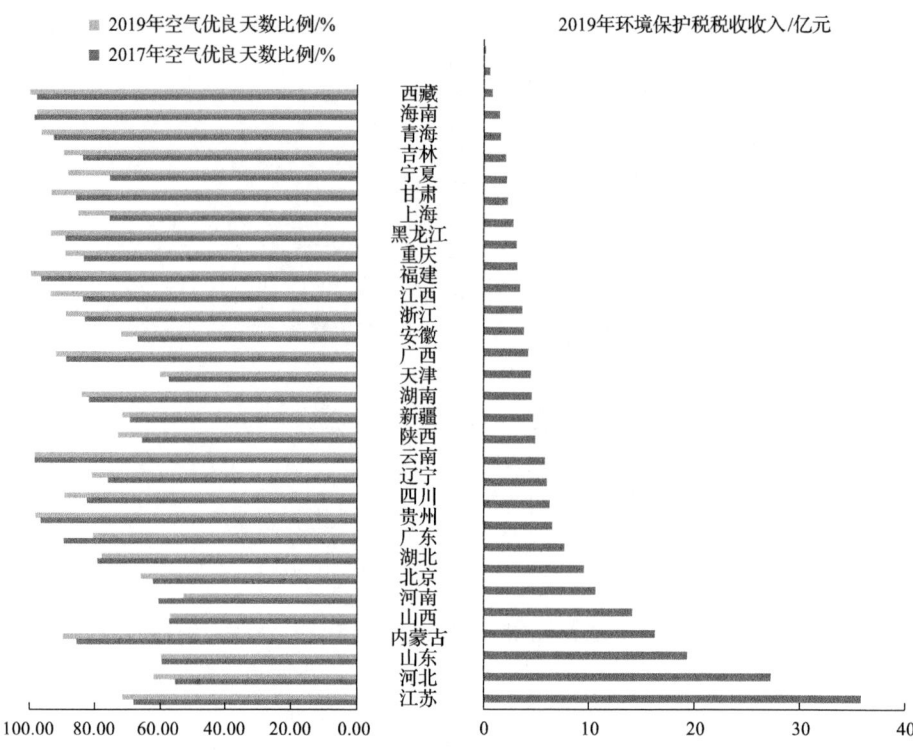

图 5.15 2017年和2019年空气优良天数比例与2019年环境保护税税收

数据来源：各地生态环境状况公报，其中山西为2018年数据

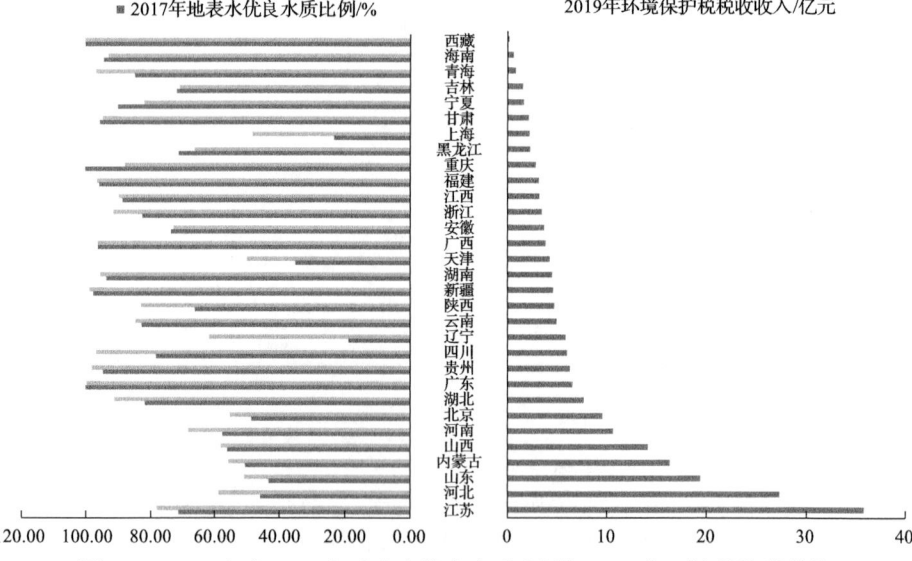

图 5.16 2017年和2019年地表水优良水质比例与2019年环境保护税税收

数据来源：各地生态环境状况公报，其中山西为2016年数据

量优良天数比例和地表水优良水质比例均得到了改善,平均提高比例分别为3.4%和5.8%。空气质量改善幅度最大的地区是宁夏,地表水水质改善幅度最大的地区是辽宁。碳排放强度也得到了有效控制,《2019 国民经济和社会发展统计公报》显示,2019年全国万元国内生产总值二氧化碳排放下降4.1%。

总体而言,各地税额制度呈现出人均可支配收入较高的地区、污染物排放量较高的地区以及空气质量较差、地表水水质较差的地区税额较高的特点。31个省份税额设定的主要特点如下。

(1)相较于原排污费的征收标准,北京、天津、河北、江苏、山东、河南等14个省(自治区、直辖市)的环境保护税的征收标准有所提高,上海、内蒙古等17个省(自治区、直辖市)的环境保护税的征收标准保持不变。

(2)部分省(自治区、直辖市)实行按照区域或污染物分类的差别化税额标准。以江苏省为例,税额最高的地区是南京市,其次是无锡、常州、苏州和镇江,其他地区的税额最低。以山东省为例,二氧化硫和氮氧化物的税额是6元/污染当量,其他大气污染物税额是1.2元/污染当量,化学需氧量、氨氮和五项重金属污染物的税额是3元/污染当量,其他水污染物税额是1.4元/污染当量。

(3)部分省(自治区、直辖市)分阶段逐渐提高税额。如云南省规定自2019年1月起,大气污染物每污染当量由1.2元调整至2.8元,水污染物每污染当量由1.4元调整至3.5元。重庆市规定自2021年起,大气污染物每污染当量适用税额由2.4元调整至3.5元。内蒙古2018年到2020年适用税额逐年提高。

(4)体现对纳税人治污减排行为的激励和违法行为的惩处。部分情况下不需缴纳环境保护税,如依法综合利用固体废物或在符合国家和地方环境保护标准的设施、场所贮存或者处置固体废物。此外,纳税人有非法倾倒应税固体废物的,以其当期应税污染物的产生量作为污染物的排放量。

在近三年的环境保护税实施的过程中,也暴露出了如下问题。

(1)征收范围较窄。环境保护税没有包括其通常意义上的覆盖范围中的全部征收内容,同时,作为地方政府的重要收入来源,环境保护税的收入难以弥补政府在环境保护方面的相关支出。应税污染物与当量值规定也已不合时宜。印刷厂、家具厂排放的非甲烷总烃、部分特定条件下具有挥发性的有机化合物等当前对环境污染较大的污染物未被列入征税范围。

(2)缺乏有效征管经验。当前征管部门协调性不足,税务部门对环保部门存在高度依赖。环境保护税的征管工作具有专业性相对较强、技术难度较大的特征。现行征管模式要求企业自行申报污染物排放情况,由环保部门负责环境监测、监察和查处违规违法,由税务部门负责征收,两个部门要实现信息共享。环保部门具有监测、管理和治理等职能,相较于税务部门在计量、监测、核定等征管工作的专业性上有很大优势，税务部门的征收效果在很大程度上与环保部门的配合程度有关。

(3) 污染物监测准确性不够。征收工作的一大难点是纳税企业排污量的监测与计算，主要有以下三种应税污染物排放量的计算方法：实测法、系数法和物料衡算法、核定计算法。这三种征管方式各有利弊。现实中自动监测设备普及率较低且存在数据造假行为；第三方污染物排放监测机构的客观公正性存在争议，且环保部门缺乏足够的能力对第三方监测机构进行监督；物料衡算和抽样测算法容易受客观环境的影响，精度还较低。

(4) 征管对象积极性不高。环境保护税是一项新的税收项目，可能会存在纳税人对环保税相关税收政策的理解不充分不到位、纳税意识不高等问题，需要加以解决。

5.6.4 进一步完善环境保护税的政策建议

为充分发挥环保税的政策效果，现从税制结构、税率设计和征管模式方面提出以下进一步完善环境保护税的政策建议。

税制结构方面。当前的环境保护税是狭义上的概念，其征收对象只涵盖排放的污染物，且多个税种间存在交叉重复的问题。而其作为行为调节税税种，未来应更加突出污染者付费的原则，将征收范围扩展至广义的概念上，以实现高效管理。除污染类环境保护税外，资源税、车辆税、车辆购置税等相关税种也属于广义的环境税的范畴。

税率设计方面。目前大部分地区的环境治理成本并未完全内部化，甚至远高于所征收的环境保护税税额。为使所制定的税率足以影响和改变排放者的行为，应提高部分污染物的税率，增加违法企业成本，特别是应该逐步提高河北省、河南省和山东省等污染物排放量较多且环境质量较差的地区的适用税率，进一步促进污染者减少污染排放和碳排放。

征管模式方面，可以从以下几方面着手。

(1) 应该提高征环保部门与税务部门的协调度，在法律层面上明确各自的职责与配合机制。如可采取将环保部门的工作人员派驻财税部门的方式以实现信息定期沟通，并妥善解决环保部门的经费保障问题。

(2) 开发创新征管技术，加大环境监测力度，信息公开力度和税收稽查力度。通过大数据分析监控纳税企业等信息化措施，可进一步推动和强化公众监督，还可考虑推广排污许可制度的应用。排污许可制度是使排污企业依法规范排污行为的基础性环境管理制度，它要求企业持证按证排污，自行监测，建立台账，定期公开信息和报告[24]。

(3) 科学合理使用税款。生态补偿可以调动生产者的环境保护积极性，中国未来环境税的发展方向应围绕"生态补偿"理念展开。应增加环境保护税治理污染的专用性，还可用于返还企业以奖励其保护环境的行为，进而提高税款使用的透明度，保证公众的知情权，提高公众的参与度和接受度，降低税款征收工作中的阻力。

(4) 重视环境保护税舆情监测和应对。作为新开征的税种，应该使公众了解其保护环境的价值导向，加大对其绿色税种定位、正向激励机制和节能减排政策导向的宣传。

参 考 文 献

[1] 中国财政科学研究院课题组, 傅志华, 程瑜, 等. 在积极推进碳交易的同时择机开征碳税[J]. 财政研究, 2018(4): 2-19.

[2] 赵立祥, 王丽丽. 消费领域碳减排政策研究进展与展望[J]. 科技管理研究, 2018, 38(3): 239-246.

[3] 国家应对气候变化战略研究和国际合作中心. 中国 2030 和 2050 年传播干预低碳消费领域识别报告 [EB/OL]. [2019-08-04]. https://www.efchina.org/Reports-zh/report-comms-20190804-zh.

[4] Hertwich E G, Peters G P. Carbon footprint of nations: A global, trade-linked analysis[J]. Environmental science & technology, 2009, 43(16): 6414-6420.

[5] Stavins R N. The problem of the commons: still unsettled after 100 years[J]. American Economic Review, 2011, 101(1): 81-108.

[6] 李伯涛. 碳定价的政策工具选择争论: 一个文献综述[J]. 经济评论, 2012(2): 153-160.

[7] Yang S, Zhao D. Do subsidies work better in low-income than in high-income families? Survey on domestic energy-efficient and renewable energy equipment purchase in China[J]. Journal of Cleaner Production, 2015, 108: 841-851.

[8] Tan X, Wang X, Zaidi S H A. What drives public willingness to participate in the voluntary personal carbon-trading scheme? A case study of Guangzhou Pilot, China[J]. Ecological Economics, 2019, 165: 106389.

[9] Stern N. Key elements of a global deal on climate change, london school of economics and political science[J]. London, United Kingdom, 2008.

[10] 吴力波, 钱浩祺, 汤维祺. 基于动态边际减排成本模拟的碳排放权交易与碳税选择机制[J]. 经济研究, 2014, 49(9): 48-61, 148.

[11] Weitzman M L. Prices vs. quantities[J]. The review of economic studies, 1974, 41(4): 477-491.

[12] Lin B Q, Wang Y. Does energy poverty really exist in China? From the perspective of residential electricity consumption[J]. Energy Policy, 2020, 143: 111557.

[13] 赵媛, 包歆, 何晓萍. 中国家庭基本用电需求测算[J]. 环境经济研究, 2018, 3(2): 45-65.

[14] Wang J, Feng L, Palmer P I, et al. Large Chinese land carbon sink estimated from atmospheric carbon dioxide data[J]. Nature, 2020, 586, 720-723.

[15] She W, Wu Y, Huang H, et al. Integrative analysis of carbon structure and carbon sink function for major crop production in China's typical agriculture regions[J]. Journal of Cleaner Production, 2017, 162: 702-708.

[16] 齐绍洲, 柳典, 李锴, 等. 公众愿意为碳排放付费吗?——基于碳中和支付意愿影响因素的研究[J]. 中国人口·资源与环境, 2019, 29(10): 124-134.

[17] Lin-Na H, Muhammad U, Zeeshan K, Wajid A. Green growth and low carbon emission in G7 countries: How critical the network of environmental taxes, renewable energy and human capital is?[J]. Science of The Total Environment, 2020, 752: 141853.

[18] 李香菊, 赵娜. 税收收入中性约束下最优环境税率研究[J]. 财经理论与实践, 2015, 36(5): 103-107.

[19] 刘晔, 张训常. 环境保护税的减排效应及区域差异性分析——基于我国排污费调整的实证研究[J]. 税务研究, 2018(2): 41-47.

[20] 于佳曦, 李新. 我国环境保护税减排效果的实证研究[J]. 税收经济研究, 2018, 23(5): 76-82.

[21] 林伯强. 2060年中国碳中和目标的路径、机遇与挑战[N]. 第一财经日报 2020-11-19 (A11).

[22] Niu T, Yao X L, Shao S, et al. Environmental tax tax shocks and carbon emissions: An estimated DSGE model[J]. Structural Change and Economic Dynamics, 2018, 47: 9-17.

[23] 李虹, 熊振兴. 生态占用、绿色发展与环境税改革[J]. 经济研究, 2017, 52(7): 124-138.

[24] 毕超. 中国能源CO_2排放峰值方案及政策建议[J]. 中国人口·资源与环境, 2015, 25(5): 20-27.

第6章 能源金融在碳中和目标实现中的作用

6.1 碳中和背景下的绿色金融：现状、路径与政策

经济发展带来的环境问题是绿色金融兴起的主要背景。2010年，194个国家成立了绿色气候基金(Green Climate Fund，GCF)，旨在为发展中国家减轻温室气体排放和适应气候变化提供资金支持。此后，"绿色金融"一词便频频出现在国际组织和各国政府的报告中。从本质上讲，绿色金融就是以金融、经济的可持续发展为目的，符合生态环境保护要求，致力于解决气候变化问题并以此为着力点的体系化、广泛化的金融概念，它既包括实现目的所需要的相关制度，也包括为此而运作的一切金融活动与金融手段[1,2]。随着全球气候变化问题的日益加剧以及全球各国碳中和日程表的陆续提出，绿色金融的作用正逐步受到政府、社会和公众的广泛关注。就中国的情况来看，二氧化碳排放力争于2030年前达到峰值，努力争取2060年前实现碳中和。碳中和常常等价于净零排放，即针对某个国家或地区全面地使其温室气体净排放降为零，因此，实现碳中和必然需要从两个方面开展工作：降低温室气体排放和推动碳补偿手段发展。对于中国这样一个全球最大的碳排放国家来说，以2060年为期限的目标无疑对中国的能源供应、经济结构甚至社会环境都提出了巨大的挑战[3]，中国必须从减排和固碳两个方面共同发力，稳步实现碳中和进程。绿色金融是致力于推动实现能源转型、促进低碳产业发展的关键金融手段，它不仅能够利用融资支撑促进低碳绿色产业的发展，而且可以引导社会资本、约束高排放产业的盲目扩张、为负排放产业提供资金支持[4]。正因为如此，绿色金融在中国实现雄心勃勃的碳排放达峰和碳中和目标中理应发挥关键作用。

6.1.1 中国绿色金融发展现状

中国绿色金融的滥觞可以追溯至1995年中国人民银行颁布的《关于贯彻信贷政策和加强环境保护工作有关问题通知》，但是在近期碳中和目标的提出之前，中国的绿色金融发展始终未能受到充分的关注和推动，因此总体上发展水平落后于西方发达国家。这一情况反映了在过去一段时间内中国特有的强调经济发展的国情，这使中央政府主张发展绿色金融的意愿与地方政府优先发展地区经济和金融机构追求高利润、资金回收周期短的项目意愿这三者之间的矛盾突出，最终导致绿色金融市场建设的徘徊不前。2007年，中国推出了正式的绿色信贷政策，使绿

色金融市场逐步兴起。图 6.1 展示了 2018 年之前中国有关绿色金融市场建设与监管相关的出台政策。由于绿色金融相对布局较早,到碳中和目标正式确定时,中国已经基本构建了集绿色债券、绿色信贷、绿色基金于一体的初步的绿色金融体系,但这一体系的成熟度总体上仍显不足。下面具体介绍截至目前绿色金融三大主要子部门的发展状况,总结发展特点。

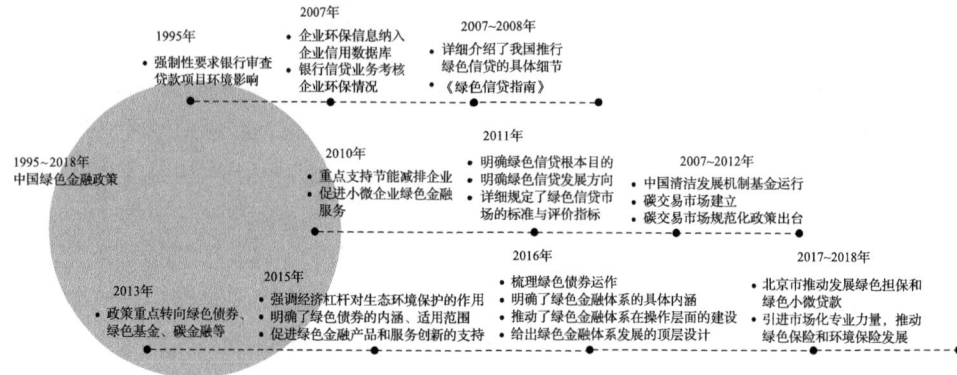

图 6.1　中国绿色金融相关政策主要历程

(1) 绿色债券。绿色债券是助力实现碳中和最为显著的金融引擎。中国的绿色债券最早于 2014 年诞生,但主要发端在中国人民银行和国家发展和改革委员会发布《绿色债券发行指引(2015)》之后。由于受到政府优惠政策支持并且相对传统债券具有更为严格的信息披露要求,所以其市场规模发展迅速。目前,中国已发行超过一千亿美元的绿色债券,并且从 2017 年开始就成为全球第二大绿色债券市场。清洁交通和清洁能源是中国绿色债券市场募集资金的最大投放领域,根据《2019 年中国绿色债券市场报告》的统计,这两类资金使用占比超过绿色债券募集资金总量的 50%。另外,污染防治、节能等领域也发行了较多的绿色债券,相比之下专门针对气候变化所发行的绿色债券规模则相对较小。从绿色债券发行主体的角度来说,中国绿色债券的主要发行主体为金融机构与国有企业,分布区域则主要集中于广东、江苏、浙江、北京等东部沿海和发达地区。表 6.1 展示了国内外对于绿色债券支持项目的主要划分标准,目前,中国绿色债券已经构建了较为完备的标准体系,且相关支持项目目录也在与国际接轨的同时,体现中国独特的绿色发展需求。

(2) 绿色信贷。目前,中国的绿色信贷主要是由商业银行来进行实践的,在实际运营过程中更多地通过总量控制、行业限贷等传统控制手段,限制污染型企业贷款[5]。相对世界整体水平,中国的绿色信贷发展较早,成熟度较高,是为数不多的较为规范地建立绿色信贷统计制度的国家。同时,绿色信贷也是中国体量最为庞大的绿色金融市场。从资金供给的角度来看,中国绿色金融整体的资金池比

表 6.1　国内外主要绿色债券标准

标准体系	项目范围
绿色债券原则 2018 版	可再生能源、能效提升、污染防治、生物资源和土地资源的环境可持续管理、陆地与水域生态多样性保护、清洁交通、可持续水资源与废水管理、气候变化适应、生态效益性和循环经济产品及生产技术及流程、符合地区、国家或国际认可标准或认证的绿色建筑
气候债券标准 2.1	风能、太阳能、地热能、低碳建筑、低碳运输和水务基础设施、土地使用、生物质能、水电、海洋资产和自然水务基础设施、工业能效、废弃物处理、信息技术和宽带、能源管理以及气候变化适应和恢复基础设施
中国金融学会绿色金融专业委员会绿色债券支持项目目录	节能、污染防治、资源节约与循环利用、清洁交通、清洁能源、生态保护和适应气候变化
中国国家发改委绿色债券发行指引	节能减排技术改造项目、绿色城镇化项目、能源清洁高效利用项目、新能源开发利用项目、循环经济发展项目、水资源节约和非常规水资源开发利用项目、污染防治项目、生态农林业项目、节能环保产业项目、低碳产业项目、生态文明先行示范实验项目、低碳发展试点示范项目

例中，90%是来自绿色信贷，绿色信贷的资金调度则由央行和证监会具体负责。从其发展史的角度看，中国的绿色信贷发展起源于 2007 年发布的《关于落实环保政策法规防范信贷风险的意见》，随后 2012 年银监会发布了《绿色信贷指引》对银行业开展绿色信贷提出了明确要求，自此中国绿色信贷市场发展进入快车道。经过一段时间的发展，中国大部分银行都对有关绿色信贷方面的业务做出了明确规范，绿色信贷业务蓬勃开展，同时，随着绿色产业的发展以及国家对落后产能、高污染行业的转型和淘汰，绿色信贷越来越受到企业方的推崇，因此绿色信贷相对其他绿色金融产品更为广泛地受到了融资者的青睐。绿色信贷的实践领域主要针对了绿色经济、低碳经济、循环经济三个方面，并且以支撑战略新兴产业生产制造端和支持节能环保项目与服务两类为主。目前为止，绿色信贷占比较高的项目类型主要为绿色交通运输项目、可再生能源及清洁能源项目、新能源制造和节能环保制造等。图 6.2 展示了不同类型银行的绿色信贷余额占比状况，可以看出，大型国有银行在政策支持下有效地展示了带头作用，超过一半的绿色信贷均由此类银行投放，同时，政策性银行也投放了 28%的绿色信贷。相对而言，股份制银行的绿色信贷余额则仅占 19%，因此，推动更多的股份制银行参与绿色信贷是目前绿色信贷发展的重要命题。

(3)绿色基金。绿色基金是专门针对节能减排而设立的专项投资基金，主要强调经济效益的同时，加入对环境和社会影响的考虑，注重环境和经济协调的发展。绿色基金市场与其所在的整体金融市场有着密切的关系，不同的宏观金融体系会产生表现形式不同的绿色基金市场。自 2016 年以来，中国的绿色基金发展逐步走上快车道，通过采取 PPP 模式(Public-Private Partnership)获得了大量来自政府层

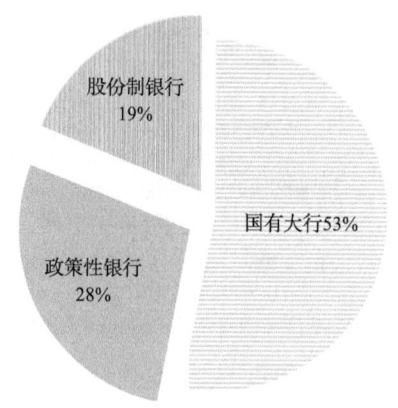

图 6.2　各类银行参与绿色信贷投放对比
数据来源：兴业研究

面的资金支持。同时，地方绿色基金市场也正在逐步繁荣，包括内蒙古、云南、河北、湖北等多个省份都建立了绿色基金，各地级市场也都开始逐步成立绿色发展基金或环保基金，从而有效推动绿色经济和绿色项目的发展。绿色基金在地方政府的积极带动下，能够有效地吸引民间资本和国际投资者的积极参与，使绿色产业资金筹措的难度大大降低。根据参与主体不同，可以将绿色基金主要分为两类，分别是地方政府主导或参与的绿色基金和社会资本主导发起设立的绿色基金。其中，以政府主导发起的绿色基金受到更为广泛的社会关注，这主要是由于绿色基金发行由政府背书降低了投资者对于绿色项目的风险厌恶，从而更好地实现了引导民间资本跟进。但截至目前，中国中央政府尚未对绿色基金进行统一有效的整合管理，国家层面的绿色基金尚待推进。

整体上看，由于中国绿色金融整体起步晚，加之之前中国金融市场法律法规和制度体系较为不完善，社会经济发展水平较低，公民环保意识较弱，绿色金融政策和标准体系不健全，导致了一段时间以来绿色金融市场虽然在持续性发展，但是成熟度不高，尤其是尚未形成良好的运行模式[6]。目前，中国的绿色金融体系主要依靠中央政府行政性的强力推动，采取政府引领，各级政府和市场主体积极配合和参与的运作模式。政府引导下的"自上而下"运行模式，已经使庞大的资金规模在相对统一的组织形式下流入新能源等绿色产业，同时建立起了中国绿色金融市场的基本轮廓。也正因如此，中国已经形成了包含绿色债券、绿色信贷、绿色基金等绿色金融产品下的绿色金融市场体系。具体来说，就是以绿色信贷为基本政策着力点，以绿色债券为主要政策发力点，将绿色基金、碳金融等多方面内容融合而形成的体系。由于中国绿色金融行业整体起步较晚，现有的政策体系仍旧难以产生足够的支撑力量，尤其是现有的政策中大多仅仅关注到了绿色信贷与绿色债券两部分内容，对于绿色金融体系的其他方向和内容涉及较少，绿色金除此之外，中国当前的绿色金融体系虽然初具规模，多种金融手段共同发展，但体系化仍不完善。中国虽然于 2011 年就建立了多个碳交易试点地区，但是始终未能基于这一试点工程形成完整的碳金融体系，并且缺少碳市场与绿色金融资产市场的有效联动。同时，中国的绿色金融发展主要立足于中国发展绿色经济、减少环境污染的现实需求，因此长期以来没有充分把握绿色金融助力减少碳排放、推动负减排技术项目发展的作用，融资偏向主要集中于清洁交通、环保项目等，针对性实现碳中和的示范项目则参与较少[7]。因此，未来中国绿色金融的发展应当充分与碳中和的规划进程与具体任务相结合，着力推动绿色金融从当前的"环保金融体系"向"气候金融体系"转变。

6.1.2 绿色金融助力碳中和进程

利用绿色金融推动碳中和进程，需要针对性利用不同绿色金融手段的优势，并构建起完整有效的协同合作关系。

首先，绿色信贷能够为节能减排产业与负减排技术项目提供稳定资金支撑。也正因如此，绿色信贷在中国得到了较好的发展。在实现碳中和的过程中，传统能源向新能源转型、发展节能减排项目、碳汇项目及 CCUS 等负排放技术项目等都将成为客观需要，而在实现这些产业变革与发展的过程中，绿色信贷能够为相关企业提供直接且便利的融资手段，结合碳中和相关产业的情况，扩充绿色信贷放贷政策的具体适用范围，从而为相关产业提供充足资金支持。绿色基金与绿色信贷类似，能够为碳中和关键技术的产业化应用提供初始资金支持。绿色基金具有更加明显的政府宏观调控特点，因此，发挥绿色基金在碳中和整体进程中的作用，关键则在于从国家层面构建碳中和绿色专项基金。利用绿色基金为 CCUS 和碳汇等负排放示范性项目提供资金支持，从而引导广泛的社会资本进入相关产业部门。

其次，鼓励发行绿色债券，吸引社会资金投入到碳中和相关产业中。绿色信贷和绿色基金能够有效使碳中和相关产业获得产业成长的原始资金与项目拓展的关键金融支持，但无法吸引社会闲散资金，并且难以获得长期巨额的资金支持。绿色债券恰好能够弥补绿色信贷在这一方面的不足，从而有效地提高碳中和相关产业的融资效率。同时，绿色债券与广大普通投资者之间具有更为接近的天然距离，这使推动绿色债券的发展还具有培养绿色投资社会氛围的正外部性收益。引导社会投资者投资绿债券、关注绿色债券能够有效地培养全社会投资者的绿色偏好，推动绿色金融和碳中和的观念深入人心，有效降低其他绿色金融资产在推广和发展过程中的风险与阻力。在将绿色债券发展为成熟、影响力大且被广泛接受的投资品后，应当进一步根据碳达峰和碳中和的任务进度引导建立绿色股票、绿色股指、绿色期指等衍生金融产品，广泛吸纳社会资金，从而在为碳中和相关产业提供融资支撑的同时，有效推动碳中和理念进入个人生活层面。

另外，碳金融作为绿色金融的重要范畴之一，将为绿色金融发展做出重要贡献，实现碳金融与其他绿色金融手段的协同对于实现碳中和至关重要。碳金融发展的重要目的之一就是作为绿色金融的一个重要组成部分推动绿色金融的快速发展。在发展碳金融的过程中，应当注重与绿色金融整体的相互推动，也就是说，碳金融为绿色金融发展提供了一个重要的基础性建设支点，在当前中国的碳金融及绿色金融均刚刚起步的大背景下，尽快推进碳交易及其相关金融衍生产品的建设，可以实现碳金融与绿色金融的整体协调发展。中国 2060 年碳中和的目标提出后，生态环境部开始积极建设全国统一的碳排放权交易市场。未来，在全国碳市场发展进入稳定期后，可以通过基于碳价产生的碳金融衍生品发展为绿色金融衍生产品提供示范性经验。同时，碳金融体系的完善必然使排碳企业积极寻求减碳之路以及推动碳汇、CCUS 等产业的发展，这又能够创造出丰富的绿色金融融资需求，从而实现碳金融与绿色金融的双向联动，在良性循环下推动中国碳中和目标的实现。

6.1.3 绿色金融政策框架和激励机制

综合上文的分析可知，推动中国实现碳中和的能力仍然有限，但潜力巨大。因此，构建更为行之有效且全面的绿色金融政策框架对于推动绿色金融发展，从而助力碳中和进程具有极其重要的意义[8]。

首先，政府的大力支持是绿色金融发展的前提和保障。政府主要出台政策和制度使企业或项目的污染成本内部化，出台激励政策，例如税收补贴和信用担保等政策，来引导企业和金融机构走向绿色化。结合国内外绿色金融市场运行历程，可以总结出，政府不仅应该通过营造市场良好环境，充分发挥绿色金融市场运行机制，还应该通过财税激励政策进一步加速社会资本和金融机构在绿色金融产业的投资。

中国当前的绿色金融体系具有成熟度较低、自上而下等特点，因此，更好地发挥市场的决定性作用应当是未来中国绿色金融政策的核心关注点。也就是说，国家应当充分明确绿色金融所具有的独特性质与独特要求，结合当前现实情况和碳中和进程的具体需要，构建完整的绿色金融制度框架，并充分明确绿色金融作为中国特色社会主义金融制度的一部分，将其有效地纳入到金融系统整体的运作体系和管理框架当中，推动绿色金融的相关制度建设。

同时，对于新兴成立或仍处于规划中的绿色金融手段，应当提前制定相关市场规范与发展战略，实现如绿色股票、绿色期货、绿色保险等业务的创新，为碳中和提供更多的绿色金融工具，丰富碳中和相关产业的融资手段。绿色金融发展的核心目标或路径是构建中国特色的绿色金融运作模式，在坚持以社会主义市场经济的决定性作用的前提下，融汇投资者、投资机构、融资者三方面内容，优化并精简投资流程，并结合上下游相关绿色产业，推动绿色金融直接为绿色经济实体服务。对于政府来说，应当改变直接参与绿色金融市场建设或通过行政化手段向下推行绿色金融融资工具，负责构建完整的环境风险管控机制以及监督机制，保障绿色金融运作体系的常态化，从而充分激发市场活力。

总体来说，结合碳中和进程动态化调整绿色金融政策将是中国充分发挥绿色金融作用的必然要求。因此，相关政策在推行后必须进行充分的政策评价，具体来说可以将评价体系分为绿色金融政策评价指标和绿色金融政策效果评价指标。其中绿色信贷项目量、绿色贷款利率、绿色债券发行量、绿色可持续发展产品开发量、环保教育次数、税收收入及价格补贴等指标可用于衡量绿色金融政策本身完成度以及政策间的衔接水平。由各类绿色金融政策所降低的融资成本、投资成本和交易成本、社会资本吸引量、绿色债券和绿色股票等所形成的融资量、环责险投保量及碳交易量等指标可以度量政策产生的经济效益、社会效益和环境效益，通过对比分析现阶段实施情况与目标标杆值的差异，找出差异的本质原因并进行修正，实现绿色金融体系的逐步完善，更好地助力碳中和进程。

6.2 碳中和背景下气候风险对中国金融稳定目标实现的影响

气候变化是引起经济和金融体系结构性变化的重大原因之一，具有"长期性、结构性、全局性、非预期性"特征。气候变化风险极有可能引发未来经济和金融体系的巨大变革，这种影响必然是长远的、系统性的、纵深的且无法预判[9]。近年来，在全球共同应对气候变化的大背景下，各国央行和监管机构越来越重视气候变化对金融领域的影响，发现气候问题已经逐渐影响到了金融行业的稳定发展，另外，金融系统也是社会范围内应对气候问题变化的核心部门，为世界范围内应对气候变化提供资金支持。因此，对内消除气候风险对中国金融系统自身带来的不利影响就显得至关重要。2020年9月，中国以坚定积极的态度提出的碳达峰和碳中和目标。因此，在新的时代背景下，如何做到在同时完成经济增长、气候变化目标的同时实现金融稳定，对经济社会的长足发展具有重要意义。

6.2.1 气候问题影响中国金融环境的渠道

气候问题对于未来经济社会高质量、可持续发展的影响比我们想象的更严重，联合国已经把气候问题放在了时代性问题这一重要领域上。2020年，作为全球最大的资产管理企业 Black Rock 的 CEO 在其谈话表示，越来越严峻的气候问题将从根本上重新梳理并整合全球金融市场中的金融资产，资本市场重新分配时期的到来要比预期的更快。气候变化是引起经济和金融体系产生结构性重大变化的原因之一,具有"长期性、结构性、全局性"特征[9],正在引起全球中央银行的重视。气候变化风险极有可能对未来经济和金融体系产生长远的、系统性的、纵深的且无法预判的巨大变革,这种影响正在引起全球中央银行的重视。具体而言,气候风险对中国金融市场的影响渠道主要分为宏观影响和微观影响两个方面。

1. 宏观层面

恶劣的气候变化会使社会发生严重的自然灾害,从而影响金融市场的稳定[10]。在当今社会,气候变化正对人们的生产方式和经营活动产生着复杂的不确定性影响。温室气体排放所导致的气温升高、降水模式变化、极端天气频发等都将对各行各业的生产活动产生影响,进而影响到金融稳定。比如温室气体排放量剧增可能会导致全球变暖问题加剧、南极北极冰川融化速度加快、海平面上升、洪涝灾害、飓风、冰雹、地表温度骤降等一系列威胁人类生存和发展的高度不确定性自然灾害,这些自然灾害会造成企业、家庭财务状况的恶化,进而导致偿债能力受损、违约风险上升、抵押品资产价值缩水以及保险支出增大,造成风险向金融体系传导,加大金融压力,冲击金融稳定,进一步危害实体经济。目前,这种影响我们所感知或预测的影响仅仅是冰山一角,未来不可知的潜在气候不确定性给人类的生存发展所带来的威胁无疑是巨大的。

另外,中国在由粗放的资本密集型经济向集约的低碳型经济的转型过程中,金融体系势必也会受到经济转型过程中诸多不确定的冲击影响。人们对气候和环境变化的风险意识不断提升,国际社会也正在采取积极的态度和措施以应对气候风险给人类生存发展带给的危机。气候变化是一个全球性的议题,需要世界各国以坚定积极地行动控制全球升温,应对气候变化,使我们的星球宜居。但是节能减排需要付出额外的经济支持,由于各个国家正处于不同的发展阶段,能源结构、产业结构、经济结构面临巨大的差异,所以每个国家的节能减排成本各不相同。2020年,中国在联合国大会上的讲话中提出:中国将提高国家自主贡献力度,采取更加有力的政策和措施,二氧化碳排放力争于2030年前达到峰值,努力争取2060年前实现碳中和。

这一承诺无疑是振奋人心的,是有可能改变全局的。作为世界上最大的发展中国家,中国实现碳中和对世界的高质量、可持续发展具有里程碑式的意义。此外,实现碳中和目标不仅仅是中国为了应对气候变化而采取的措施,同时也是一个重要的经济战略,其向世界彰显了中国未来发展的目标,即在保持经济中高速持续发展的基础上,坚持低碳和可持续发展道路,实现人类与自然和谐共生的发展目标。长期以来,中国的经济增长比较依赖于能源,当前,中国在经济增长的同时,能源消费势必仍会保持增长,因此,想要实现碳中和的目标,仍需要付出艰苦卓绝的努力。

必须意识到，发展结构的差异性会带来无序化、不协调、不连续的低碳转型，这种转型必然要付出高昂的经济代价和社会成本，具体来说表现在以下两个方面。一方面，在中国进行低碳转型的过程当中，一定会出现各种资源的重组，在此过程中会出现诸多不确定性和潜在风险。伴随着社会发展，煤炭、石油及天然气等传统能源正在被逐渐替换，新的清洁能源作为传统能源的替代品正在逐步进入到人们的生活中。在运营成本不变的情况下，第一种风险将直接导致与传统能源相关的企业财务收入下降、资产缩水、杠杆率上升、偿债能力下降以及违约概率上升，将风险传导至金融系统；或间接造成与能源相关企业的股票、债券价格波动，市值缩水，损失将在金融系统中蔓延至其他领域，造成金融系统的动荡，对金融稳定造成冲击。第二种风险将直接影响与能源相关企业的投资决策，清洁化的发展道路使企业决策者加大技术投资力度，推动成本上升，给企业未来的竞争力和发展前景带来高度的不确定性；或在预期中增加对未来气候政策不确定性的考虑，这两方面的不确定性均能够反映在股票溢价上，即投资者希望在未来能够产生更多的现金流，从而对金融系统产生一定的影响。另一方面，涉及有关环保政策的出台。在气候风险越来越威胁到人类生存发展的今天，按时达到碳排放峰值以及实现碳中和的目标要求，这是中国对世界的庄严承诺，也意味着中国一直在为世界范围内的节能减排作贡献，率先按下了缓解气候变化风险的起始键。随着相关环境气候政策的收紧，比如加大执法力度、提高环保税收标准、提升环境质量标准、通过更加严格的措施监督企业履行节能义务，这导致了企业履行技改成本、外账处理、保险费和刑事责任等均有所增加，倒逼能源系统、经济结构不断革新优化，促进环保产业强劲发展，促进实体企业在优胜劣汰的竞争环境中逐渐成长，以期在整个金融行业中能够产生连锁反应的效应。

气候风险一方面通过实体经济的损失直接冲击金融系统的稳定性，另一方面通过倒逼能源结构改革实现低碳发展来影响金融市场的变化，基本框架可参见图6.3。以上两方面是从宏观层面阐述了气候风险通过影响实体经济结构，进而间接对金融稳定造成影响。

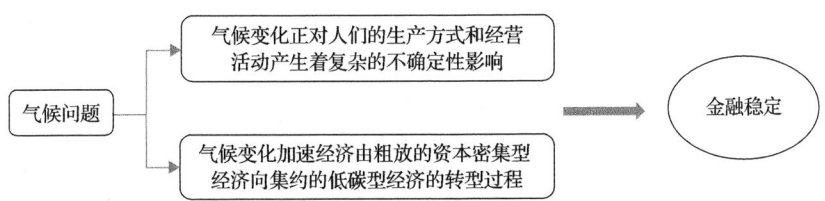

图6.3 宏观层面气候问题对中国金融环境的影响渠道

2. 微观层面

气候风险可以通过增大中国金融机构的运营风险进而对中国的金融稳定造成冲击[11,12]。首先，气候问题现已成为中国保险行业所需要面对的强烈不确定性来源之一。由于气候变化对人类生存发展最大的威胁源于其未知性，保险机构无法准确的预测未来灾害发生的频率及严重程度。其次，气候变化本身及减缓气候变化使金融机构面临着巨大的市场风险。在碳中和的背景下，未来碳排放的增速势必有一个天花板，对有限排放空间的争夺本质上是对未来生存发展空间的竞争，基于企业有限性的碳排放量使用权，使其具有了商品的特殊性质，因此未来碳排放量使用权的价格势必会越来越高。无论是供给侧能源结构的改变还是需求侧公众需求以及对于未来的预期都会引起高碳行业股票价格的下跌，这将直接对持有这些资产的资产管理公司及金融机构的流动性造成冲击，随着未来技术进步及新能源的发展，会进一步引起资本市场的结构性改变。此外，正如我们在宏观层面部分讨论的，气候风险将导致高耗能和碳密集行业财务收入下降、资产缩水、杠杆率上升、偿债能力下降，增大金融机构对持有贷款或资产出现无法收回或亏损情况概率上升的风险；另外，由于对这部分行业企业的环境监管越来越严格，金融机构将面临部分借款人或投资方因负有环境责任而被惩罚和赔偿或发生环境事故的情况越来越频繁，这无疑增大了贷款人的还款风险，即金融系统的信用风险。最后，近年来随着绿色金融越来越受到人们的广泛关注，无论是政府、企业、学者还是个人都逐渐意识到金融行业在经济绿色发展中所起到的关键性作用，这必将加强整个社会的方方面面对于金融系统绿色行为的监督。比如，从金融机构资金供给方的角度来讲，随着普通民众气候风险的意识逐渐增强，有绿色消费意识的储户会更倾向于购买环保型的债券，而拒绝购买非环保型的债券，这将对金融机构的发展路径和声誉形象造成一定程度的影响。

以上从气候风险对微观金融机构可能造成的未预期风险、流动性风险、信用风险和声誉风险四个方面进行了讨论，分析了气候风险在金融机构中的传导，进而对中国整体金融系统的稳定性造成冲击，基本框架可参见图6.4。

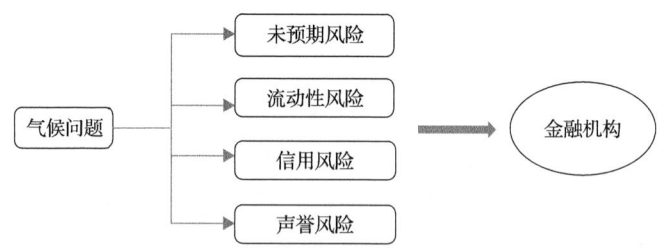

图6.4 微观层面气候问题对中国金融机构的影响渠道

6.2.2 防范和应对气候风险对中国金融稳定影响的具体策略

气候变化具有长期性、结构性、全局性、非预期性的特殊特征，即气候变化很有可能会为全球宏观经济金融结构带来长远而深刻的变革，因此，如何有效防范及应对气候风险对中国金融稳定的影响就显得尤为重要。目前，全球范围内已有越来越多的金融机构、监管机构逐渐认识到气候变化风险对金融稳定和宏观经济产生的巨大的不确定性影响。面对未来气候变化的不确定性、长期性及复杂性，中国作为当今世界最大的发展中国家，不仅要承担社会经济发展的责任，实现可持续发展的目标，还需要在国际社会上为缓解气候变化做出切实有力的举措。

在当今复杂的经济政治背景下，中国经济的发展面临着资源和环境双重协调的压力，要想既达到经济发展的目标，又能把握全局以实现人类社会可持续、高质量的发展，金融系统在其中势必扮演着举足轻重的角色。一方面，金融系统要为全国各行业应对气候变化提供资金援助。2007 年以来，中国保监会发布了关于中国气候应对的新政策，给中国应对气候变化提供了政策层面的支持。直至今日已出台了一整套关于应对气候变化的金融性政策。2012 年，原中国银监会发布了绿色信贷政策以支持构建一个相对系统和完善的绿色信贷体系。2014 年，国务院为发展碳排放权等交易工具，宣发了《关于促进资本市场稳定发展的策略目标》。据生态环境部 2020 年 11 月 2 日消息，2020 年 12 月 25 日生态环境部办公厅发布《全国碳排放权交易管理办法(试行)》(征求意见稿)和《全国碳排放权登记交易结算管理办法(试行)》(征求意见稿)意见的通知。在国家政策的支持下，全国各金融行业纷纷逐渐加大对低碳环保行业的投资和信贷供给，试图从资金源头上鼓励和刺激绿色低碳行业的投资和技术革新，以期在未来实现能源转型、产业升级、技术进步和经济的可持续发展。另一方面，正是由于金融系统在应对气候变化中发挥着至关重要的作用，所以，有效防范及管理气候风险对中国金融系统的冲击尤为重要。尽管金融业的气候风险管理及分析工作十分关键，但从目前的情况来看，中国金融行业所采取的应对策略仍不足以应对复杂多变的气候风险所带来的冲击。首先，在量化风险方面，为了有效防范及应对气候风险对中国金融系统稳定性的冲击，第一步的工作是实现对气候风险的识别和量化。由于金融机构环境信息的缺乏、技术模型的不成熟、对于气候变化的认识度不够等因素的制约，中国金融系统目前无法准确预估气候风险对金融业的风险敞口以及对实体经济的风险传染。其次，在风险管理方面，目前中国保险业、银行业、资产管理公司等不同类型的金融行业在自身风险管理能力方面尚存在较大差异，且多集中于对于损失的平均预期，对极端情况的关注度仍较为缺乏，这一方面导致了风险分析结果在中国金融体系中的各个层面运用都不够，另一方面，传统的方法和工具将低估气候变化给中国金融系统带来的风险冲击。

基于以上的分析，为了进一步有效防范气候变化对中国金融系统稳定性的冲击，本书提出以下三点政策建议。

1. 结合中国国情，构建并完善环境信息披露系统

借鉴气候相关财务信息披露特别工作组（Task Force on Climate-Related Financial Disclosures）模式，构建起中国的环境信息披露网络平台，在数据安全的前提下，既要实现对内高度的透明化和信息共享，又要实现与国际环境信息披露的互联性和共享性。一方面为中国金融系统识别和测度气候风险敞口提供多维数据支持，另一方面为国际社会提供宝贵的经验和参考。

2. 强化中国金融系统抵御气候风险的能力

目前各类应对气候风险的项目资金需求大，且持续周期长，对于专业人才和配套设施要求较高。这导致了各个分散的金融机构承担压力大，成本耗费高，效率低下，风险管理水平参差不齐。国家应鼓励并支持成立专门的气候金融风险机构。该气候金融风险机构应专门致力于节能减排、能源转型、产业升级、结构优化等经济可持续发展目标，注重人才培养、研发投入、技术进步等多方位任务同步有序推进，不间断开展气候风险金融压力多情景测试以积极应对气候风险潜在的巨大不确定性。

3. 发展绿色金融，完善气候投融资顶层设计

应大力推进央行及各金融监管机构尽快明确绿色、非绿色、棕色和非棕色资产标准，引导社会资金以气候目标为出发点，有序地向市场投放应对气候的资金，再配合国内外先进的技术手段与气候变化的领先研究成果，优化中国能源结构，尽早实现绿色低碳可持续发展。另外，需要推动全国统一碳排放权交易市场的建设和运营，发挥碳排放权这种特殊商品在交易市场中的作用，完善价格机制，增强碳排放权交易市场的流动性。充分发挥行政政策与市场手段相结合的方式，利用有效碳价引导全社会范围内从减排成本低的行业和地区逐渐向减排成本高的行业和地区依次有序地完成减排目标，实现全社会范围内减排成本最小化及减排效率最大化。

参 考 文 献

[1] 马骏. 论构建中国绿色金融体系[J]. 金融论坛, 2015(5): 18-27.
[2] Yu C H, Wu X Q, Zhang D Y,et al. Demand for green finance: Resolving financing constraints on green innovation in China[J]. Energy Policy, 2021, 153: 112255.
[3] 钱立华, 方琦, 鲁政委. 碳中和与绿色金融市场发展[J]. 武汉金融, 2021(3): 16-20.
[4] 安国俊. 碳中和目标下的绿色金融创新路径探讨[J]. 南方金融, 2021(2): 3-12.

[5] 张媛媛, 袁奋强, 陈利馥. 区域产业依存度能改变绿色信贷政策对企业创新投资的影响吗——来自准自然实验的证据[J]. 宏观经济研究, 2021(3): 120-135.
[6] 马骏. 碳中和目标下绿色金融面临的机遇和挑战[J]. 金融市场研究, 2021(2): 9-17.
[7] 高锦杰, 张伟伟. 绿色金融对我国产业结构生态化的影响研究——基于系统 GMM 模型的实证检验[J]. 经济纵横, 2021(2): 105-115.
[8] 尹子擘, 孙习卿, 邢茂源. 绿色金融发展对绿色全要素生产率的影响研究[J]. 统计与决策, 2021, 37(3): 139-144.
[9] 郭新明. 气候风险对金融稳定与货币政策目标实现的影响及应对[J]. 金融纵横, 2020(1): 3-13.
[10] 饶淑玲, 陈迎. 我国金融业应对气候变化的主要障碍及对策研究[J]. 南方金融, 2020(7): 13-22.
[11] 马骏. 推进金融机构环境风险分析[J]. 中国金融, 2018, (2): 11-14.
[12] Krueger P, Sautner Z, Starks L T. The Importance of Climate Risks for Institutional Investors[J]. Review of Financial Studies, 2020, 33(3): 1067-1111.

附录 中国能源经济运行数据

表1 中、美、印二氧化碳排放总量　　　　（单位：10^6t）

年份	中国	美国	印度
2000	5740.774	3360.869	959.0282
2001	5650.723	3523.077	967.571
2002	5672.395	3843.395	1019.029
2003	5737.867	4532.145	1062.194
2004	5838.972	5334.888	1114.381
2005	5873.133	6098.18	1203.632
2006	5795.105	6677.286	1253.702
2007	5884.151	7239.76	1366.443
2008	5699.11	7378.248	1466.558
2009	5289.137	7710.063	1596.24
2010	5485.716	8143.439	1660.654
2011	5336.436	8824.314	1735.151
2012	5089.975	9001.257	1848.133
2013	5249.596	9244.003	1929.353
2014	5254.565	9239.856	2083.541
2015	5141.407	9185.991	2149.379
2016	5042.431	9137.627	2242.892
2017	4983.87	9297.989	2329.817
2018	5116.786	9507.11	2452.501
2019	4964.693	9825.802	2480.354

资料来源：BP Statistical Review of World Energy 2020。

表2 中国一次能源消费　　　（单位：Exajoules, 10^{18}J）

年份	能源消费量
2000	42.45316
2001	44.84198
2002	48.84461
2003	56.87522
2004	66.54572
2005	75.60172

续表

年份	能源消费量
2006	82.88053
2007	90.08782
2008	93.44497
2009	97.52315
2010	104.284
2011	112.5408
2012	117.0454
2013	121.3747
2014	124.1979
2015	125.3769
2016	126.9507
2017	130.8317
2018	135.7707
2019	141.6992

资料来源：BP Statistical Review of World Energy 2020。

表3　中国历年一次能源消费结构变化　（单位：百万吨油当量）

年份	石油	煤炭	天然气	核能	水力发电
2000	228.817	706.054	21.235	3.788	50.326
2001	233.957	742.541	23.771	3.954	62.775
2002	252.661	814.055	25.291	5.687	65.160
2003	281.314	970.168	29.385	9.809	64.190
2004	328.483	1131.150	34.380	11.420	79.998
2005	334.326	1324.601	40.391	12.012	89.835
2006	359.216	1454.719	49.685	12.410	98.608
2007	376.997	1584.171	61.116	14.058	109.803
2008	384.720	1609.280	70.450	15.476	144.128
2009	400.587	1685.778	77.579	15.870	139.304
2010	455.499	1748.949	93.615	16.717	160.968
2011	472.442	1903.853	116.219	19.539	155.687
2012	495.283	1927.793	129.731	22.038	195.229
2013	517.294	1969.073	147.789	25.255	205.822
2014	539.264	1954.484	161.963	29.990	237.848
2015	573.309	1913.959	167.403	38.645	252.187
2016	587.048	1889.093	180.087	48.262	260.956
2017	610.684	1890.426	206.740	56.139	263.626
2018	641.212	1906.725	243.333	66.606	272.080
2019	654.764	1916.349	259.596	72.933	265.564

资料来源：BP Statistical Review of World Energy 2020。

表 4　中国石油储量变化　　　　　　　　　（单位：十亿桶）

年份	石油储量
2000	15.190
2001	15.412
2002	15.509
2003	15.476
2004	18.259
2005	18.250
2006	20.220
2007	20.763
2008	21.187
2009	21.618
2010	23.268
2011	23.747
2012	24.428
2013	24.683
2014	25.166
2015	25.626
2016	25.664
2017	25.948
2018	26.190
2019	26.190

资料来源：BP Statistical Review of World Energy 2020。

表 5　世界主要国家和地区石油储量比较　　　　　（单位：十亿桶）

	2014 年	2015 年	2016 年	2017 年	2018 年	2019 年	2019 年占比/%
中国	25.17	25.63	25.66	25.95	26.19	26.19	1.51
美国	54.96	47.99	49.97	61.23	68.89	68.89	3.97
俄罗斯	103.16	102.38	106.17	106.30	107.21	107.21	6.18
北美	237.93	227.48	227.69	237.81	245.46	244.38	14.09
非洲	125.49	126.26	126.50	125.28	125.70	125.70	7.25
欧洲	12.91	13.95	13.18	13.66	14.57	14.44	0.83
中东地区	803.07	802.93	807.74	834.33	833.86	833.81	48.09
全球储量	1697.24	1684.30	1691.61	1727.51	1735.92	1733.86	100.00

资料来源：BP Statistical Review of World Energy 2020。

表 6　中国石油消费增长趋势　　　　　　（单位：千桶/日）

年份	石油消费量
2000	4697
2001	4810
2002	5200
2003	5781
2004	6738
2005	6878
2006	7402
2007	7778
2008	7904
2009	8240
2010	9390
2011	9739
2012	10170
2013	10668
2014	11134
2015	11911
2016	12248
2017	12842
2018	13375
2019	14056

资料来源：BP Statistical Review of World Energy 2020。

表 7　中国历年石油进口量　　　　　　（单位：千桶/日）

年份	进口量
2000	1892.87
2001	1787.97
2002	1986.77
2003	2643.22
2004	3445.01
2005	3427.02
2006	3883.48
2007	4172.37
2008	4493.77
2009	5100.18
2010	5885.80

续表

年份	进口量
2011	6294.56
2012	6674.66
2013	6978.14
2014	7398.18
2015	8332.92
2016	9214.23
2017	10240.73
2018	11024.47
2019	11825.09

资料来源：BP Statistical Review of World Energy 2020。

表 8　中国煤炭消费增长趋势　（单位：Exajoules，10^{18}J）

年份	生产量	消费量
2000	29.56	29.61
2001	31.09	31.37
2002	34.08	33.51
2003	40.62	39.58
2004	47.36	46.35
2005	55.46	51.99
2006	60.91	55.62
2007	66.33	60.26
2008	67.38	62.46
2009	70.58	64.39
2010	73.22	69.72
2011	79.71	77.53
2012	80.71	78.44
2013	82.44	79.32
2014	81.83	78.05
2015	80.13	76.43
2016	79.09	70.82
2017	79.28	73.17
2018	79.83	76.58
2019	81.67	79.82

资料来源：BP Statistical Review of World Energy 2020。

表9　中国煤炭进出口量　　（单位：Exajoules，10^{18}J）

年份	进口量	出口量	净出口量
2000	0.059	1.893	1.835
2001	0.067	2.446	2.379
2002	0.276	2.722	2.446
2003	0.286	2.787	2.500
2004	0.489	2.088	1.599
2005	0.667	2.179	1.512
2006	0.957	1.999	1.042
2007	1.278	1.814	0.537
2008	1.045	1.567	0.523
2009	3.280	0.594	−2.686
2010	4.447	0.586	−3.861
2011	5.200	0.442	−4.757
2012	6.707	0.278	−6.429
2013	7.626	0.283	−7.343
2014	6.623	0.355	−6.268
2015	4.686	0.453	−4.232
2016	5.652	0.508	−5.144
2017	5.866	0.417	−5.450
2018	6.135	0.420	−5.715
2019	6.399	0.344	−6.055

资料来源：BP Statistical Review of World Energy 2020。

表10　中国煤炭查明资源储量　　（单位：亿t）

年份	查明储量
2006	11597.8
2007	11804.5
2008	12464.0
2009	13096.8
2010	13408.3
2011	13778.9
2012	14208.0
2013	14842.9
2014	15317.0
2015	15663.1
2016	15980.0
2017	16666.7
2018	17085.7
2019	17188.2

资料来源：中华人民共和国自然资源部。

表 11 中国天然气消费增长趋势　　　　　　（单位：$10^{10}m^3$）

年份	生产量	消费量
2000	27.41	24.70
2001	30.57	27.65
2002	32.92	29.41
2003	35.29	34.17
2004	41.79	39.98
2005	49.71	46.98
2006	59.01	57.78
2007	69.78	71.08
2008	80.93	81.93
2009	85.94	90.22
2010	96.54	108.87
2011	106.17	135.16
2012	111.48	150.88
2013	121.81	171.88
2014	131.18	188.36
2015	135.67	194.69
2016	137.94	209.44
2017	149.19	240.44
2018	161.53	283.00
2019	177.56	307.33

资料来源：BP Statistical Review of World Energy 2020。

表 12 中国历年天然气贸易量　　　　　　（单位：$10^{10}m^3$）

年份	生产量	消费量	净进口量
2000	27.41	24.70	−2.72
2001	30.57	27.65	−2.92
2002	32.92	29.41	−3.50
2003	35.29	34.17	−1.12
2004	41.79	39.98	−1.80
2005	49.71	46.98	−2.73
2006	59.01	57.78	−1.23
2007	69.78	71.08	1.29
2008	80.93	81.93	1.00
2009	85.94	90.22	4.28
2010	96.54	108.87	12.33

续表

年份	生产量	消费量	净进口量
2011	106.17	135.16	29.00
2012	111.48	150.88	39.40
2013	121.81	171.88	50.07
2014	131.18	188.36	57.18
2015	135.67	194.69	59.02
2016	137.94	209.44	71.50
2017	149.19	240.44	91.24
2018	161.53	283.00	121.47
2019	177.56	307.33	129.78

资料来源：BP Statistical Review of World Energy 2020。

表 13　中国天然气探明储量　　　　　　　　　（单位：$10^{13}m^3$）

年份	天然气探明储量
2000	1.4
2001	1.4
2002	1.3
2003	1.3
2004	1.5
2005	1.5
2006	1.7
2007	2.3
2008	2.7
2009	2.9
2010	2.7
2011	2.9
2012	3.1
2013	3.4
2014	3.6
2015	4.7
2016	5.5
2017	6.1
2018	6.4
2019	8.4

资料来源：BP Statistical Review of World Energy 2020。

表 14　中国历年发电量变化　　　　（单位：10^{10}kW·h）

年份	发电量
2000	1355.6
2001	1480.8
2002	1654.0
2003	1910.6
2004	2203.3
2005	2500.3
2006	2865.7
2007	3281.6
2008	3495.8
2009	3714.7
2010	4207.2
2011	4713.0
2012	4987.6
2013	5431.6
2014	5649.6
2015	5814.6
2016	6133.2
2017	6604.5
2018	7166.1
2019	7503.4

资料来源：BP Statistical Review of World Energy 2020。

表 15　2020 年中国发电装机构成

	装机容量/万千瓦	所占比重/%	较上年增长/%
火电	124517	56.58	4.67
水电	37016	29.73	3.38
核电	4989	13.48	2.35
风电	28153	564.30	34.60
太阳能及其他	25383	90.16	24.09

资料来源：CEIC 中国经济数据库。

表 16 2020年中国全口径发电量构成

	发电量/(十亿 kW·h)	所占比重/%	较上年增长/%
火电	5330.25	68.52	2.11
水电	1355.21	25.42	3.89
核电	414.6	30.59	15.89
风电	366.25	88.34	5.14
太阳能	142.1	38.80	21.23
全部	7779.06	100.00	3.67

资料来源：CEIC 中国经济数据库。

表 17 电力投资　　　　　　　　　　　　　　　　（单位：亿元）

	2011	2012	2013	2014	2015	2016	2017	2018	2019	2020
电网	3687	3661	3856	4119	4640	5431	5339	5372	4856	4699
电源	3927	3732	3872	3686	3936	3408	2900	2787	3139	5244
水电	971	1239	1223	943	789	617	622	700	814	1077
火电	1133	1002	1016	1145	1163	1119	858	786	630	553
核电	764	784	660	533	565	504	454	447	335	378
风电	902	607	650	915	1200	927	681	646	1535	2618

资料来源：CEIC 中国经济数据库。

表 18 火电发电设备利用小时数　　　　　　　　　（单位：h）

年份	设备利用小时数
2000	4848.00
2001	4899.00
2002	5272.00
2003	5767.00
2004	5991.00
2005	5865.00
2006	5612.00
2007	5344.00
2008	4885.00
2009	4865.00
2010	5031.00
2011	5305.00
2012	4982.00

续表

年份	设备利用小时数
2013	5020.00
2014	4777.70
2015	4364.06
2016	4185.51
2017	4219.00
2018	4378.00
2019	4,307.00
2020	4,216.00

资料来源：CEIC 中国经济数据库。

表 19　中国火电装机容量　　　　（单位：MW）

年份	火电装机容量
2000	237540.20
2001	253010.00
2002	265546.70
2003	289770.90
2004	329483.00
2005	391380.00
2006	483822.10
2007	556074.20
2008	602858.36
2009	651076.27
2010	709672.06
2011	768339.66
2012	819684.52
2013	870090.76
2014	932323.11
2015	1005537.11
2016	1060944.13
2017	1110090.00
2018	1144080.00
2019	1190550.00
2020	1245170.00

资料来源：CEIC 中国经济数据库。

表 20　中国水电装机容量　　　　　　　　　（单位：MW）

年份	水电装机容量
2000	79352.20
2001	83006.40
2002	86074.60
2003	94896.20
2004	105241.60
2005	117390.00
2006	130292.20
2007	148232.10
2008	172603.92
2009	196290.19
2010	216057.18
2011	232978.81
2012	249470.48
2013	280440.72
2014	304856.84
2015	319542.98
2016	332070.49
2017	343770.00
2018	352590.00
2019	356400.00
2020	370160.00

资料来源：CEIC 中国经济数据库。

表 21　中国风电装机容量　　　　　　　　　（单位：MW）

年份	风电装机容量
2000	340.00
2001	380.00
2002	470.00
2003	550.00
2004	819.70
2005	1058.30
2006	2072.50
2007	4198.90
2008	8387.73
2009	17599.41
2010	29575.48

续表

年份	风电装机容量
2011	46233.14
2012	61423.34
2013	76516.84
2014	96566.53
2015	130751.93
2016	147471.45
2017	164000.00
2018	184270.00
2019	210050.00
2020	281530.00

资料来源：CEIC 中国经济数据库。

表 22　中国核电装机容量　　　　　　　　　（单位：MW）

年份	核电装机容量
2000	2100.00
2001	2100.00
2002	4468.00
2003	6186.00
2004	6960.00
2005	6960.00
2006	6960.00
2007	9080.00
2008	9078.20
2009	9078.20
2010	10824.00
2011	12570.20
2012	12570.20
2013	14659.00
2014	20078.00
2015	27167.00
2016	33642.16
2017	35820.00
2018	44657.16
2019	48740.00
2020	49890.00

资料来源：CEIC 中国经济数据库。

表 23　中国各省电力消费量　（单位：10^{10}kW·h）

省份	2005	2010	2015	2016	2017	2018	2019
北京	56.70	83.09	95.27	102.03	106.69	114.24	116.64
天津	39.63	67.54	80.06	80.79	85.70	86.14	87.84
河北	150.19	269.15	317.57	326.45	357.97	366.57	385.61
山西	94.63	146.01	173.72	179.72	199.06	216.05	226.19
内蒙古	66.79	153.68	254.29	260.50	289.19	335.34	-
辽宁	111.05	171.53	198.49	203.74	217.34	230.24	240.15
吉林	37.82	57.70	65.20	66.76	70.30	75.06	78.04
黑龙江	56.93	76.26	86.90	89.66	92.86	97.39	99.56
上海	92.20	129.59	140.55	148.60	152.68	156.67	156.86
江苏	219.35	386.44	511.47	545.89	580.79	612.83	626.44
浙江	164.23	282.09	355.39	387.32	419.26	453.28	470.62
安徽	58.17	107.79	163.98	179.50	192.15	213.51	230.07
福建	75.66	131.51	185.19	196.86	215.14	231.38	240.23
江西	41.40	70.05	108.73	118.25	129.40	142.88	153.57
山东	197.69	329.85	511.70	539.07	573.27	591.68	621.87
河南	138.75	246.35	287.96	298.92	327.31	341.77	336.42
湖北	86.73	141.78	166.52	176.31	204.34	207.14	221.43
湖南	78.72	135.33	144.76	149.57	158.15	174.52	186.43
广东	279.46	406.01	531.07	561.01	595.90	632.34	669.59
广西	51.01	99.32	133.43	135.96	144.24	170.27	190.72
海南	8.16	15.82	27.24	28.73	30.50	32.68	35.46
重庆	34.90	62.50	87.54	92.49	99.26	111.45	116.02
四川	94.26	154.90	199.24	210.10	220.52	245.95	263.58
贵州	48.70	83.55	117.42	124.18	138.49	148.21	154.07
云南	55.73	100.41	143.86	141.05	153.81	167.91	181.20
陕西	1.00	2.04	4.05	4.92	5.82	6.90	7.76
甘肃	51.64	85.92	122.17	135.71	158.24	159.42	168.28
青海	48.95	80.44	109.87	106.52	116.44	128.95	128.80
宁夏	20.78	46.52	65.80	63.75	68.70	73.83	71.65
新疆	30.70	54.68	87.83	88.69	97.83	106.48	108.39

资料来源：CEIC 中国经济数据库，不包含港澳台以及西藏。

表 24　中国各省发电量　　　　　　（单位：10^{10} kW·h）

省份	2005	2010	2015	2016	2017	2018	2019	2020
北京	21.43	26.80	39.63	34.12	30.11	35.56	34.11	44.130
天津	35.86	57.92	61.53	51.39	49.69	57.90	58.66	75.280
河北	130.46	195.59	246.48	219.61	230.70	249.41	255.39	319.580
山西	125.08	210.93	241.06	209.29	235.21	254.18	270.21	336.690
内蒙	104.69	252.41	364.61	320.86	360.54	408.43	445.43	563.380
辽宁	87.65	128.05	162.59	146.01	151.96	158.40	167.76	205.110
吉林	41.30	58.51	71.09	59.98	60.62	65.98	71.98	94.470
黑龙江	55.79	77.35	86.66	73.91	75.03	81.96	87.05	108.350
上海	72.80	87.18	79.27	65.16	67.99	65.47	63.01	81.900
江苏	176.00	334.45	431.76	395.11	400.76	409.10	415.66	504.950
浙江	137.27	249.62	288.89	267.05	280.93	283.43	284.89	336.650
安徽	64.52	144.26	201.33	182.15	203.27	217.93	229.38	268.160
福建	77.87	135.57	173.88	157.30	178.22	200.73	205.34	253.710
江西	34.45	61.38	83.39	78.67	87.92	97.09	104.40	131.790
山东	198.79	306.18	463.52	435.75	410.12	443.65	463.87	551.370
河南	141.44	218.14	257.86	215.56	225.15	242.65	225.74	274.910
湖北	126.35	202.00	228.04	208.08	221.69	235.46	247.52	290.710
湖南	62.99	118.42	120.58	106.40	111.35	116.55	123.26	149.620
广东	215.76	307.53	387.74	353.61	394.47	371.38	411.99	500.990
广西	41.25	99.79	121.93	107.20	112.02	132.94	150.96	188.980
海南	8.15	14.77	24.41	23.20	24.53	25.95	27.37	31.900
重庆	22.84	45.54	63.24	56.22	61.23	62.22	63.50	77.480
四川	95.39	167.86	294.24	272.93	294.36	303.14	317.71	398.080
贵州	77.97	137.55	172.49	154.81	161.52	166.26	178.14	217.430
云南	57.69	132.83	233.11	218.99	238.36	264.49	283.51	345.120
西藏	1.35	2.11	3.05	3.83	4.34	5.32	6.25	6.910
陕西	50.49	107.72	157.89	143.25	149.15	143.86	167.11	227.830
甘肃	48.48	78.23	112.21	93.88	104.46	122.77	122.91	160.120
青海	21.32	45.58	53.02	40.58	47.68	62.67	68.10	85.790
宁夏	33.22	58.45	106.29	88.52	109.20	127.18	140.75	182.500
新疆	28.75	64.44	232.80	220.76	240.55	262.61	295.30	403.150

资料来源：CEIC 中国经济数据库，不包含港澳台。